移动商务
理论与实务

李立威　王晓红　李丹丹◎编著

MOBILE COMMERCE
THEORY AND APPLICATION

图书在版编目（CIP）数据

移动商务理论与实务 / 李立威，王晓红，李丹丹编著. —北京：机械工业出版社，2019.4

ISBN 978-7-111-62260-4

I. 移… II. ①李… ②王… ③李… III. 移动电子商务 IV. F713.360

中国版本图书馆 CIP 数据核字（2019）第 047722 号

紧跟移动互联网的最新发展动态，本书内容主要包括移动商务的基础知识、典型商业模式和典型应用三大部分，内容充实，案例新颖，理论与实践相结合。通过"本章导读、概念、解释、应用、拓展、案例和小结"的写作思路，本书化繁为简、深入浅出地介绍了移动商务的基础知识和实际应用。

本书既可以作为经济管理类本科生电子商务专业教学参考用书，也可以作为应用型本科电子商务专业移动商务课程或相关课程的教学用书和参考教材。

出版发行：机械工业出版社（北京市西城区百万庄大街22号 邮政编码：100037）
责任编辑：鲜梦思　　　　　　　　　　　　　　责任校对：殷　虹
印　　刷：北京市荣盛彩色印刷有限公司　　　版　　次：2019年4月第1版第1次印刷
开　　本：185mm×260mm　1/16　　　　　　 印　　张：13.75
书　　号：ISBN 978-7-111-62260-4　　　　　　定　　价：49.00元

凡购本书，如有缺页、倒页、脱页，由本社发行部调换
客服热线：（010）88379210　88379833　　　　投稿热线：（010）88379007
购书热线：（010）68326294　　　　　　　　　　读者信箱：hzjg@hzbook.com

版权所有·侵权必究
封底无防伪标均为盗版
本书法律顾问：北京大成律师事务所　韩光 / 邹晓东

前言

截至2017年12月，我国手机网民规模达到7.53亿人，网民中使用手机上网人数的占比由2016年的95.1%上升至97.5%。随着移动互联网技术和智能手机等可移动终端的普及，利用移动互联网和智能手机开展信息传输、商品交易和服务等商务活动成为趋势。移动商务是伴随手机普及和移动互联网的发展而产生的商务模式。移动设备的便携性、移动网络的泛在性突破了人们获取信息的时间和空间限制，移动互联网正在深入社会生活的方方面面。移动互联网对传统产业的渗透，不仅提高了传统产业的效率，加速了产业间的融合，也带动了大量新的商业模式和应用的产生。

本书紧跟移动互联网的最新发展动态，深入浅出地介绍了移动商务的基本概念和典型应用，内容包括基础知识、典型商业模式和典型应用三部分，旨在使读者掌握移动商务的基本概念和整体框架，了解移动商务的基础技术、商业模式和行业应用，加深对移动商务理论和应用的认知与理解。本书首先从移动互联网的发展和特点出发，介绍了移动商务的概念和模式，然后进一步介绍了移动网络连接技术、移动终端应用及开发技术。在基础知识和技术的基础上，选取实物商品、生活服务、信息内容三个典型领域，重点介绍了移动电子商务模式、移动O2O模式、内容付费模式三类典型的商业模式。接着，以移动支付和移动营销为例，介绍了移动商务的典型应用。最后，介绍了移动商务在教育、医疗、金融、办公、政务等典型领域的应用。

在编写体例上，通过"本章导读、概念、解释、应用、拓展、案例和小结"的写作思路，本书化繁为简、深入浅出地介绍了移动商务的基础理论知识和实际应用，力求做到知识性、实用性和可讲性的有机结合。在概念部分，简明扼要地介绍了移动商务的基础术语和核心概念；在解释部分，对移动商务的基础概念进行进一步阐释和说明，帮助读者加深对移动商务的概念和术语的理解；在应用部分，介绍移动商务相关领域的应用现状，帮助读者加深对移动商务实践和应用的理解；在拓展部分，进一步介绍移动商务的相关理论和典型应用，从而起到拓展知识面、开拓视野的作用；最后，通过案例帮助读者加深对移动商务概念和应用的理解。

本书共有9章。第1章和第7～9章由北京联合大学李立威老师编写，第2章、第3章、第6章由北京联合大学王晓红老师编写，第4章由北京联合大学李丹丹老师编写，第5章由李立威、李丹丹编写。李立威老师负责全书的统稿、修改工作。

本书得到了北京联合大学规划教材建设项目资助。本书既可以作为经济管理类本科生电子商务专业教学参考用书，也可以作为应用型本科电子商务专业移动商务课程或相关课程的教学用书和参考教材。由于编写时间仓促，作者水平有限，书中难免有错误或不妥之处，恳请各位读者和专家批评指正。

编者

2019年2月

前言

基础知识篇

第1章 移动商务概述　　2
　　1.1　移动互联网的概念及特点　　2
　　1.2　移动商务的概念和应用　　8
　　1.3　移动商务模式及产业链　　15

第2章 移动网络连接技术　　24
　　2.1　移动通信技术　　24
　　2.2　无线网络技术　　33
　　2.3　移动定位技术　　42

第3章 移动终端应用及开发技术　　49
　　3.1　移动终端与操作系统　　49
　　3.2　移动终端应用技术　　59
　　3.3　移动前端开发技术　　66

典型商业模式篇

第4章 移动电子商务模式　　78
　　4.1　移动B2C模式　　78
　　4.2　移动C2C模式　　82

4.3　移动 B2B 模式　　86
　　4.4　移动 C2B 模式　　91
　　4.5　微店与微商模式　　96

第 5 章　移动 O2O 模式　　102
　　5.1　O2O 概述　　102
　　5.2　移动 O2O 平台　　107
　　5.3　企业移动 O2O 应用　　111

第 6 章　内容付费模式　　119
　　6.1　内容付费概述　　119
　　6.2　内容付费商业模式　　127
　　6.3　典型的知识付费平台　　137

典型应用篇

第 7 章　移动支付　　146
　　7.1　移动支付的概念　　146
　　7.2　移动支付的类型　　150
　　7.3　移动支付的运营模式　　155
　　7.4　区块链与移动支付　　167

第 8 章　移动营销　　173
　　8.1　移动营销概述　　173
　　8.2　微信营销　　180
　　8.3　微博营销　　187
　　8.4　二维码营销　　192

第 9 章　典型行业应用　　197
　　9.1　移动教育　　197
　　9.2　移动医疗　　200
　　9.3　移动金融　　203
　　9.4　移动办公　　207
　　9.5　移动政务　　209

PART

基础知识篇

第 1 章

移动商务概述

本章导读 :: :: ::

随着移动互联网技术和智能手机等可移动终端的普及，利用移动互联网和智能手机开展信息传输、商品交易和服务等商务活动已成为趋势。移动商务是伴随手机普及和移动互联网的发展而产生的商务模式。本章在介绍移动互联网概念、特点和应用的基础上，介绍了移动商务的概念、移动商务与电子商务的区别、移动商务的产业链和典型模式等内容。

知识目标 :: :: ::

1. 了解移动互联网的概念
2. 理解移动互联网的特征
3. 了解移动商务的概念
4. 理解移动商务与电子商务的区别
5. 了解移动商务的发展现状和历程
6. 理解移动商务产业链的构成
7. 掌握移动商务的典型商业模式

能力目标 :: :: ::

1. 深刻理解并掌握移动互联网对生活和社会的影响
2. 能够根据移动互联网的特点对其商业模式进行分析

1.1 移动互联网的概念及特点

1. 概念

移动互联网是以无线方式接入互联网并提供移动网络访问服务的各种网络的总称。我国工业和信息化部（简称工信部）电信研究院（2011）对于"移动互联网的定义"提出的说法是：移动互联网是以移动网络作为接入网络的互联网及服务，移动互联网包括三个要素：移动网络、移动终端和应用服务，如图1-1所示。

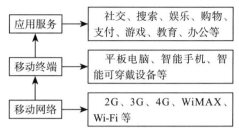

图1-1 移动互联网的基础要素

移动网络，从终端用户接入角度，主要分为两种接入方式：移动通信网络和无线宽带网络。移动通信网络可实现随时随地接入，使用便捷，目前主流技术是4G；无线宽带网络通常只覆盖热点区域，覆盖面小，但是网络带宽高，主要标准包括Wi-Fi、蓝牙、WiMAX等。从1G到2G，移动通信技术完成了从模拟到数字的转变，在语音业务基础上，扩展支持低速数据业务。从2G到3G，数据传输能力得到显著提升，峰值速率可达2兆比特/秒（Mbps）至数十Mbps，支持视频电话等移动多媒体业务。4G的传输能力比3G又提升了一个数量级，峰值速率可达100Mbps至1吉比特/秒（Gbps）。相对于4G技术，5G将以一种全新的网络架构，提供峰值10Gbps以上的带宽、毫秒级时延和超高密度连接，实现网络性能新的跃升，开启万物互联的新时代。

移动终端是指可在移动中使用的手持电脑设备，其包括平板电脑、智能手机、智能可穿戴设备等手持或便携的可移动设备。移动终端是各种软硬件服务的主要载体，可以支持各种移动应用。智能手机是目前最主流的智能终端，随着技术的发展，智能手机的功能越来越强大，苹果公司的iOS和谷歌的Android是目前手机市场中占有率比较高的操作系统。随着人工智能的发展，其他智能终端如智能汽车、智能家居等也将日益崛起，而智能可穿戴设备也被认为是继智能手机和平板电脑之后，最有可能造就巨大市场的创新产品。

应用服务，主要以应用程序或功能性软件的形式提供用户需要的各种服务。

移动互联网的概念是相对传统互联网而言的，移动互联网突破了时间和空间的双重限制，改变了固定互联网需要固定终端接口的连接形式，只要有网络覆盖，用户就可以利用随身携带的移动设备随时随地接入网络并使用相关业务。

2. 解释

移动互联网继承了桌面互联网的开放协作的特征，又继承了移动网的实时性、便携性、准确性、可定位、可移动等特点，移动网络可以随时随地接入，移动互联网在时间、空间和人三个维度上呈现出显著特点。移动互联网具有随时随地满足不同人的个性化需求的特征，这些特性是其区别传统互联网的关键所在，也是移动互联网产生新产品、新应用、新商业模式的源泉。每个特征都可以延伸出新的应用，也可能有新的机会，如图1-2所示。

（1）时间维度，呈现出全天候、实时性、碎片化等特征。移动终端可以随身携带，移动设备一般都以远高于PC的使用时间伴随在人们身边，这使得用户不受时间和地点限制，可以全天候和实时地获取信息、服务和开展交易。在处理时间紧急性等应急服务、时间敏感性等实时服务等方面，移动互联网具有无可比拟的优势。

移动互联网使得人们在任何时间和地点都可拿起手机（例如在上下班途中、走路、等车等），利用生活、工作和学习过程中的琐碎时间接收与处理互联网的各类信息。在移动互联网中，如何抢占用户的时间成为很多企业要思考的重要问题。在移动互联网中，"碎片化"时间指的是人们等电梯时、等公交车和地铁时、乘车时等一些分散性的零碎时间。

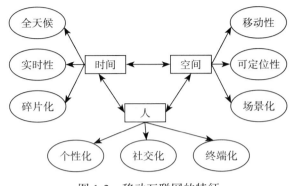

图1-2 移动互联网的特征

移动互联网用户能够充分利用"碎片化"时间通过使用手机和平板电脑来浏览新闻、玩游戏、阅读电子书等。各类满足用户碎片化时间的移动应用和服务得到了快速增长，例如移动短视频一经推出，便以其适应人们在碎片化时间内观看的需求而获得网民的喜爱和追捧。

（2）空间维度，呈现出移动性、可定位性、场景化等特征。移动性包括终端的可移动性和网络接入的可移动性两方面含义。移动终端便于携带，用户可以在移动中使用，不论用户位置或技术环境如何变化，移动用户都能保持通信和接入业务的能力，终端的可移动性和网络接入的可移动性，使得用户在非固定的移动场所（例如外出、上下班等）可以随时随地获取信息和服务。从有线到无线，从固定到可移动，移动互联网给人们的工作和生活带来了极大的便捷性。

可定位性是指通过移动终端和移动互联网，可以方便并精确地获取使用者的位置，位置成为移动互联网中产生新的商业价值的重要维度，这是移动互联网区别于传统互联网的显著特征之一。基于位置的应用层出不穷，逐渐覆盖了社交、出行、O2O、物流、资讯、智能硬件等领域，催生出精准广告和优惠信息推送、基于位置的本地生活服务（打车、餐饮、配送等）、基于地理位置的陌生人社交、基于位置和轨迹记录的运动健身应用等各种商业模式创新。

场景是指在特定时间、特定空间和人物的关系，空间与环境是构成场景的基本要素之一。全球科技领域资深记者罗伯特·斯考伯最先提出了有别于传统媒体时代的"场景概念"，并在《即将到来的场景时代》中大胆而犀利地预言："在未来25年，场景时代即将到来。"他在书中指出，移动设备、社交媒体、大数据、传感器和定位系统是移动互联网的"场景五力"，其所营造的内容场景将帮助每个个体获得前所未有的在场感。互联网争夺的是流量和入口，而移动互联网时代争夺的是场景。在移动互联网领域，场景常常表现为商家为了满足一类用户的特定需求而推出的一个产品或者应用。

（3）人的维度，呈现出个性化、社交化、终端化等特征。移动互联网可以识别个人身份，每个手机都归属到一个个体，每个人对应一个手机号码，手机终端的应用，基本上是个人来使用的，相对于PC用户，手机用户更具有个人化的特点。信息、产品和服务，都可以按照用户的个性化需求进行设计。地理位置融合身份识别，商家可以针对消费者的个性化需求开展精准的营销和服务。

移动互联网的核心是连接，本地通讯录可以方便地导入移动社交软件，移动互联网让人与人、人与设备、消费者和企业、人和服务、人和信息更容易连接，其中关键的是人与人的连接。社交是人类最基本的需求，移动互联网让人与人的连接更加便捷，因此更进一步释放了人们的社交需求。社交已经成为移动互联网应用的基本要素，社交网络成为移动互联网时代最基础和使用人数最多的应用，占据着用户大量的时间，也成为最大的流量入口。手机具有拍照的功能，移动互联网又具有随时随地可使用的特点，使得人们可以方便地随手拍照和拍视频并进行分享。

手机等智能移动终端，集成了各种应用，成为连接人与人、人与信息、人与服务的媒介，在人们的生活中扮演着越来越重要的角色。人们对智能手机的依赖程度越来越高，每日使用时长不断增加，我们将进入一个"人机合一"的时代。腾讯的总裁马化腾认为，移动互联网的出现，让智能手机延伸了眼、耳、口等人体器官的功能，成为人类新的器官。一个移动设备就是一个消费个体，一部智能手机在一定程度上代表了一个个体，移动互联网时代的人呈现出终端化趋势。

3. 应用

截至 2017 年 12 月，我国手机网民规模达到 7.53 亿人，网民中使用手机上网人数的占比由 2016 年的 95.1% 上升至 97.5%；移动互联网服务场景不断丰富，移动商务模式不断创新，涵盖了金融、支付、信息、娱乐、交通、餐饮、旅游、医疗、教育、社交、政务等各个领域，移动互联网正在深入社会生活变化的方方面面。

根据工信部数据，截至 2018 年 6 月底，我国 4G 用户数突破 11 亿户，移动宽带（3G、4G）用户数占比达 83.2%。移动互联网用户总数达到 13.4 亿户，同比增长 14.5%，其中，手机上网的用户数达 12.3 亿户，对移动电话用户的渗透率为 81.6%。

截至 2018 年 6 月底，我国市场上监测到的移动应用为 421 万款，我国本土第三方应用商店的移动应用数量超过 240 万款，苹果商店（中国区）的移动应用数量超过 181 万款。其中，游戏类移动应用数量为 130.6 万款，排名第一位，生活服务类移动应用规模达 56.3 万款，排名第二位。排名第三位和第四位的分别是电子商务类移动应用和主题类移动应用，规模分别为 42.1 万款和 36.9 万款。

从下载量看，游戏类移动应用、系统工具类移动应用、社交通信类和影音播放类移动应用下载量均超过千亿次，分别为 2 488 亿次、2 327.8 亿次、1 774.9 亿次和 1 662.2 亿次，其中游戏类移动应用和系统工具类移动应用下载量均突破两千亿次。

从用户使用率看，手机即时通信、手机搜索、手机网络新闻、手机网络视频、手机网上支付、手机网络音乐、手机网络购物、手机地图和导航等是使用率较高的移动应用，具体如表 1-1 所示。

表 1-1　2017 年 12 月中国手机网民各类移动互联网应用的用户规模和使用率

应用类型	用户规模（万人）	网民使用率（%）	应用类型	用户规模（万人）	网民使用率（%）
手机即时通信	69 359	92.2	手机网络游戏	40 710	54.1
手机搜索	62 398	82.9	手机网上银行	37 024	47.2
手机网络新闻	61 959	82.3	手机网络文学	34 252	45.6
手机网络视频	54 857	72.9	手机旅行预订	33 961	45.1
手机网上支付	52 703	70.0	手机订外卖	32 229	42.8
手机网络音乐	51 173	68.0	手机邮件	23 276	30.9
手机网络购物	50 563	67.2	手机在线教育	11 890	15.8
手机地图和导航	46 504	61.8	手机微博	28 364	38.0

数据来源：中国互联网信息中心，第 41 次《中国互联网发展状况统计报告》。

4. 拓展

根据赛迪《2017—2018 年中国移动互联网市场研究年度报告》，2017 年全球移动互联网用户总体规模持续增长，全球移动互联网用户规模达到 37.5 亿人，移动互联网覆盖率达到 52.6%，已经超过 2017 年全球人口的一半。这得益于智能手机价格和移动数据流量资费的不断降低，越来越多的人选择通过移动设备接入移动互联网。

2017 年全球移动互联网应用市场规模达到 7 000 亿美元，且继续保持平稳增长。随着以中国、印度为代表的亚太地区市场对于移动互联网的强力推动，预计到 2020 年，全球移动互联网市场规模将突破万亿美元，达到 11 500 亿美元。

移动互联网的快速发展，不仅使得智能手机等智能移动设备逐渐在全球范围内普及，同时也推动了移动应用的蓬勃发展。2017 年全球移动应用数量达到 1 210 万款，较 2016 年增长 58.9%，移动应用数量继续保持高速增长。

美国移动互联网企业更为重视技术创新，尽管 2017 年美国移动互联网企业的营业收入增幅总体低于中国企业，但是从企业研发投入占营业收入比例来看，美国移动互联网企业更为重视技术创新，以几家移动互联网巨头为例，脸书（Facebook）研发投入占比达到 27%，阿尔法特（Alphabet）、亚马逊的研发投入占比均超过 11%，而在中国移动互联网企业中，只有百度和阿里巴巴的研发投入占比分别达到 15% 和 14%，其他企业的研发投入占比均不足 10%。

欧洲本土移动互联网企业发展滞后。近年来，欧洲移动互联网市场发展缓慢，以英国、德国、法国三国为例，覆盖率靠前的移动应用绝大多数为非本土产品，且主要为美国移动互联网企业产品，欧洲本土的移动应用覆盖率较高的为英国的社交应用 Badoo、德国的社交应用 LOVOO-Chat、法国的电商应用 Leboncoin。尽管欧洲具有高质量的用户、成熟的付费习惯和先进的科技，但由于欧洲人口基数相对较小且语言不统一，本土移动互联网企业发展相对滞后。欧盟于 2016 年 7 月发布《欧盟 5G 宣言——促进欧洲及时部署第五代移动通信网络》，将发展 5G 作为构建"单一数字市场"的关键举措，旨在使欧洲在 5G 网络的商用部署方面领先全球。英国于 2017 年 3 月发布《下一代移动技术：英国 5G 战略》，从应用示范、监管转型、频谱规划、技术标准和安全等七大关键发展主题明确了 5G 发展举措，旨在尽早利用 5G 技术的潜在优势，塑造服务大众的世界领先数字经济。

日本移动应用市场保持较为封闭的状态。日本移动应用市场较为封闭，其中游戏细分市场体现得最为明显，因而近年来在本土市场推动了很多具有垄断性质的移动互联网公司的快速发展，例如韩国互联网集团 NHN 的日本子公司 NHN Japan 推出通信应用 LINE，公司旗下拥有包括移动游戏、移动通信、移动音乐、移动阅读、移动视频等超过 50 款移动应用，形成了完整的移动应用生态链。韩国发布的 5G 国家战略提出拟投入 1.6 万亿韩元（约合 14.3 亿美元），2018 年，平昌冬奥会期间由韩国电信开展 5G 预商用试验。

亚太地区等新兴市场已成为全球移动互联网发展新动力。作为亚太地区新兴市场，印度 2017 年移动应用下载量接近 200 亿次，已经超越美国成为全球第二大移动应用下载市场。尽管印度的移动互联网行业受到基础设施和经济发展阶段的限制，移动互联网发展落后于中美，但已出现了 Snapdeal、Flipkart、Paytm、Ola 等较为成功的移动互联网企业。亚太地区等新兴市场将成为移动互联网发展的新动力，并且正在引领全球移动互联网的快速发展。

2017 年我国移动应用市场蓬勃发展，移动应用市场规模突破万亿元，达到 10 082.1 亿元，中国市场上移动应用数量已经超过 406 万款，成为全球最大的移动应用市场。随着移动互联网的迅猛发展，平台型企业凭借其强大的用户、市场、流量优势，持续强化市场占有情况，移动应用的用户分布越来越集中，2017 年移动应用活跃度排名前十名的移动应用几乎都被 BAT 占据，腾讯、阿里巴巴、百度等移动互联网巨头的市场地位日益稳固，成为覆盖移动生活方方面面的巨型平台。

未来，5G 与云计算、大数据、人工智能、虚拟增强现实等技术的深度融合，将连接人和万物，成为各行各业数字化转型的关键基础设施。一方面，5G 将为用户提供超高清视频、下一代社交网络、浸入式游戏等更加身临其境的业务体验，促进人类交互方式再次升级。另一方面，5G 将支持海量的机器通信，以智慧城市、智能家居等为代表的典型应用场景与移动通信深度融合，预期千亿量级的设备将接入 5G 网络。更重要的是，5G 还将以其超高可靠性、超低时延的卓越性能，引爆如车联网、移动医疗、工业互联网等垂直行业应用。

■ **案例　移动互联变革衣食住行**

如今，我国每天平均有超过 6 亿笔微信支付产生，拥有 5.2 亿个活跃用户的支付宝在 33 个国家和地区上线使用，共享单车为我们的出行提供了方便，饿了么、美团等外卖平台产生超过 2 000 万份外卖，1 亿件快递包裹被发往世界各地……5 年来，得益于 4G 高速网络的广覆盖，移动互联网迅速占据了人们衣食住行的各个场景，不仅深刻变革着经济运行模式和百姓生活方式，还为层出不穷的创新创业提供了原动力。

2012 年，智能手机逐渐取代功能机，此后智能手机的技术参数和功能不断刷新。与此同时，伴随着 4G 网络的全面覆盖，以及移动互联网应用生态的发展壮大，智能手机已不仅仅是通信交流、浏览网页、拍照、播放音乐的工具，而且开始成为真正的移动智能平台，在人们的衣食住行等各种生活场景中扮演重要角色。

根植于中国庞大的人口红利和创新创业政策环境，我国智能手机在近年来实现了集体飞跃。2012年，华为刚刚推出P系中高端产品，vivo开始进军智能手机市场，小米发布第一代手机……如今，中国手机品牌引领着全球市场增长。2017年第二季度，全球智能手机市场销量前五的榜单上有三个中国品牌。中国智能手机已占据了50%的印度手机市场份额，27%的俄罗斯手机市场份额，以及48%的全球手机市场份额。小米、vivo、OPPO和华为成为海外智能手机出货量同比增长最快的品牌。

得益于智能手机等移动终端和支付手段技术的多元化，互联网经济内涵更加丰富。从网上购物、在线教育、在线旅游到网上外卖、互联网理财、移动支付、共享经济、新零售等，移动互联网与实体经济深度融合，为"大众创业、万众创新"提供了丰厚土壤。共享单车、扫码支付等业态跨出国门，成为中国互联网发展壮大的注脚。

6年来，移动互联网的飞速发展与4G网络和高速光纤网络的迅速普及密不可分。2013年12月4日，工信部正式向三大运营商发布4G牌照。短短3年多时间，中国4G取得了举世瞩目的成就：建成全球最大的4G网络。每一次通信网络制式的演进，都会带动产业链的一次创新热潮，带来生产和生活方式的跃升。如今，我国加快布局第五代移动通信技术（5G）。2016年，中国启动了5G技术试验，已经顺利完成5G技术试验第二阶段测试工作，第三阶段试验于2017年年底、2018年年初启动。据了解，5G网络平均速率达到10Gbps左右，是4G的100倍以上，且具有网络容量大、延时短、功耗低等特点。这将为视频类以及物联网（Internet of Thing，IoT）等应用奠定坚实的网络基础。5G将全面构筑经济社会数字化转型的关键基础设施，从线上到线下，从消费到生产，从平台到生态，推动我国数字经济和信息消费迈上新台阶。

资料来源：摘自《通信信息报》的《移动互联变革衣食住行中国互联网引领全球创新潮》，2017年10月18日，内容有删减。

案例思考

1. 移动互联网给生活带来了哪些变化和影响？
2. 移动互联网技术的变革与移动互联网应用创新之间的关系是什么？
3. 移动互联网未来的发展趋势有哪些？

1.2 移动商务的概念和应用

1. 概念

随着移动互联网技术和智能手机等可移动终端的普及，利用移动互联网和智能手机开展信息传输、商品交易和服务等商务活动成为趋势。智能手机具有的移动性、可定位性、便携性等特征，移动网络具有泛在性、实时性等特征，这使得商务活动的时间范围和空间范围得到极大的拓展。移动商务是伴随手机普及和移动互联网的发展而产生的商务模式。

任何通过移动通信网络进行的交易都可以被称为移动商务，Clarke（2001）将移动商务定义为使用无线网络和移动设备进行的交易、内容传输等任何有价值的商务活动。Siau（2001）和 Dholakia（2004）认为，移动商务是利用无线通信网络、采用可移动的终端设备进行的一种新的电子商务交易和活动。Swilley 和 Hofacker（2006）认为，移动商务涵盖了与交易相关的移动娱乐、移动购物、移动信息和移动金融等多种服务，通过移动终端，企业可以随时随地向用户提供有价值的服务，并与客户建立个性化的关系。吕廷杰（2006）认为，移动商务是利用移动设备和无线通信技术进行的商品、服务、资讯和知识的交易交换的商务体系。

对于移动商务的概念，国内外学者从交易、技术、内容等不同视角进行了界定，虽然对商务活动的范围界定有所不同，但基本达成一致的是：

（1）移动商务是在可移动终端设备上开展的商务活动。

（2）移动商务是基于移动通信网络或者互联网开展的商务活动。

（3）移动商务是一种新型的商务模式，移动商务不是电子商务的简单延伸和扩展。

移动终端是移动商务重要的组成部分。移动智能终端是指可以在移动中使用的计算机设备，广义地讲包括手机、笔记本电脑、平板电脑、POS机，甚至包括车载电脑，但是一般是指智能手机或平板电脑。我们认为移动商务的概念可以从狭义和广义两个角度进行区分，狭义的移动商务是指通过无线通信网络或互联网，使用手机、平板电脑、便携式电脑、可穿戴设备等可移动终端设备进行的各种交易相关活动；广义的移动商务是指基于无线通信网络或互联网，通过各种可移动终端设备进行的信息、通信、交易、娱乐等商务活动。两者的区别在于对商务活动的范畴界定不同。

2. 解释

移动商务并非电子商务的简单延伸，它意味着一种新的商业理念，改变了企业的运营方式（Faqih and Jaradat，2015），需要企业引入新的商业模式（Alfahl et al.，2012）。移动商务意味着更广泛的使用人群、更快速的信息采集和管理、更加个性化的用户服务、更加精准的营销、更方便的移动支付、更丰富的应用场景、更高效的移动办公。下面进一步分享移动商务和电子商务的区别以及移动商务的优势。

（1）移动商务与电子商务的区别。传统电子商务一般是指基于互联网和固定的PC端开展的商务活动。移动商务的概念由电子商务衍生而来，起初被认为是电子商务的一个分支，但是在应用上，移动商务是电子商务在移动互联网时代发展的新形态和新模式。移动商务是电子商务从有线网络到无线网络、从固定地点到随时随地商务形式的延伸。移动终端设备的存储能力、交互能力、显示方式、使用方式与台式电脑有明显区别，这使得移动商务与传统电子商务有明显的不同，我们从用户群、技术和终端设备、移动性、位置、时间等维度对两者进行了比较，如表1-2所示。

表 1-2　传统电子商务与移动商务的区别

分析维度		传统电子商务	移动商务
用户群	面向用户	可以联网的 PC 用户	手机用户
	人群特征	大部分用户受教育程度较高	年轻用户、农村用户、受教育程度较低用户
	人群范围	人群覆盖面受限	更广泛的人群
	身份识别	难以识别	可以识别
技术和终端设备	网络	宽带网络	3G、4G、Wi-Fi 等
	速度	速度较快	流量限制
	操作终端	个人电脑	手机、掌上电脑、可穿戴设备等移动终端
	设备识别	难以识别	容易识别
	处理能力	屏幕较大	屏幕显示空间有限
	人机交互	键盘输入式	触摸式
	持续能力	无须考虑	电池续航问题
移动性	可移动	移动不便	方便移动、便携
	场所	家庭、办公室等固定场所	外出、移动中、旅途等
	人员	支持办公室工作人员	支持移动工作者
	场景	应用场景受限	更丰富的应用场景
位置	定位	难以定位	可定位，位置是产生商业价值的新维度
	位置相关服务	难以提供	位置相关性服务
时间	在线时间	永远在线 用户在线时间有限	永远在线 用户在线时间更长
	时间价值	摆脱有形商店的时间限制	解决时间紧迫性问题，如紧急事件的处理、临时的需求
	时间利用	集中的时间	碎片化时间

资料来源：编著者根据相关文献总结而成。

从时间、空间和人三个维度来讲，Mahatanankoon（2005）等认为永远在线、以位置为中心、方便性、个性化和可识别性是移动商务不同于传统电子商务的特征，袁雨飞（2006）提出位置相关性、紧急性、随时随地访问是移动商务的典型特点。从服务维度而言，移动商务的特征在于，服务对象的"移动性"、服务要求的"即时性"、服务终端的"私人性"、服务方式的"方便性"（顾翀、叶云，2004）。

（2）移动商务的优势。移动商务随时随地、移动性、个性化、可定位性等特征给企业和个人都带来了明显的优势。

给企业带来的主要优势有以下几个方面。

- 企业不受时空限制而销售商品，提高产品的销量；
- 为广告、企业信息、优惠券的发放提供了新的渠道；
- 通过基于位置的服务开展个性化服务和精准营销，为企业带来更多顾客和销售收入；
- 移动商务可以支持实时性服务，可以提高客户满意度；
- 企业可以实时调整价格，提高竞争能力；
- 突破地理位置的限制，使企业对客户的服务无处不在，提高客户满意度；
- 帮助流动作业员工节省时间，提高其生产效率；

- 减少培训所需时间,能够向员工提供各种实时信息;
- 有效促进企业内部、企业和客户、企业和合作伙伴之间的信息流动。

给个人带来的主要优势有以下几个方面。

- 个人可以不受时间和地点的限制,实现随时随地传递信息、处理业务或购买商品和服务,促进了人们对碎片化时间的有效利用;
- 促进人与人之间的沟通和交流,提高沟通交流的效率。

除了给企业和个人带来的优势外,移动商务的发展还面临着很多问题和挑战,例如信息泄露、隐私保护、电信诈骗、安全、手机使用成瘾、家庭和工作边界模糊等。

3. 应用

根据移动商务的特点和企业用户与个人用户对移动商务服务的需求,以及移动商务的主要应用行业和领域,我们将移动商务的应用领域进行了总结,如图 1-3 所示。

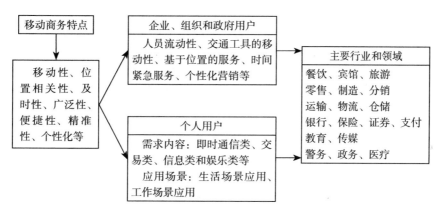

图 1-3 移动商务的应用领域

在移动商务发展早期和 2G 时代,移动商务服务应用仅包括短信、移动支付、移动电邮、移动搜索等基本类型。随着智能手机性能的提升以及移动通信技术的发展,移动商务的应用领域和内容不断拓展。

对于个人用户而言,移动商务是指个人通过手机等移动终端进行的通信、信息、交易等各种商务活动,典型的应用包括移动即时通信、移动支付、移动购物、移动视频、移动新闻、移动理财等。面向个人的移动商务类型分为即时通信类服务、交易类服务、信息类服务和娱乐类服务。即时通信类服务,包括人与人之间的通信,人与设备之间的通信,以及设备与设备之间的通信,比如移动语音服务,以及基于即时通信软件的移动社交服务等;交易类服务,是指涉及产品或服务交易,以及资金支付的服务,例如移动购物、移动理财、移动银行、移动订票、移动订餐等;信息类服务,主要是指向用户提供信息或内容传递的服务,例如移动新闻、移动搜索、基于位置的个性化信息服务等;娱乐类服务,是指向用户提供基于移动端的娱乐服务，比如移动视频、移动游戏等。

对于企业、组织和政府用户而言，移动商务是指通过各种移动信息化解决方案实现用户内外部信息流动和交互，从而提高用户经营管理效率，提升客户服务质量，典型的应用包括移动办公、移动营销、移动客户关系管理（即移动CRM）、移动企业资源计划（即移动ERP）等，典型的形式包括二维码、第三方应用程序、手机版网站、移动管理软件、第三方平台服务等。

按照时间紧迫性和空间要求，移动商务的类型分为时间位置不要求服务、位置敏感及时间不紧迫服务、时间紧迫及位置不敏感服务、时间紧迫及位置敏感服务（陈致豫，2007），移动商务的优势在于开展时间紧迫性或位置敏感性服务。时间紧迫性服务是指对及时性要求比较高的服务，例如实时查看股票行情。位置敏感性服务是指基于用户所处的地理位置或者人员流动性、交通工具移动性开展的服务，比如移动打车服务、对在途人员的支持服务等。时间紧迫和位置敏感服务是指对及时性和用户所处位置都有要求的服务，比如移动车辆调度、远程医疗救助等。

移动商务的应用具有泛在性，对移动商务应用的需求在各个行业都存在，使用移动商务的典型行业包括零售、制造、物流、教育、金融、餐饮、医疗、政务等。

4. 拓展

性能良好的智能手机等移动终端的普及、不断增加的宽带和网速、大型IT和互联网企业推动等因素是驱动移动商务发展的主要动力。

根据移动商务市场的典型企业及里程碑事件，将移动商务的发展划分成三个阶段，如表1-3所示。

表1-3 移动商务发展的主要阶段

发展阶段	起始时间	主要里程碑事件
M-portals	1997年	1997年，WAP（无线应用协议）联盟成立 1999年2月，日本NTT DOCOMO公司推出"i-mode"移动上网服务 1999年12月，Vodafone Live移动网络服务（J-sky）在日本推出
M-internet	2000年	2000年，爱立信发布第一款塞班智能手机 2000年，全球第一个商用手机浏览器Opera Mobile发布 2001年，Mobile Explorer 3.0发布
M-apps	2007年	2007年6月，苹果手机发行 2008年，苹果App Store上线 2008年10月，谷歌推出Android系统

资料来源：Kourouthanassis P E, Giaglis G M. Introduction to the Special Issue Mobile Commerce: The Past, Present, and Future of Mobile Commerce Research [J]. International Journal of Electronic Commerce, 2012, 16（4）: 5-18.

第一阶段，始于1997年，主要由移动运营商主导，基于移动门户向用户提供上网服务，主要采用WAP技术。这一发展阶段的典型事件包括：1999年2月日本NTT DOCOMO公司向用户推出了"i-mode"移动上网服务，中国移动2000年开始向用户提供移动梦网服务。

第二阶段，始于 2000 年，随着 3G 技术和智能手机的出现，用户开始利用智能手机移动终端进行无线上网，企业开始推出适合手机浏览的网站，基于位置的服务也开始出现。这一阶段用户主要是通过手机浏览器上网。

第三阶段，始于 2007 年，由手机制造商主导、基于苹果 iOS 或 Android 的第三方移动应用和创新大量出现，由移动运营商、服务提供商、设备制造商共同构成的移动商务生态系统开始形成。这一阶段用户开始通过 App 使用各种移动商务服务。

目前，移动互联网和移动商务仍在快速演进与发展，变化和创新是两大核心关键词，尤其是 2010 年以后，智能手机快速普及，性能得到极大提升，移动支付、移动电商等各类 App 呈爆发式增长，移动商务进入快速发展期；2014 年，我国移动通信进入 4G 时代，人工智能、物联网和大数据等技术快速发展。在移动互联网、云计算、物联网等新技术的推动下，传统行业与互联网的融合正在呈现出新的特点，平台和模式都发生了改变。这一方面可以作为业务推广的一种手段，如食品、餐饮、娱乐、航空、汽车、金融、家用电器等传统行业的 App 和企业推广平台；另一方面也重构了移动端的业务模式，如医疗、教育、旅游、交通、传媒等领域的业务改造。

移动互联网的发展正是基于移动互联网技术和终端的快速发展实现的。全球移动通信技术经历了第一代、第二代、第三代、无线 Wi-Fi、第四代移动通信技术，目前人们已经开始研发第五代移动通信技术（5G）。第五代移动通信技术正在阔步前行，它将以全新的网络架构，提供至少十倍于 4G 的峰值速率、毫秒级的传输时延和千亿级的连接能力，开启万物广泛互联、人机深度交互的新时代。作为通用目的技术，5G 将成为全面构筑经济社会数字化转型的关键基础设施，从线上到线下、从消费到生产、从平台到生态，推动我国数字经济发展迈上新台阶。

■ 案例　移动电子商务不是传统电子商务的延伸而是重构

2014 年 9 月 19 日正式上市的阿里巴巴正在美国紧锣密鼓地路演。在上市前更新的招股书中，阿里巴巴着重表述了集团在移动电子商务上的现状、布局和预期。如何从基于 PC 端的传统电子商务顺利地向移动电子商务转型，也是眼下困扰各大电商的难题。甚至有专家预言，与当年淘品网的兴衰沉浮一样，跟得上移动技术发展趋势而重构组织形态、供应链体系的电商将赢得未来，而固守传统电子商务业务不做变革只求延伸的电商有可能会被淘汰出局。

重构购物场景

最近几年，刚刚蹿红的海淘电商洋码头创始人曾碧波，虽然年纪轻轻，但在接受记者采访时，他表示自己已经是很传统的老牌电商了。

"本来以为按原有业务构架延伸到移动端就可以了，但后来才发现根本不是那么回事，App 上的购物场景与 PC 端完全不同，这种不同甚至影响到交易过程和货源组织等上游产业链，这是颠覆性的影响，原有构架全部需要重构。"按曾碧波的理解，移动购物的特点是内容信息碎片化，决定路径社交化，此时发现惊喜、冲动购物成为主要特点，而不是像 PC 时代，是目的性很强的理性购物，因此反复比价成为 PC 时代的主要特点，也成就了"爆款"这一商业模式。他认为，"这一套在移动购物场景下无法运行了，兴趣驱动产品的多元性将取代价格驱动的爆款模式，因此，会出现大量长尾产品，这反过来对电商企业的供应链管控能力将是极大的考验"。

正因为大量长尾产品的出现，PC 时代一直强调但一直无法实现的那些满足个性化需求的小而美企业，在移动购物时代才会真正迎来春天。

个性化带来的是商品款式和价格的全面分散化，这将使比价的难度加大，在这种场景下，尾货有可能会卖出正品价。长尾需求带来的柔性化生产模式，再加上尾货也能卖出正品价，将冲击现有的尾货电子商务模式，或将使这一模式面临终结。

简单成王道

截至 2014 年 6 月底，由导购网站转型电子商务平台的美丽说，现在已拥有 1 万个商家，用户数过亿，日活跃消费者达 1 000 万人。美丽说负责营运的副总裁大熊表示，移动购物时代的王道是"越懒越简单越好"，PC 时代强调丰富性，商品要从各个角度全面呈现，丰富才能促成消费者的购买决定，但在移动端，强调的是在不同的购物场景中把最能打动消费者的那一个点呈现出来即可。

他认为，移动端购物与 PC 端购物最大的不同有三点：一是优选，在商品数量和供应链上要做减法，而不是 PC 时代商品无限扩张的规则；二是简洁，包括店铺陈列要尽量做窄，屏幕能上下移动决不左右移动，能让消费者用一只手解决，决不让消费者动另一只手；三是发现功能，包括社交发现和个性化发现。美丽说目前做的是努力让消费者把朋友关系稳定在平台上，并在这里完成社交和购物功能。

与大熊的观点一样，微信第三方服务商口袋通创始人白鸦也认为，用 PC 时代的流量思维一定做不好移动电子商务。在移动购物的场景下，用户玩的游戏、刷的社区、买的东西，都使用户处在一个个无线社区中，这时，手机已经是人的一个新的"器官"。

目前有 40% 的购物需求是由搜索达成的，将来通过搜索达成的销售一定不会超过 20%，发现式购物会占到 30%，比如蘑菇街、美丽说这样的发现式网站，以及垂直社区，而移动购物的主流来自社区的分享式购物，将超过 50%。

因此，白鸦认为，移动电子商务目前的最大问题是销售行为的变化，与消费者消费行为的变化不吻合，主流电商仍是"流量＋平台"的思维，这使夹在平台和消费者中间的商家非常难受。因为在这种销售思维下，并不是消费者在挑选商品，而是平台的规则在帮消费者挑选商品。尤其是在聚划算这样的平台上，消费者只认规则和价格，根本记不住品牌。平台规则把品牌和消费者天然隔离开了。

在移动购物时代，对品牌的认知是来自社区里的分享内容，消费者从相信权威变成相信人，品牌商通过新营销方式会重新赢回消费者。

资料来源：《中国经营报》，http://money.163.com/14/0920/08/A6IRLDPR00253B0H.html，内容有删减。

案例思考

1. 简述 PC 端和移动端用户购物行为的不同。
2. 移动电子商务是传统 PC 电子商务的延伸吗？
3. 移动电子商务与传统 PC 端电子商务的不同之处有哪些？

1.3 移动商务模式及产业链

1. 概念

移动商务模式是在移动互联网环境中基于一定技术基础的业务运作方式和盈利模式，是企业通过移动互联网运营业务、创造价值、获得利润的方式。移动商务领域中的主要盈利模式包括通信费、流量费、增值业务费、广告费、销售收入、分成费用、会员费、内容费用、交易佣金等。

2. 解释

商业模式是一个被广泛使用，但是没有严格统一定义的概念。Panl Timmers（1998）认为，商业模式是产品、服务和信息流体系，包括每个参与者和他们的角色，以及每个参与者的潜在利益和相应的收益来源与方式。360 总裁周鸿祎认为商业模式源自企业对用户需求和痛点的理解，至少包括产品模式、用户模式、推广模式和收入模式 4 个方面，即研发了何种产品，这个产品能够给哪些用户创造哪些价值，如何让用户认识、了解这个产品，以及该产品如何盈利。商业模式描述了企业创造价值、传递价值、获取价值的基本原理，反映了企业价值创造、运营业务和创造利润的逻辑。盈利模式不同于商业模式，盈利模式是商业模式中的重要组成部分，盈利模式主要指企业的利润来源和方式。

移动互联网的新特点为商业模式创新提供了空间。移动互联网的最大特点在于随时、随地和随需，移动商务中的很多商业模式创新都是围绕这些特点而产生的。《平台战略》一书提出，在现代商业模式中，尤其是在移动互联网普及的情况下，商业模式主要分为两种：有的以用户时间为内核，依靠获取用户更多的时间来盈利，比如今日头条、抖音等；有的以地理位置为内核，将生态圈根基于真实的地理环境中，将平台触角更坚实地伸向人们的日常生活中，例如 O2O 模式。

移动商务的模式与产业链上的各个主体密切相关，并随着技术的发展不断变化、创新和颠覆。移动商务产业链主要由基础设施和设备供应商、移动互联网运营商、软件和系统集成商、应用和服务提供商以及终端用户构成，如图 1-4 所示。

基础设施和设备供应商，主要包括无线网络基础设施供应商和移动终端设备制造商。无线网络基础设施供应商是指开发和提供网络设备使得移动网络能够提供无线互联网业务的公司，主要是为移动运营商提供基站、空中接口、基础设施、路由器和交换机等设备来构筑网络基础设施；移动终端设备制造商主要是为用户接入移动互联网提供终端组件及设备，典型的企业如苹果、小米、联想、华为、vivo 等。

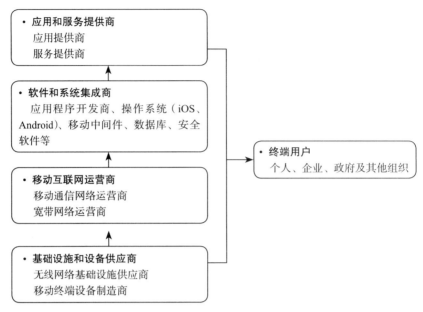

图 1-4　移动商务产业链构成

移动互联网运营商主要承担前端的网络搭建、网络运营以及后端的为用户提供移动接入服务及无线互联网服务，是移动商务开展的基础。移动商务服务种类和服务模式的创新是与移动通信网络技术的发展息息相关的。随着 4G 技术的普及，移动互联网接入速度得到了极大的提高，在高速稳定的移动网络支持下，移动服务的种类不断丰富。目前我国移动网络运营商有中国移动、中国电信和中国联通三家。除了通过移动通信网络接入互联网外，通过无线宽带接入移动互联网开展移动商务也是非常普遍的做法，因此，宽带运营商也纳入了移动商务产业链中。目前非传统运营商尤其是新兴的互联网企业，凭借技术、业务和业务模式等的创新，对传统移动运营商的发展构成了巨大的威胁和挑战。

软件和系统集成商处在连接终端设备和移动应用的中间环节。苹果 iOS 操作系统、Android 系统是目前占据市场主流的操作系统。

应用和服务提供商是面向终端用户提供服务的企业，主要包括应用提供商和服务提供商等企业，主要以应用程序或功能性软件的形式提供终端用户需要的各种服务。终端用户包括个人、企业、政府及其他组织。终端用户消费需求的提升和消费习惯的转变，是驱动移动商务产业发展和创新的直接动力。

移动商务的产业链与技术的发展有着密切的联系，技术的更新换代催生了更多的商业模式创新，也引入了更多的参与主体，并促进了产业链原有主体关系的变化。

从产业链视角而言，现在越来越多的移动互联网企业，不仅要靠卖终端赚钱，而且还要靠控制操作系统以及开放聚集大量应用和服务来赚钱。这种构建"移动终端+操作系统+应用和服务"全产业链的业务体系，被称为软硬一体化商业模式。苹果公司就是这种模式的典型代表，它正是通过制造 iPhone 终端、搭建 iOS 系统平台、创立 App Store 应用平台，以软硬一体化的模式，牢牢占据了产业链的主导地位，凭借强大的话语权与各路运营商展开合作来获取收入分成，获得了巨大的商业成功。这种模式下收入来源更多元化，终端厂商不仅仅是靠卖终端盈利，增加内容应用获得收入，还可以通过向第三方收取广告费，从而增加企业盈利点。

3. 应用

由于运营主体、技术基础、服务对象、服务内容等方面存在不同，移动商务模式随着技术的发展和用户需求的驱动不断演进和创新，并呈现出多样化发展态势。

（1）按照业务类型的划分。按照业务类型的不同，移动商务的典型模式可分为移动门户、应用商店、移动搜索、移动交易平台、移动服务平台、移动娱乐、移动云、移动社交等类型。

移动门户是为广大移动用户提供新闻浏览、搜索、交流等服务的手机网站。用户可以借助移动通信网络或无线宽带访问网站，访问相关信息资源，例如今日头条、微信公众平台等，通常依靠收取广告费盈利。

应用商店是专门为移动设备手机和平板电脑等提供收费（免费）应用下载服务的电子应用商店，对用户下载特定应用程序采取收费模式，移动用户购买应用程序所支付的费用由应用商店与应用开发商按照一定比例分成。应用商店为移动用户下载 App 软件提供了便利，为第三方软件开发商提供了方便而高效的软件销售平台，提高了第三方软件开发者的积极性，适应了手机用户对个性化软件的需求，从而使得手机软件业开始进入了一个高速、良性发展的轨道。苹果应用商店和安卓应用商店是世界上两家最大的应用商店。2017 年，全球移动应用下载量达到 915 亿次，同比 2016 年的 807 亿次增长了 13.5%，其中安卓应用商店 2017 年的下载量达到 640 亿次，是苹果应用商店的 2.3 倍。2017 年，苹果应用商店的收入总额达到 385 亿美元，约为安卓应用商店收入的 2 倍。苹果应用商店依旧保持高盈利应用平台的领先地位。

移动搜索是指通过移动设备对互联网进行搜索，实现高速、准确地获取信息资源，移动搜索主要应用在浏览器、搜索引擎和一般功能性搜索中，例如百度移动搜索、神马搜索、搜狗搜索等，一般采取广告、关键词竞价排名等盈利方式。

移动交易平台是为企业或个人开设移动店铺，开展手机支付和手机交易提供便利的第三方移动商务平台，是阿里巴巴、天猫、淘宝网等电子商务平台在移动互联网中的模式延伸，例如手机淘宝、微信商城、微店等，盈利模式主要是产品销售收入和交易佣金。

移动服务平台是指通过移动互联网为企业或个人提供各种服务的模式，移动互联网可以定位的特点，产生了服务与位置有机结合的位置服务（Location Based Service，LBS）模式，例如面向个人用户根据用户位置提供打车、订餐等各种生活服务平台，如滴滴、美团网等，服务平台一般按照交易佣金盈利。

移动娱乐就是传统娱乐方式在移动终端上的应用,包括移动音乐、移动游戏、移动视频等形式,一般采用会员费和一次性购买付费等模式。

移动云向客户提供云计算产品与服务等互联网技术服务和网络服务,包括数据存储、主机空间、移动办公、业务托管、金融、教育、政务、医疗等行业应用,一般采用按需收费模式。

移动社交是指用户通过移动终端,实现在线交友、信息交流、共同娱乐等社交应用,让用户随时随地创造并分享内容。在移动社交模式中,社交网站凭借丰富的功能和趣味性的应用,吸引大量用户,然后借助广告、导购、流量分成、增值服务等方式实现盈利。

(2)按照交易对象的划分。遵循电子商务模式通用的划分方法,按照交易对象不同,移动商务模式分为企业与消费者之间(B2C)、消费者与企业之间(C2B)、消费者与消费者之间(C2C)、企业之间(B2B)等类型。

移动B2C是指企业通过移动设备向终端用户提供信息或产品服务,典型应用既包括京东等传统B2C模式在移动端的上线,也包括企业通过自营App或第三方B2C平台、社群等不同形式开展移动销售。

移动C2B是指由消费者提出需求,按需进行生产,进行个性化定制或让消费者参与到设计和生产过程的模式。

移动C2C是指个人对个人的商业模式,例如微商模式、微店模式、网店模式等。

移动B2B是指企业与企业之间的交易模式,企业与上下游合作伙伴之间通过移动网络或终端进行信息和服务的传输与交易,随着移动互联网的发展,很多B2B电子商务平台也推出了面向移动端的App,旨在为用户提供更便捷的、更场景化的服务。

移动商务模式既包括传统B2C、传统C2C、传统B2B、传统C2B等电子商务模式在移动端的延伸,也包括基于移动互联网独特性而产生的各种创新性商业模式,例如分享经济模式、O2O模式、微商模式等。

分享经济又称共享经济,共享经济是指以获得一定报酬为主要目的,基于陌生人且存在物品使用权暂时转移的一种商业模式,共享经济平台作为连接供需双方的纽带,通过移动LBS应用、动态算法与定价、双方互评体系等一系列机制的建立,供给与需求方通过共享经济平台进行交易。典型企业如Uber、滴滴、爱彼迎、小猪短租等。

移动O2O(Online to Offline)模式,是线上和线下相结合的模式,让手机和移动互联网成为线下交易的平台,客户可以通过移动终端筛选服务,在线支付、结算,线上营销线上购买带动线下经营和线下消费。O2O模式是随着移动互联网发展以及美团网、大众点评等基于地理位置的生活服务平台的兴起而产生的,LBS、二维码等都属于O2O模式。

移动商务的发展催生了O2O模式。移动O2O模式,核心就是将线上的消费者带到线下的实体店消费,实现线上购买支付商品或服务,线下消费商品或服务。随着移动互联网技术和终端的发展,O2O模式也趋于多元化,但目前主要有LBS类型、社会性网络服务(Social Networking Service,SNS)类型、二维码类型。

微电商模式，即通过微博、微信等沟通渠道，直接联系客户，从而带来销量，在买家的社交圈子中（微信朋友圈、微博等），形成广泛的二次传播，吸引更多的客户。

4. 拓展

彼得·德鲁克说过："当今企业之间的竞争，不是产品之间的竞争，而是商业模式之间的竞争。"商业模式的竞争是企业更高层次的竞争，成功的商业模式不一定是技术上的创新，而可能是对企业经营某一环节的改造，或是对原有经营模式的变革和创新，甚至是对整个游戏规则的颠覆。移动互联网的商业模式发展呈现出如下趋势。

（1）平台整合化趋势。打造开放平台是移动互联网发展的主要特征。从操作系统、浏览器到应用商店，平台正在变得广泛而重要。移动互联网背景下，单一应用产生的用户体验不足，具有紧密联系的多项应用的整合有助于激发用户的消费潜力。从近几年的发展来看，从门户网站、网络游戏、各种电子商务网站到社交网络、第三方支付、网络视频等不断创新，平台型企业扮演着交易平台、媒体平台、支付平台、应用平台等各类角色，向企业、消费者等多方客户提供不同类型的创新服务。平台化是移动互联网发展的重要特征。

（2）社交网络化趋势。移动社交网络给人类社交关系带来了显著的变化，消除或减少了空间和时间的限制，提升了个体之间交流的互动性和效率，增加了个体在社会关系中的影响力。人们只要带上移动终端，就可以随时随地地和朋友交流、分享资讯。移动社交网络具有用户基数大、黏性高、使用频率高的特征，在逐步改变用户使用习惯的同时，大量的用户关联信息、个体特征信息、地理位置信息等蕴含着巨大的商业价值。如何利用社交网络化趋势，更好地发展社交网络化的营销模式，是企业需要思考的问题。社交网络极大提升了精准营销的效果，通过好友推荐、好友分享、好友评论，并与目标商家相结合，能够使移动社交网络提供普通搜索网络无法提供的高信任度用户信息。移动互联网社交网络化具有更为广阔的发展空间。

（3）开放融合化趋势。开放是互联网经济的重要特征，移动互联网要发展，就必须坚持开放，广泛开展跨界合作，实现合作模式的创新。开放的最终目的就是有效整合外部资源，广聚各界合作伙伴，造就良好的生态环境，提高平台的竞争力。移动互联网与家用电器、交通、医疗、金融等传统行业的业务模式正在不断融合，市场前景十分广阔。有关位置服务、移动医疗、车联网、智能家居、移动支付、物联网、移动搜索、多屏互动等应用的推陈出新，移动互联网的"跨界"融合，正在迅速地改变着我们的生活。

■ **案例 移动互联网正在催生新的商业模式**

移动互联网产业发展经历的第一波浪潮始于2008年苹果公司创造的"终端应用"商业模式，这一模式有效地释放了移动应用产业的活力，由此引领了整个市场的井喷发展。近两年，伴随着移动网络的进一步升级以及智能终端的迅速多元化，移动互联网由网络世界加速向现实世界延伸，人与人之间的沟通向人与物、物与物间的通信演进，进入新一轮的高速发展期。在新的发展阶段，移动互联网的商业模式是此前发展模式的延续，会产生全新的商业模式吗？

1. 传统应用商店模式进入瓶颈期

一直以来，移动互联网最主要的商业模式是基于苹果的 App Store 和谷歌公司的 Google Play 两大应用商店构筑起的移动互联网应用生态。这一商业模式的智慧之处包括三点：一是建立了合作共赢的机制，以开放合作的姿态将超过七成的收益分配给应用开发商，从而集聚起可观的应用开发者资源，为平台的发展注入持续的活力；二是分散了应用的失败风险，由平台上数以万计的应用开发者，而非应用商店运营者承担失败风险，个体风险的降低为应用市场的创新发展提供了动力；三是花小钱办大事，实现大规模资金的快速集聚，根据 Vision Mobile 的数据统计，尽管每年苹果公司需要花费 10 亿美元运营其 App Store 平台，但应用开发者每年会投入超过 100 亿美元在其平台上开发应用。正是基于上述三个原因，移动互联网产业实现了第一波高速发展。

然而从产业发展的角度看，此种商业模式的实质是由操作系统厂商构建起的垂直整合平台，其发展存在很大的局限性。一方面，伴随着移动互联网向 O2O 以及与物联网服务融合的演进步伐日益加快，移动互联网生态系统加速多元化发展，市场投资和收入的分流趋势明显，操作系统提供商是否能保持足够的对移动互联网产业的影响力存疑；另一方面，移动应用商店已经呈现出饱和迹象，市场竞争日益激烈，多数应用开发者的投入大于回报，失败风险的提升限制了应用开发者的创新热情，大量同质化应用出现，对应用平台的长远发展产生消极作用，平台可持续发展的动力受到严重影响。

2. 三大趋势催生新的商业模式

近年来，移动互联网市场产生了多种新型商业模式，其实质是对新时期移动互联网产业价值的积极求索。未来，这些商业模式有望先后崛起，成为推动移动互联网产业创新的重要力量。

第一个趋势是超级移动应用对移动操作系统的冲击。伴随着移动互联网的快速发展，超过 1 亿级别用户规模的移动应用已不在少数，移动社交应用 Facebook 的用户规模甚至已经突破 10 亿，这使得移动应用提供商的市场影响力日益逼近操作系统提供商。以移动互联网主要收入源之一的广告市场为例，拥有安卓系统的谷歌公司在该领域的主导权出现下滑。可以预计，未来越来越多的终端厂商和电信运营商将合作重心转向 Facebook 等应用服务提供商，通过预装软件、免流量等合作获取收益，这类合作将成为未来产业合作的重点。

第二个趋势来自运营商在市场中角色的演变。4G 时代，电信运营商与移动互联网企业由直面竞争转向合作共赢。伴随着移动互联网业务的快速发展，移动网络与业务协同的难度和重要性都显著提升，这在客观上要求业务提供商与运营商建立新的合作关系。以美国电话电报公司（AT&T）的"赞助数据"套餐为例，该套餐基于后向流量理念，允许应用提供商替用户买单移动终端产生的流量费用，使用户随时随地免费使用该公司的应用。凡是带有"赞助数据"图标的网站或应用，用户均可以随意访问而不必再担心产生流量费用。面向合作的赞助商，AT&T 提供了功能强大的统一服务平台，该平台支持不同终端、操作系统，可以为赞助商提供计费、管理及分析工具。赞助数据套餐代表了一种全新的产业合作模式。

第三个趋势是更多的异质企业进入移动互联网产业，生态系统日益复杂化，形成新的供求模式。移动互联网向 O2O 方向发展的步伐不断加快，这将吸引大量的传统企业进入这一市场。根据思科公司的统计，尽管移动互联网近年来发展迅猛，但全球 99% 的物体仍没有建立起网络连接。对于数目有限的垂直平台运营企业来说，要通过自己的平台满足规模庞大、需求分散的传统企业信息化需求存在困难。对于多数传统企业来说，它们的确需要发展移动互联网，但出于资金效率、技术能力和战略的考虑，它们中的大多数没有必要建立移动互联网创新中心，它们需要的只是满足企业需要的一些移动互联网产品。

为了满足这一新兴的、庞大的市场需求，应用开发者（应用提供方）与传统企业（应用需求方）之间开始出现供应平台和需求平台，典型企业包括 SWELL、Xively 等。这些企业与传统市场的大型企业建立合作关系，了解其在移动互联网应用市场的需求，并根据其要求寻找具备相应技术实现能力的创业团队，在应用开发、推广过程中为开发团队提供支持，并通过多个项目竞争的方式优胜劣汰，选出该传统企业需要的应用，并提供给传统企业。这一模式在未来具有巨大的商业潜力。

3. O2O 与物联网融合成为新方向

未来，O2O 与物联网的融合将成为移动互联网发展的新方向。近两年，与之相关的硬件设计和软件开发成本迅速下降，O2O、物移融合类应用的开发门槛日益降低。然而，移动互联网产业在进入第二波发展浪潮前，仍欠缺两个先决条件：一是应用服务提供商需要与网络运营商建立起新的合作模式，以保障移动网络与应用在资源和能力方面的有效协同；二是在新的市场环境下，需要建立更加包容、多元的商业发展模式以推动整个产业的发展。除上述提到的商业模式外，我们还希望能涌现更多的创新模式，驱动移动互联网产业迎来新一轮的大发展。

资料来源：中国信息产业网，人民邮电报社，2015 年 2 月 13 日，内容有删减。

案例思考

1. 移动互联网催生了哪些新的商业模式？
2. 简述移动互联网的特点以及与商业模式创新之间的关系。

□ 本章小结

本章主要介绍了移动互联网的概念和构成要素，从时间、空间和人三个维度总结了移动互联网的典型特征，并简要介绍了各国移动互联网发展现状。在此基础上，介绍了移动商务的概念，分析了移动商务和电子商务的联系和区别，简要介绍了移动商务的应用现状和发展历程。在阐述移动商务模式和产业链的基础上，根据业务类型、交易对象等方面的情况对移动商务的典型模式进行了分析。

本章术语

移动互联网	移动终端	碎片化	场景
移动商务	商业模式	移动商务模式	移动商务产业链
移动门户	应用商店	移动搜索	移动交易平台
移动服务平台	移动娱乐	移动社交	移动 B2C
移动 B2B	移动 C2B	移动 C2C	移动 O2O

练习

1. 分别登录手机淘宝和 PC 淘宝网站、京东 App 和 PC 京东网站，试分析并比较它们的区别。
2. 分析自己手机中经常使用的应用程序，哪些提供了基于位置的服务？
3. 分析自己手机中经常使用的应用程序，哪些满足了你的碎片化需求？
4. 记录自己或某一朋友一天使用手机的时间、地点和应用程序，思考并分析移动互联网的常用场景。
5. 查看自己手机中经常使用的 App，思考并分析其商业模式和盈利模式。
6. 简述移动互联网对个人的生活产生了哪些影响。
7. 移动商务在现阶段的发展过程中存在哪些问题？

参考文献

[1] 李立威. 移动商务服务采纳和扩散影响因素研究[M]. 北京：中国经济出版社，2016.

[2] 李琪，彭丽芳，王丽芳. 电子商务概论[M]. 北京：清华大学出版社，2017.

[3] 秦成德. 移动电子商务[M]. 重庆：重庆大学出版社，2016.

[4] 埃弗雷姆·特班. 电子商务：管理和社交网络视角[M]. 北京：机械工业出版社，2014.

[5] 吕廷杰. 我国移动商务发展趋势分析与展望[J]. 北京邮电大学学报（社会科学版），2006（04）：2-8.

[6] 李一明. 移动互联网商业模式组成及典型案例分析[J]. 电信科学，2011，27（07）：23-28.

[7] 吴雷. 移动互联网领域的商业模式创新趋势[J]. 中国传媒科技，2015（01）：63-66.

[8] 汪应洛. 中国移动商务研究和应用的回顾与展望[J]. 信息系统学报，2008，2（02）：1-7.

[9] 杨吉. 5G 时代的商业场景将会怎样[N]. 上海证券报，2018-07-17（008）.

[10] 中国信息通信研究院. 5G 经济社会影响白皮书[R/OL].（2018-04-26）[2018-09-01]. http://www.caict.ac.cn/kxyj/qwfb/bps/201804/t20180426_158438.htm.

[11] 中国信息通信研究院. 互联网发展趋势报告（2017）[R/OL].（2018-04-26）[2018-

09-01].http://www.caict.ac.cn/kxyj/qwfb/bps/201804/t20180426_158402.htm.

[12] 中国信息通信研究院. 移动互联网白皮书（2015 年）[R/OL].（2018-04-26）[2018-09-10].http://www.caict.ac.cn/kxyj/qwfb/bps/201804/t20180426_158203.htm.

[13] 中国互联网信息中心. 第 41 次中国互联网络发展状况统计报告 [R/OL].（2018-08-20）[2018-09-10].http://www.cnnic.cn/hlwfzyj/hlwxzbg/.

[14] 许晓婷. 场景理论：移动互联网时代的连接变革 [EB/OL].（2016-08-29）[2018-09-10].http://media.people.com.cn/n1/2016/0829/c406899-28674321.html.

第 2 章

移动网络连接技术

本章导读 :: :: ::

随着计算机技术和网络技术的飞速发展，以及智能手机、平板电脑等移动设备的普及，移动网络已经渗透到人们社会生活的各个领域。基于浏览器 Web 服务的移动网络涉及互联网、移动通信、无线网络、嵌入式系统等多种技术。这一章，主要介绍移动通信技术、无线网络技术、移动定位技术等移动网络连接技术。

知识目标 :: :: ::

1. 了解移动通信的概念及移动通信技术的发展阶段
2. 了解无线网络、移动定位的概念及发展历程
3. 理解无线网络的分类及其特点
4. 理解移动通信技术、无线网络技术、移动定位技术的应用领域
5. 掌握常用的无线网络技术
6. 掌握主流的移动定位系统

能力目标 :: :: ::

1. 具备利用移动网络技术开展商务活动的能力
2. 具备根据应用场景选择移动网络技术的能力

2.1 移动通信技术

2.1.1 移动通信概述

1. 概念

移动通信（Mobile Communication）是移动体之间的通信，或移动体与固定体之间的通

信。移动体可以是人，也可以是汽车、火车、轮船、收音机等在移动状态中的物体。移动通信具有电波传播条件复杂、系统和网络结构复杂、移动性、噪声和干扰严重以及要求频带利用率高且设备性能好等特点。

2. 解释

移动通信是沟通移动用户与固定点用户之间或移动用户之间的通信方式，是通信双方有一方或两方处于运动中的通信。随着我国科技水平的不断发展，尤其是半导体、集成电路以及互联网技术的发展，更是推动了移动通信的发展，极大地满足了用户的需求。同时，移动通信打破了时间、地点的局限性，保证了通信对象可以在任何时间、任何地点保持通信。移动通信的主要特点体现在以下方面。

（1）移动性。无线通信或无线通信与有线通信相结合，是保证物体能够在移动的状态下正常进行通信的前提条件。

（2）传播条件相对比较复杂。移动体随着人体移动会在各种环境中进行运动，在运动过程中电磁波的传播通常会产生反射、折射等多种物理现象，将对信号传播产生干扰，出现信号延迟或者无法达到等现象。

（3）噪声和干扰比较严重。城市的高速发展会产生各种噪声，如工业噪声、汽车噪声等，从而导致移动用户之间会互相干扰。

（4）移动通信系统和网络结构相对比较复杂。移动通信属于多用户通信系统和网络，要做到多用户之间互不干扰、正常有序地进行工作，其系统和网络结构一定是比较复杂的。

3. 应用

移动通信的快速发展给人们的生产生活带来了极大的便利，尤其是近几年移动通信速度倍增所带来的智能终端产业的发展，给人们在视觉感受上和交流便利上带来了前所未有的体验。目前，移动通信已广泛地应用于人们生活中的各个方面。

（1）移动通信在学习中的应用。在科学技术飞速发展的今天，人们愈发地渴望能够不受任何时间与地点的限制而获得信息和知识，而移动通信恰恰满足了这一需求，为人们学习知识提供了一个强有力的平台。通过移动通信人们可以了解到各种消息，也能学习到很多在课堂上根本就学不到的知识，当遇到不懂的知识或不能够解决的问题时，可以随时随地通过移动通信寻找准确的答案，从而大大地提高学习效率。

（2）移动通信在工作中的应用。目前，移动办公已成为电脑无纸化办公以及互联网远程办公的一种新的办公模式，它不仅让办公变得轻松愉悦，随心所欲，而且借助手机通信的便捷性，可以随时随地高效地展开工作。尤其是当一些重大紧急事项发生时，通过移动办公处理突发性紧急事件有着十分重要的意义。

（3）移动通信在生活中的应用。人们在日常生活中都能够看到或感受到移动通信的应用，例如，人们在回家或者出行时，可以使用手机拨打96006进行电话购票或使用12306铁路官方购票软件订取火车票，还可以通过各种 App 购物、订餐等，既给人们的生活带来了便利，也节省了很多的时间。

（4）移动通信在重大灾难中的应用。发生重大灾难时，移动网络的重要性也是不可估量的。例如，我国发生的汶川地震、玉树地震等重大灾难，通过移动通信网络的应用，能够及时将汶川灾区以及玉树灾区的实时图像传递出来，让所有人都能够实时了解到地震的具体情况。

移动通信与云计算、大数据、人工智能的融合将是一个很有前景的发展趋势，其中移动通信是信息传输的渠道，大数据是载体，云计算和人工智能是数据处理方法，这些技术的充分发展、相互渗透，将会为生产生活带来新的发展。

4. 拓展

（1）移动通信发展。从人类社会诞生以来，更加快捷高效的通信就成为人类矢志不渝的追求。

在古代，人类通过道路相告、飞鸽传书、烽火狼烟的方式传递信息，这些传递信息的方式效率极低，而且受到地理环境、气象条件的极大限制。1844 年，美国人莫尔斯（S. B. Morse）发明了莫尔斯电码，并在电报机上传递了第一份电报，开创了人类使用"电"来传递信息的先河，人类传递信息的速度得到极大的提升，从此拉开了现代通信的序幕。1864 年，麦克斯韦从理论上证明了电磁波的存在；1876 年，赫兹用实验证实了电磁波的存在；1896 年，意大利人马可尼第一次用电磁波进行了长距离通信实验，人类开始以宇宙的极限速度——光速来传递信息，从此人类进入了无线电通信的新时代。20 世纪 20 年代，短波技术得以稳定，60 年代卫星通信技术大大提高了通信速度及质量，尤其在军事、国际通信、应急通信中大展拳脚。现代移动通信以 1986 年第一代通信技术（1G）发明为标志，经过 30 多年的爆发式增长，极大地改变了人们的生活方式，并成为推动社会发展的最重要动力之一。我国移动通信发展的主要特点体现在以下方面。

1）网络传输技术取代了电路交换技术。数据传输是网络传输的主要业务，移动通信技术的快速发展促进了传统电路交换业务向网络技术传输转变。网络传输是以 IP 协议的方式进行的，因此 IP 协议就取代交换协议成为主流通信协议，促进了通信技术的进一步发展。

2）逐步宽带化。光纤技术、网络节点等多种技术发展，使得宽带网络传输成为可能。移动通信技术的发展也紧跟着实现宽带数据传输。无线宽带传输技术的发展大大提高了通信传输的速度及效率，并成为移动通信技术发展的趋势。

3）多样化、综合化的网络服务。通信传输在向着更宽更快的信息网传输发展，将会实现多种数据业务信息同时传输，且是在高宽带的网络传输中实现。计算机网络是开放的各种数据传输平台，移动通信网络技术的发展将紧跟计算机网络技术的发展，多样化综合服务的移动通信网络将成为现实，满足人们各种个性化的需求。

4）信息逐步个人化、安全化。网络技术的发展既给人们的生产生活带来便利，同时也给人们的生活带来意想不到的影响，尤其是降低了个人重要信息的安全系数。目前，网络用户最关心的问题是如何提高个人信息的安全性，这也是计算机网络技术与移动通信技术需要解决的主要问题之一，是 IP 协议传输的核心问题。

5）以服务应用为主。移动通信将更加重视为用户提供个性化的服务应用，满足移动通信用户的实际需要。现在单纯的语音服务、短信服务将会弱化，而为用户提供更多的个性化的应用服务将是移动通信网络技术发展的核心。

（2）移动通信的分类。可以按照业务性、服务对象、移动台活动范围、使用情况等方式对移动通信进行分类。

1）按照业务性质，可将移动通信分为：电话业务和数据、传真等非话业务。

2）按照服务对象，可将移动通信分为：公用移动通信、专用移动通信。

3）按照移动台的活动范围，可将移动通信分为：陆地移动通信、海上移动通信、航空移动通信。

4）按照使用情况，可将移动通信分为：移动电话、无线寻呼、集群调度系统、漏泄电缆通信系统、无绳电话、无中心选址移动通信系统、卫星移动通信系统、个人通信。

■ 案例 移动通信成为互联网企业新入口

2018 年 7 月 23 日，工信部正式向同中国联通签约合作的 15 家企业颁发移动通信转售业务经营许可，包括阿里巴巴、京东、小米等互联网科技企业在内的 15 家企业成为首批虚拟运营商"正规军"。互联网巨头不断拓宽业务布局，瞄向移动通信市场。比起改变市场格局，互联网企业或许更希望给自己的流量入口开源。

（1）低价进入市场，移动通信费用一降再降。抢占市场份额，吸引更多用户，采用低价策略是最为简单直接的方法，也是虚拟运营商在产品资费上的主打看点。在领证后不久，小米移动方面便宣布了通信服务的资费情况。主打不限流量的"吃到饱"套餐，月固定资费 9 元，每天 1 元享受全国不限流量，通话与短信另计费。这意味着如果仅作为流量卡使用，用户每个月的通信费用约为 39 元。在不限量流量套餐的竞争下，三大运营商也不甘示弱，原本每月上百元的资费套餐，正逐渐降低至 60 元左右。

（2）虚拟运营商转正，打通产品增长新入口。对于阿里巴巴、京东、小米这类互联网科技类企业而言，移动通信的经营业务其实是为自身相关业务提供入口和支持。相比互联网渠道，移动通信服务在增加新用户和提高用户黏性上的表现更好，成本也更低。最常见的方式是通过"自家产品不限流量"的方式吸引用户，腾讯与联通合作推出的"王卡类套餐"、阿里宝卡以及蜗牛移动推出的"通信套餐送游戏优惠券"等产品，都产生了自身产品与移动通信服务之间相互拉动的效果。

除了流量入口外，物联网布局也是各家虚拟运营商强调的重点。在现有物联网业务上，阿里巴巴、小米以及各家通信企业已有不同程度的布局。加上 5G 通信技术的加速到来，拿到运营牌照也意味着占得先机。阿里巴巴将持续用场景化的技术手段将通信业务融入阿里生态，为用户提供融合电商、物流、新零售等丰富阿里生态元素的通信产品。对于三大运营商来说，虚拟运营商的出现意味着自身产品有了更多的出口。虚拟运营商的转正，对双方是一种共赢的趋势。联通曾一次性通过与阿里巴巴、腾讯、百度、京东等互联网企业合作推出相关套餐服务，以吸引更多用户。

（3）冲击三大运营商格局，依然为时尚早。所谓转售业务，本质上依然是用三大运营商的设备与流量，结合自身加工包装后卖给用户，虚拟运营商更像是一种通信业务的代售点。用户使用的移动流量、通话、短信等服务，供给方依然来自移动、联通和电信。

虚拟运营商的引入会激活三大运营商割据的移动通信市场，在资费、服务等方面促进整个行业发展。但在移动通信业务上，虚拟运营商并不具备实力抢夺三大运营商的份额。

虽然近两年使用虚拟运营商的用户人数不断上升，总数已突破5 000万人，但从整体通信市场规模来看，这一数字仍十分小。根据工信部数据，截至2017年年底，移动转售用户仅占全国移动用户总数的4%。加上用户对已有手机号的长期使用，换卡、换号意愿并不强烈。在价格对比上，随着三大运营商不断调整资费和套餐内容，虚拟运营商的价格战也很难说有优势。加上骚扰短信、骚扰电话等问题，虚拟运营商的服务也仍需提高。

此次获得牌照的15家企业仅仅是第一批，相信未来将有更多企业陆续加入移动通信的市场竞争中，用户也将具有更多元的服务选择。

资料来源：http://www.xinhuanet.com/tech/2018-08/08/c_1123237540.htm，根据以上网址中的新闻节选改编。

案例思考

1. 移动通信是什么？
2. 移动通信的发展经历了哪几个阶段？各阶段各有什么特点？

2.1.2 移动通信技术发展阶段

1. 概念

移动通信技术也经历了从第一代模拟移动通信（1G），第二代以全球移动通信系统（Global System for Mobile Communication，GSM）为代表的数字移动通信（2G），第三代以码分多址（Code Division Multiple Access，CDMA）、TD-SCDMA等为代表的3G，到第四代以TD-LTE、FDD-LTE为代表的4G演进的过程。目前5G技术正在研发，即将进行商业化应用。

2. 解释

随着信息技术的不断发展，移动通信技术也得到蓬勃发展，从早期的1G发展到现在的4G，而且5G也将很快地得到实际应用。移动通信技术的发展阶段，如表2-1所示。

表 2-1 移动通信技术的发展阶段

技术代际	国内商业运营时间	代表性制式	中心频率（GHz）	技术特点	主要性能
1G	1987 年	TACS	0.9	模拟移动通信系统	蜂窝网络布局，实现大区域覆盖，支持移动终端跨区切换，实现移动环境下不间断通信
2G	1993 年	GSM CDMA	0.8/0.9/1.8	数字移动通信系统	支持短信等非语音通信业务，频谱利用率大大高于 1G
3G	2009 年	CDMA2000 WCDMA TD-SCDMA	1.9/2.1	数字移动通信系统	支持高速数据传输，能将无线通信与国际互联网等多媒体通信相结合，为用户提供语音通信、文本信息、图像、音乐、视频、网页浏览服务
4G	2013 年	TD-LTE FDD-LTE	2.1/2.6	高速数据传输数字移动通信系统	比 3G 更快的数据传输速度、更低的时延和更高的频谱利用率，能为用户带来更好的无线多媒体服务体验

第一代移动通信技术（1G）。第一代移动通信技术是指最初的模拟、仅限语音的蜂窝电话标准，主要采用模拟技术和频分多址（FDMA）技术。第一代移动通信技术主要有传输速率低、通话质量差、安全性不高、业务发展量小等缺陷。

第二代移动通信技术（2G）。第二代移动通信系统在引入数字无线电技术以后，数字蜂窝移动通信系统提供了更好的网络，不仅改善了语音通话质量，提高了保密性，防止了并机盗打，而且也为移动用户提供了无缝国际漫游。

第三代移动通信技术（3G）。第三代移动通信技术是一种真正意义上的宽带移动多媒体通信系统，采用智能信号处理技术，能提供高质量的宽带多媒体综合业务，能实现无缝覆盖的全球漫游。

第四代移动通信技术（4G）。其重点是增加数据和语音容量，提高整体体验质量。4G 推出了全 IP 系统，彻底取消了电路交换技术。随着带宽量的增加和延迟的减少，4G 可以提供诸如 LTE 语音（VoLTE）和 Wi-Fi 语音（VoWi-Fi）等许多附加服务。

第五代移动通信技术（5G）。5G 正在研究中，以增强移动设备的体验和整个通信技术生态系统，它标志着很多垂直行业如医疗、农业、汽车等领域的融合。相比 4G 技术，5G 技术峰值速率增长数十倍，传输速度可达 10Gbps，比 4G 网络的传输速度快十倍到百倍，解决海量无线通信需求，将实现真正的"万物互联"，如图 2-1 所示。

3. 应用

随着移动通信技术的发展与应用，其数据传输的速率、安全性和可靠性都得到大幅提升，因此其应用的领域和类型也越来越多，如生产制造领域、生活服务领域等。

在生产制造领域，移动通信技术逐步得到了广泛应用。目前移动通信技术几乎渗透到国民生产的各个领域，给生产制造带来一场革命性的变化，这不仅简化了原有系统的复杂度，降低了现场工作人员的劳动强度，更为生产效率、节能环保等带来极大的技术支持。尤其是近几年提出的"互联网+"和云计算等技术的实施，更是离不开移动通信技术的支持，"互联网+"与云计算的融合几乎成为当前移动通信技术进一步发展的动力源泉。在工业领域提出的全新工业 4.0 概念，如图 2-2 所示，其主要思想是将传统的工业生产理念转变为融合信息通信技术的现代化理念，让信息技术推动生产技术的革命性变化，这说明移动通信技术将会起到举足轻重的作用。

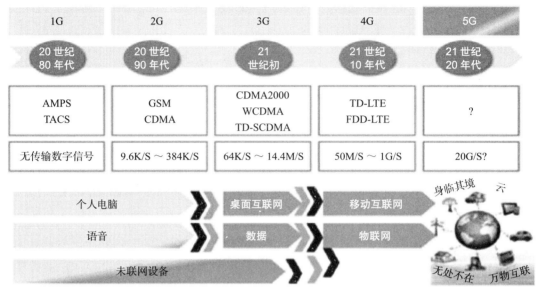

图 2-1　万物互联

图 2-2　工业 4.0 示意图

在生活服务领域，移动通信技术拉近了人与人之间的距离，深刻改变了人类的生活方式。随着信息技术和智能终端的不断发展，移动信息服务的功能和性能也在不断提升。智能手机带来的视频电话、微信支付、支付宝业务、滴滴打车、共享单车，以及停车计费系统、无人超市业务等给人们的生活带来了极大便利，而未来5G技术的诞生，将会给个人生活以及各个行业带来巨大变革。京东的无人超市，如图2-3所示。

图2-3 京东无人超市

随着5G技术、量子通信技术的发展与应用，人们的通信方式和体验也将会完全不同，可以说，在某种程度上移动通信技术的发展是其他技术发展的基础，移动通信技术在促进其他技术发展的同时也一同促进自身技术的不断发展与升级。

4. 拓展

5G移动通信技术是移动通信发展的趋势，是面向2020年之后的新一代移动通信系统，是2G/3G/4G数据技术进步的结果。5G将提供更加清晰的视频通话、图像传输，上网传输时延更短，通信更加安全，信号更加稳定等功能。5G移动通信主要有以下关键技术。

（1）高频段传输技术。随着移动终端用户规模的不断增长，频谱资源成为越来越稀缺的资源，高频段传输能够提高频谱资源的利用效益。目前，移动通信系统的频段主要在3GHz以内，如果采用高频段带宽就会达到273.5GHz，这样通信设备的尺寸不仅要小很多，而且还能够实现短距离内的高速信息传递，满足用户容量、速率等多方面的要求。

（2）多天线传输技术。该技术是目前5G技术中需要重点研究的技术，可以实现从二维到三维、从无源到有源、从高阶多输入多输出到大规模阵列，能够充分提高频谱利用率10倍以上。

（3）同时同频全双工技术。能够在相同的物理信道上对两个方向的信号进行传输，因而也被称为高效的频谱效率技术。同时同频全双工技术能够消除通信双工节点自身发射机信号的干扰，既可以发射信号机信号，又可以接收另一节点的同频信号，因而能够有效地提升频谱效率，使移动通信网络具有灵活性和稳定性。

（4）设备间直接通信技术。在 5G 网络中，用户的规模、数据的流量都将大幅增加，以传统基站模式为中心的组网方式已无法满足业务发展的需求，而设备间直接通信技术则可以实现在没有基站的情况下也能有效运转，开拓接入和网络连接方式。

（5）密集网络技术。5G 网络数据流量的目标是 4G 的 1 000 倍，实现这样的目标需要应用两种技术，即在宏基站处布置大规模的天线来获得室外空间增益、布置密集的网络来满足室内外的数据传输需求。由此可见，5G 将会采用更加密集的方案，部署超过 200 个以上扇区以增强网络覆盖能力。

（6）新型网络架构技术。5G 网络架构将呈现扁平化、低成本、低时延、高效率、易维护等特点，当前的研究方向主要集中在 C-RAN 和云架构。

（7）智能化技术。5G 网络是由大型服务器组成的云计算平台，主要通过具有数据减缓功能的路由器和交换机网络来连接基站，采用宏基站能够实现云计算存储、大数据存储、处理时效性强的数据、处理多样化的业务、连接方式的多样化等功能，全面实现信息通信技术的智能化。

■ 案例　5G 时代的商业场景将会怎样

何谓 5G？简单说来，就是第五代移动通信技术。它从 3G、4G 升级而来，是一种技术的积累和演进。自从摩托罗拉的马汀·库珀 1973 年展示首款商用手机 DynaTAC 后，移动通信行业已实现了长足发展。20 世纪 80 年代迄今，移动通信领域经历了从模拟技术（蜂窝电话）、数字化语音、多媒体通信到无线宽带四个阶段。对即将大范围投入商用的 5G，世人更是给予了饱满的热情和乐观的畅想：对比上一代通信标准，5G 的速度是 4G 的 100 倍、延迟时间只有 1/10。比较具象的说法是，下载一部电影只需数秒钟，手机玩游戏不会再卡，多路 4K 高清视频可同时流畅播放；在 4G 时代，一个基站提供几百兆到 1G 流量，而进入 5G 时代，平均峰值是 20G。《数位时代》的专题故事构想了 5G 技术自带的网络提速、扩容增量所引发的"场景革命"——"想象一下，未来你的生活可能会是这样：走进一家商店，不需要店员，刷脸就可以结账；手术室里没有医生，取而代之的是机器人为你动手术；走在路上，城市交通不再拥挤，而一辆自动驾驶汽车正经过你面前；假日想休闲娱乐，却买不到演唱会的票，没关系，只要戴上虚拟现实（VR）装置，你就像在摇滚区一样身临其境"。

以上这些场景有的已部分实现，有些还停留在实验室阶段，但可以确定，随着 5G 商用的全面到来，从零售消费到交通出行再到影音娱乐，许多产业的运作模式都将有所不同。人们的期待在于，继瓦特的蒸汽机、特拉斯的交流电之后，5G 有望成为新工业革命的又一种生产力和原动力。

截至目前，5G 的应用主要有以下三种：第一，网络高速率和高宽带；第二，加快推进物联网建设，根据知名研究机构高德纳预估，到 2020 年全球联网对象会达 204 亿个；第三，生产与服务领域会有"颠覆式创新"，如自动驾驶、智能制造、远程医疗等，那些受制于速度、延时、稳定性等条件的都将得到解决。就业内达成的前述共识而言，作为一个"为未来设计的网"，5G 深度满足"人的需求"，并兼而瞄准"物的连接"。5G 不仅是 4G 的下一代，更是一场从智能设备、无线技术、接入网、核心网到云端的跨行业融合，也是一种从"跑道"到"跑法"的同时转换。这意味着，5G 将重塑各产业链中的合作方式、业务开展、服务提供、组织管理、财务营收等诸多层面。

然而，5G 技术在这场比赛中试图呈现出"赋能一切"态势、走势看涨的同时，在发展上也存在诸多挑战。除了要等待最终标准外，还有芯片、终端的配套研发；在初期，还要面对设备耗电、成本高昂等问题。这些都将阻碍 5G 更广范围、更大程度转商用的时间进程。核心问题还不只这些，当前至少还有个令人头疼的问题，行业专家说 5G 商业模式不清，这势必导致盈利前景不明。换句话讲，在 5G 的"必然性趋势"之上，人们还没弄懂什么是它的"杀手级应用"。

在有关 5G 将如何改变商业形态、行业结构如火如荼的讨论中，有几个关键趋势不能忽视——5G 网络升级可帮助运营商扭转下滑趋势，使之可推广自己的视频内容。这也算在努力扭转之前被压制已久的"颓势局面"，那时从互联网企业推出花样繁多、更注重用户体验的 OTT 业务就开始了。但这也更有可能遭遇加速下滑，变成利润率更低的"哑管道"。倘若果真如此，这个原已高度融合的行业或许难免经历进一步整合。正如英国《经济学人》杂志评论的那样，"一些国家或许最终只剩下一家移动基础架构提供商，就像很多国家往往只有一家自来水公司一样"。

5G 大幕将启，此刻，站在即将到来的范式切换点上，企业需要想象力，随时准备应对新挑战。

资料来源：杨吉，《上海证券报》，2018 年 7 月 17 日，内容有删减。

案例思考

1. 5G 的特点和应用场景有哪些？
2. 5G 的发展给移动通信运营商带来了哪些机会和挑战？
3. 5G 的商用可能会产生哪些商业模式的变革？

2.2　无线网络技术

2.2.1　无线网络的概念及分类

1. 概念

无线网络（Wireless Network）是采用无线通信技术实现的网络。无线网络既包括允许用户建立远距离无线连接的全球语音和数据网络，也包括为近距离无线连接进行优化的红外线技术及射频技术，与有线网络的用途十分类似，最大的不同在于传输媒介的不同，利用无线电技术取代网线，可以和有线网络互为备份。

无线网络主要有无线个域网、无线局域网、无线城域网和无线广域网络四种类型。

2. 解释

无线网络在一定程度上扔掉了有线网络必须依赖的网线，是采用无线传输媒体如无线电波、红外线等的网络。常用的无线网络设备主要包括便携式计算机、台式计算机、手持计算机、个人数字助理（Personal Digital Assistant，PDA）、移动电话、笔式计算机和寻呼机。根据数据传送距离的不同，无线网络可分为以下四种类型。

（1）无线个域网（Wireless Personal Area Network，WPAN）。无线个域网又称无线个人区域网，是为了实现活动半径小、业务类型丰富、面向特定群体、无线无缝的连接而提出的无线通信网络技术，其网络覆盖范围大约为 10 米。

（2）无线局域网（Wireless Local Area Network，WLAN）。无线局域网是利用无线通信技术在一定的局部范围内建立的网络，是计算机网络与无线通信技术相结合的产物，它以无线多址信道作为传输媒介，提供传统有线局域网的功能，能够使用户真正实现随时、随地、随意的宽带网络接入。

（3）无线城域网（Wireless Metropolitan Area Network，WMAN）。无线城域网是指在地域上覆盖城市及其郊区范围的分布节点之间传输信息的本地分配无线网络，能实现语音、数据、图像、多媒体、IP 等多业务的接入服务。其覆盖范围为 3～5 千米，点到点链路的覆盖可以高达几十千米，可以提供支持服务质量（QoS）的能力和具有一定范围移动性的共享接入能力。

（4）无线广域网络（Wireless Wide Area Network，WWAN）。无线广域网是指用户通过远程公用网络或者专用用户网络建立的无线网络技术。WWAN 主要是通过使用由无线服务供应商负责维护的若干天线基站或者卫星系统，可以覆盖广大的地理区域，常常是一个国家或是一个洲。WWAN 主要应用于电力系统、医疗系统、税务系统、交通系统、银行系统、调度系统等领域。

3. 应用

无线网络因其灵活性强、可扩展、可移动等优势，被广泛应用于社会生活的诸多领域，可以说现阶段人们的日常生活已经无法离开无线网络系统。随着人们生活和工作方式的转变，生活工作地点的移动也越来越频繁，因此移动电话、笔记本电脑、PDA 等移动设备大行其道，传统局域网络已经越来越不能满足人们对移动和网络的需求，近年来无线局域网产品逐渐走向成熟，正在以其高速传输能力和灵活性发挥日益重要的作用。

（1）智慧城市。智慧城市就是运用信息和通信技术手段感测、分析、整合城市运行核心系统的各项关键信息，从而对包括民生、环保、公共安全、城市服务、工商业活动在内的各种需求做出智能响应。其实质是利用先进的信息技术，实现城市智慧式管理和运行，进而为城市中的人创造更美好的生活，促进城市和谐、可持续成长。建设智慧城市已成为当今世界城市发展不可逆转的历史潮流，目前我国智慧城市的基础建设大部分已落实，但仍然面临着多方面挑战，例如，如何通过打造全城无线 Wi-Fi 覆盖，从而为智慧城市打下坚实的软硬件基础。

（2）无线酒店。无线网络技术的飞速发展，为时下中高档星级酒店在信息时代重新打造自我形象带来新的亮点，无线网络的好坏是衡量酒店品质的一个重要参考。酒店作为一个高竞争性的行业，为了提高自身竞争力，无线网络覆盖已经成为其标配。对于酒店，尤其是星级连锁酒店，如何利用 Wi-Fi 为客户提供新的服务或提高用户忠诚度，都已成为酒店经营者感到为难的问题。

（3）无线医院。随着医院信息化建设水平的不断提高，医院信息系统已得到较快发展，无纸化、无胶片化和无线化医院成为趋势。如何实现无线网络在整个医院的全方位、无缝、无死角部署，同时还不会造成信号之间的干扰，已经成为每家医院不得不正视的课题。

（4）智慧景区。景区通过智能网络对景区地理事物、自然资源、旅游者行为、景区工作人员行迹、景区基础设施和服务设施进行全面、透彻、及时的感知，对游客、景区工作人员实现可视化管理，优化再造景区业务流程和智能化运营管理，同旅游产业上下游企业形成战略联盟，实现有效保护遗产资源的真实性和完整性，提高对旅游者的服务质量，实现景区环境、社会和经济的全面、协调和可持续发展。当下如何提高游客的感受体验度、观赏性以及对园区服务的满意度成了景区最关心的热点。

（5）智慧出行（智能交通）。智慧出行是指借助移动互联网、云计算、大数据、物联网等先进技术和理念，将传统交通运输业和互联网进行有效渗透与融合，形成具有"线上资源合理分配，线下高效优质运行"的新业态和新模式，并利用卫星定位、移动通信、高性能计算、地理信息系统等技术实现城市、城际道路交通系统状态的实时感知，准确、全面地将交通路况，通过手机导航、路侧电子布告板、交通电台等途径提供给百姓。现在城市固定点 Wi-Fi 无死角覆盖进展比较顺利，但是交通车辆上的环境非常复杂，如何在交通车辆上提供稳定的 Wi-Fi 应用是一个非常难的课题。

（6）展会会场。借助移动互联网与物联网技术，极大简化参展过程中的信息收集、整理过程，为展会各方提供更加高效、便捷的线下、线上沟通体验，全面提升展会营销效果。以 Web 与手机客户端为主要媒介，为展商提供全面营销支撑与增值应用，为展商与买家搭建高效沟通桥梁，辅助企业实现集约化商业运作。

（7）无线校园网。无线校园网用于校园内部信息点的分布设计、校园内建筑物的网络连接、本部和分部的联网等。打造无线校园已经成为提升教学环境品质，提高教育资源利用率，增加教育灵活性和交流性的重要方式。

（8）餐饮及零售应用。餐饮服务业可使用无线网络产品，直接从餐桌即可输入并传送客人点菜内容至厨房、柜台。零售商在促销时可使用无线网络产品设置临时收银柜台。

4. 拓展

（1）无线网络发展过程。无线网络的初步应用可以追溯到第二次世界大战期间，当时美国陆军采用无线电信号传输资料，他们研发出一套无线电传输科技，并采用高强度的加密技术，得到美军和盟军的广泛使用。1971 年，夏威夷大学的研究员创造了第一个基于封包式技术的无线电通信网络（ALOHNET 网络），它包括 7 台计算机，采用双向星形拓扑横跨四座夏威夷的岛屿，中心计算机放置在瓦胡岛上，无线网络从此正式诞生。1990 年，IEEE 正式启用 802.11 项目，无线网络技术逐渐走向成熟。2003 年以来，无线网络市场热度迅速飙升，已经成为 IT 市场中新的增长亮点，由于人们对网络速度及易于使用的期望越来越大，于是与计算机以及移动设备结合紧密的无线 Wi-Fi、CDMA/GPRS、蓝牙等技术越来越受到人们的关注，无线网络已经成为人们生活的主流。

（2）无线网络的特点。作为有线局域网的一种补充和扩展，无线局域网使计算机具有了可移动性，能快速、方便地解决有线网络不易实现的网络连通问题。

1）安装便捷。无线网络可以更方便地照顾到有线网络不能顾及的地方，而且架设很方便。在网络组建过程中，对周边环境影响最大的就是网络布线，而无线局域网则几乎不用考虑网络布线对环境的影响，一般只需在该区域安放一个或多个无线接入设备即可建立网络覆盖。

2）使用灵活。在有线网络中，网络设备的安放位置受网络信息点位置的限制。无线局域网一旦建成后，在信号覆盖区域内的任何位置都可方便地接入网络，进行数据通信。

3）经济节约。由于有线网络灵活性的不足，在网络规划时要预设大量利用率较低的接入点，造成资源浪费。而且一旦网络的发展超出了预期的规划，整体的改造也将是一笔不小的开支。无线局域网可充分保护已有的投资，而且改造和维护起来也十分简便。

4）易于扩展。同有线局域网一样，无线局域网具备多种配置方式，能根据实际需要灵活选择、合理搭配，并能提供像漫游等有线网络无法提供的特性。

5）应用安全。现在的无线网络产品已能提供多重安全防护，再配合强大的防火墙特性，可有效防止入侵，为无线通信提供强大的安全保护。

■ 案例　无线医院：无线 Wi-Fi 技术医疗应用

无线技术的发展不仅使工作和娱乐生活等方面得到了改善，在医疗等医学方面也有了用武之地。无线 Wi-Fi 技术医疗应用将改变现在医院的结构，一场无线医院的革新即将到来。运用"3G+Wi-Fi"无线技术等移动医疗手段，闵行区中心医院成功变身为"无线数字医院"。

（1）无线 Wi-Fi 技术医疗应用：护士随身带电子病历。医院查房护士人手一台平板电脑，通过 Wi-Fi 无线网络与医院的整套信息系统相连，只要轻轻一点，护士便可以清楚知晓病人的病史和详细资料，在检查体温、帮助服药之后，相关信息同步录入医院系统中。查房医生手中也有一部同样的电脑，如果有新的医嘱或要开新药，也可以在平板电脑上无线开单，病人家属只要到药房直接取药就行。这样大大降低医护人员工作强度、出错率，提升了工作效率。

（2）无线 Wi-Fi 技术医疗应用：在家也能查心电图。医院医护人员上门查心电图、血压、脉搏、血氧等温馨服务已经成为现实。即使病人在家，医护人员也可以上门采集数据，由医生在医院隔空号脉。

除平板电脑外，医院医护人员手中还有一部特制的 3G 天翼手机，内置测量心电图、血压、脉搏等数据软件，为病人检查时，在病人手腕上佩戴一个类似手表的测量仪，通过数据线将手机与测量仪相连，这样病人的心跳、血压等数据都会变成相应图表显示在手机屏幕上。同时，这些图表还能同步传送回医院的心电室等相关科室，并由专业医师看图诊断。

（3）无线 Wi-Fi 技术医疗应用：病情变化自动短信通知医生。无论是在医院里，还是家里，医生可以随时通过为医院开辟的专用网络登录内部系统，查看病人的病况变化并及时处理。同时医生还可以设置预警呼叫，一旦病况超过预警线，便自动发短信到医生手机上。例如有些监控中的糖尿病病人，血糖如果到达警戒值，监测仪器便自动发信息给医生，医生可以通过手机远程更改医嘱，这样便可为住院护士争取到抢救的时间。

通过智能手机，医生还可以实时了解医院运行状态、门急诊排队人数、专家排班信息、在线医生情况等。这些信息将对公众开放，居民在去医院之前，只要登录医院网站，便可以查询到专家号是否已挂完，医院的候诊人数，从而选择就诊时间。

（4）无线 Wi-Fi 技术医疗应用：救护车提前救命。车厢前部有个摄像头正对着担架位置，拍摄车厢内病人的初步状况，普通的救护车通过无线网络化身为移动急诊室。车内的一套新型监护仪随时监测病人的心脏波形、血压、脉搏、血氧饱和度等重要生命体征，所有视频影像和数据通过 3G 网络同步传送至医院。病人在途中，医院便可以根据救护车发来的图像、数据进行初步的判断和准备，为抢救病人特别是危重病人争取宝贵时间。

目前，闵行区正酝酿在所有社区医院中推行"数字无线医院"的模式，一方面为每个居民建立"健康档案"，记录居民从出生到死亡的生命指标、疾病史、免疫接种史、保健管理信息；另一方面，通过无线方式集成一个健康平台，实时监护重点人群的生理参数，管理和调整治疗设备（如心脏起搏器、药物缓释装置）的工作状态，从而使整个社区成为一所无处不在的网络医院。

资料来源：https://cloud.tencent.com/info/a13b0bd52a2f016e91ded9fe25c65356.html，根据以上网址中的新闻改编。

案例思考

1. 与有线网络相比，无线网络有哪些主要特点？
2. 无线网络主要分为哪几类？各有什么特点？
3. 无线网络典型的应用场景有哪些？

2.2.2 无线网络技术

1. 概念

无线网络是采用无线通信技术实现的网络,主要包括 Wi-Fi、蓝牙、UWB、ZigBee、WiMax、GPRS、IrDA 红外等技术。

2. 解释

随着网络技术的发展,出现了各种无线网络技术。表 2-2 列出了常见的无线网络技术的适用频段、传输距离、数据量、通信质量、网络架构、硬件成本、应用方便度、典型应用方面的特征等。

表 2-2 常见的无线网络技术对比

无线技术	RFID	GPRS	蓝牙技术	无线网络	IrDA	UWB	ZigBee	NFC
适用频段	1～100GHz	935～960XHz	2.45GHz	2.45GHz	很高	3.1～10.6GHz	2.4GHz	13.56MHz
传输距离	5～10米	20千米	10～20米	300米	1米	10米以下	10～100米	10厘米以下
数据量	106Ebps	114kbps	1Mbps	11Mbps	16Mbps	114Mbps	10～250kbps	424kbps
通信质量	有限	中	高	高	高	高	高	中
网络架构	点对点	星形	星形	星形	点对点	星形	星形	点对点
硬件成本	低	高	中等	中等	低	很高	低	低
应用方便度	很方便	很方便	中等	高	方便	中等	中等	高
典型应用	食品跟踪	中国移动	语音传输	各种数据	红外测距	军方定位	智能控制	门禁公交

(1)非接触式射频识别技术(Radio Frequency Identification,RFID)。RFID 是一种非接触式的自动识别技术,它通过射频信号自动识别目标对象并获取相关数据,识别工作无须人工干预,可在各种恶劣环境中工作。RFID 可识别高速运动物体并可同时识别多个标签,操作快捷方便。

(2)通用分组无线服务(General Packet Radio Service,GPRS)。GPRS 是 GSM 移动电话用户可用的一种移动数据业务,不仅具有 GSM 通信系统覆盖范围广、通信质量高,而且还具有分组传输数据传输快、信道利用率高等优点,还可以直接与互联网互通,因此特别适合中低速率的环境监测及监控领域。

(3)蓝牙技术(Bluetooth Technology)。它是一种短距离无线通信技术,能够为固定设备或移动设备之间的通信环境建立通用的近距无线接口,将通信技术与计算机技术进一步结合起来,使各种设备在近距离范围内实现相互通信或操作。其传输频段为全球公众通用的 2.4GHz ISM 频段,提供 1Mbps 的传输速率和 10～20 米的传输距离。

(4)无线网络(Wireless Fidelity,Wi-Fi)。它是 IEEE 802.11b 的别称,属于短距离无线通信技术,能够在几百米的地理范围内支持互联网接入。随着网络技术的发展,以及 IEEE 802.11a 和 IEEE 802.11g 等标准的出现,IEEE 802.11 标准已被统称为无线网络。Wi-Fi 速率最高可达 11Mbps。

(5)红外数据传输技术(Infrared Date,简称 IrDA)。IrDA 是一种利用红外线进行点对点通信的技术，是第一个实现无线个人局域网的技术。目前它的软硬件技术都很成熟，在小型移动设备如掌上电脑、手机上广泛使用。IrDA 具有通信成本低廉、体积小、功耗低、连接方便、简单易用、传输安全性高等特点。由于 IrDA 是一种视距传输，两个相互通信的设备之间必须对准，中间不能被其他物体阻隔，因而该技术只能用于 2 台（非多台）设备之间的连接。

（6）超宽频（Ultra-Wideband，UWB）。UWB 是一种高速短距离通信技术，在短距离通信方面具有很大的优势。UWB 主要应用在小范围、高分辨率，能够穿透墙壁、地面和身体的雷达和图像系统，以及对速率要求非常高（大于 100 Mbps）的局域网（LAN）中。

（7）ZigBee（IEEE 802.15.4）。ZigBee 是一种新兴的短距离、低功率、低速率无线接入技术，是 IEEE 802.15.4 的扩展集。ZigBee 采用基本的主从结构配合静态的星形网络，因此更适合于使用频率低、传输速率低的设备。因其具有激活时延短、低功耗等特点，ZigBee 将成为未来自动监控、遥控领域的新技术。

（8）近距离无线传输（Near Field Communication，NFC）。NFC 是一种类似于 RFID 的短距离无线通信技术标准。与 RFID 不同，NFC 采用双向的识别和连接，能快速自动地建立无线网络，为蜂窝设备、蓝牙设备、Wi-Fi 设备提供虚拟连接，使电子设备可以在短距离范围进行通信。NFC 的短距离交互大大简化了整个认证识别过程，使电子设备间互相访问更直接、更安全和更清楚。

此外，无线网络技术还有 WiMax 技术、EDGE 技术等。总之，这些无线网络技术各有特点，或基于传输速度、距离、耗电量的特殊要求，或是着眼于功能的扩充性，或是符合某些单一应用的特别要求，或是建立竞争技术的差异化等，但是到目前为止尚未有一种技术可以完美到足以满足所有的需求。

3. 应用

无线网络技术作为顺应信息时代而生的新技术，其应用领域在自身不断更新发展中得到迅速扩大。一般可以将无线网络技术的应用划分为室内和室外两种。无线网络技术在室内的应用主要有医院、工厂、办公室、商场、会议室以及证券市场等场所。无线网络技术在室外的应用主要有学校校园网络、工矿企业区域信息管理网络、城市交通信息网络、移动通信网络、军事移动网络等。

无线网络技术在医院中的应用如图 2-4 所示。最成功的是在护理管理方面，大大方便了医生、护士对病人的护理情况的跟踪和执行，还可以使护士在病床旁就可以对病人的体征信息进行实时录入。无线网

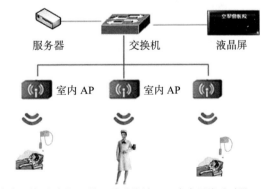

图 2-4　无线网络在医院中的应用

络技术应用具体的作用主要有以下方面：将医院信息系统延伸到病房；可以更好地跟踪医嘱的全生命周期，减少医疗纠纷；优化工作流程，帮助医院更好地进行护理工作管理，科学地加权统计护士工作量，为绩效考评提供数据参考；避免护士多次转抄、录入，大幅度提高工作效率，并降低错误发生率；减少纸张和其他办公消耗。

ZigBee 技术是一种高可靠的无线数传网络，人们期望能在工业控制、个人健康护理、楼宇自动化、消费电子、计算机及周边产品、住宅照明商用控制等领域拓展 ZigBee 的应用，如图 2-5 所示。

图 2-5　ZigBee 无线网络应用

4．拓展

（1）无线网络发展面临的挑战和机遇。在移动大数据时代，无线网络在资源管控、数据安全、网络能耗方面面临着新的挑战。但移动大数据是友好可控的，是无线通信发展的助推剂，给无线通信带来了新的发展机遇。

随着移动互联网、云计算、物联网、机器类型通信等新兴信息通信技术的飞速发展，信息社会进入了网络化的大数据时代，快速普及的智能化移动终端应用助推了全球移动数据流量的大幅度增长。在移动大数据时代，海量数据、业务类型演进、数据多样化、数据空域和时域分布不均匀等特征给无线网络带来了严峻的挑战，未来无线网络需具备承载大数据的能力，同时有效地利用海量数据中的离散信息可充分实现网络的潜在价值。

（2）无线网络发展方向。无线网络必须实现接入的灵活性。现在人们对网络的要求是能够随时随地实现上网服务，这也就引导了无线网络的发展方向。

无线网络在实现随时随地上网需求的同时，还需要保证用户上网的安全性。无线网络和有线网络传输信号的劣势就是网络安全性，不过现在的无线网络设备都配有先进的安全保护软件，更好地保护了用户的安全性，未来的无线网络在安全性方面必定还会增强。

无线网络与有线网络的融合。即使现在无线网络发展非常迅速，但并不代表无线网络就能完全取代有线网络，未来的无线网络必定会和有线网络相互配合共同工作，相对有线网络，无线网络在数据的传输速率和网络安全性方面具有一定的劣势，这也是它无法彻底代替有线网络的原因之一。

■ 案例　RFID 技术应用于无人便利店

目前，无人便利店门派林立，一类是以欧尚、大润发、天虹为首的传统零售，一类是以阿里巴巴、缤果盒子为代表的互联网公司，还有一类是以居然之家、娃哈哈等为代表的跨界运营企业。它们的共同点是基本上离不开 RFID 技术，每件商品均贴有 RFID 标签，用于结账收款，此外还配备了监控系统、远程客服等功能。

基于 RFID 技术的无人便利店，按照使用流程可以将其分为三种主要模式：预识别（身份）模式、免识别（身份）模式和全开放模式。

预识别（身份）模式是指用户在打开智能商品柜或无人便利店大门时，需要先进行身份识别后方可进行商品购物。如欧尚引入的无人便利店，首先需扫描二维码（身份认证）后方可进入，即属于一种典型的预识别（身份）应用，如不能完成识别，消费者则无法购物。（商品均配有 RFID 标签，并形成相应的电子账单。）

免识别（身份）模式是指用户无须进行身份识别即可进行商品购物。一般此类无人便利店会设有门禁系统，消费者通过物理开关可以直接进入店内，门禁将自动锁死，消费者在购物完成且支付成功后，门禁方可重新开启。（商品均配有 RFID 标签，并形成相应的电子账单。）

全开放模式是指用户可自由出入店内，并可自由选择商品，商品带有 RFID 和二维码支付标签，消费者在选择商品并扫码完成支付后即可出店。但如未完成支付而出店时，门禁系统会自动检测并报警。全开放模式的优点在于可以解决多点购物结算问题，同时门店改造相对可控。该模式如加以配备少量服务人员并结合前两种模式的应用设备组合，则特别适合便利店、超市形成有人、无人结合应用的新模式。

零售行业本身利润微薄，尤其是在便利店场景，商品单价普遍不高，任何成本的增加都将对其盈利能力造成巨大挑战。RFID 方案一直以来饱受诟病的一点就是成本高昂，不过近年来，随着技术发展和应用场景增多，RFID 标签的成本已经有所下滑。超高频 RFID 具有一些显著特点（如灵敏度高、采集数据的速度最快、多标签的数量、成本低）而更受青睐。

此外，RFID 充分参与无人零售/智慧零售还急需解决识别率、系统级产品的标准化、物损和持续性研究等多个重要问题。RFID、人工智能和大数据将成为推动或制约未来智慧零售实现的重要因素。

资料来源：http://news.rfidworld.com.cn/2018_08/49bb852872ed3ece.html，根据以上网址中的新闻改编。

案例思考

1. 常用的无线网络技术有哪些？它们各有什么特点？
2. 各种无线网络技术的典型应用场景有哪些？

2.3 移动定位技术

2.3.1 移动定位的概念

1. 概念

移动定位是指通过特定的定位技术来获取移动手机或终端用户的位置信息（经纬度坐标），在电子地图上标出被定位对象位置的技术或服务。移动定位广泛应用于智能手机、调度系统等。按照定位计算的位置不同，移动定位可分为基于移动终端的定位和基于移动网络的定位两种基本类型。

2. 解释

移动定位技术是指通过无线终端和无线通信技术的配合，确定移动用户的实际位置信息。由于移动定位技术是位置信息服务最基础和最核心的技术，因此人们经常将移动定位与位置服务理解为同一个概念。

位置服务又称定位服务，是指通过电信移动运营商的无线电通信网络或外部定位方式，获取移动终端用户的位置信息，在地理信息系统（Geographic Information System，GIS）平台的支持下，为用户提供相应服务的一种增值业务，其包括两层含义：首先是确定移动设备或用户所在的地理位置，其次是提供与位置相关的各类信息服务。

移动定位技术主要有两种：基于移动终端的定位和基于移动网络的定位。基于移动终端的定位是指定位计算是由移动终端自己完成的，移动终端可以自行确定自己当前的位置。移动终端定位技术便于保护移动终端用户的隐私不受侵犯，但是要求移动终端有较强的计算能力和持久的供电能力。基于移动网络的定位主要由网络系统收集待定位移动终端的信息并计算移动终端的当前位置，是目前应用最广泛的定位方法，市场上大部分移动终端或者手持式移动设备具备这种功能，例如全球移动通信系统、码分多址等。

目前，移动定位技术基本上以无线网络作为基础，以导航系统作为支撑，形成了无线网络定位、定位设备定位以及两者结合形成的定位技术，但是由于各种因素的制约，因此在某种程度上都影响着定位的精度和效率。

3. 应用

近年来，移动定位技术受到越来越多的关注，推动了对移动定位技术的研究及测距技术的发展。移动定位技术代表着全新的商机，代表着移动技术发展的一个新阶段，移动定位技术有着广阔的应用前景。

所应用的领域主要包括：可开展周边信息查找的信息服务，如就近的银行、餐馆、加油站等；本地黄页服务；小范围内的天气预报；就近的交通信息发布；定向广告和基于位置的电子赠券；与动态位置相关的会员俱乐部服务；位置格斗游戏；就近交友聊天业务；公众信息服务；紧急呼叫，如 110、119、120、122 等。

所适用的行业应用主要包括：集团车队，用于车辆管理、车辆调度；租赁行业，用于租赁设备的调度管理；公司企业，用于企业内部管理、流程优化；物流行业，用于货运车辆的监控、调度；配送行业，用于对配送过程的优化；媒体行业，用于对突发事件的及时采访、跟踪等；医疗急救，用于对特殊群体的追踪或紧急援助；售后服务，用于快速维护、支持产品等；资源管理，用于对人或物等资源调配要求较高的行业；安全防盗，用于对汽车、货物资产的安全防盗；公共事业，用于公交车、出租车等的电子路牌、调度等；超市商场，用于送货、提货、人员管理。

4．拓展

（1）移动网络定位技术。以 Cell-ID、WLAN、WSN 为媒介，根据网络拓扑可将移动网络定位技术划分为以下几类。

1）基于蜂窝网络定位技术。蜂窝网络定位属于无线电定位范畴，其定位对象是针对静止或者慢速移动的对象，如手机或者其他手持式设备。蜂窝网络定位主要是采取对信号到移动用户（Mobile Subscriber，MS）的时间、时间差、角度进行测量，通过适当合理的计算估计地理位置。

2）基于 WLAN 定位技术。利用 Wi-Fi 终端（笔记本、掌上电脑以及智能手机等）扫描无线局域网协议中定义的参数，主要使用接收信号强度或者信噪比信息进行定位。WLAN 定位技术有两种工作模式，即工作基站模式和点对点（Ad Hoc）模式，前者因其具有更好的无线网络覆盖、更加稳固可靠的网络通信而被广泛应用，后者则比较方便使用，灵活性比较强。

3）基于无线传感器网络（Wireless Sensor Network，WSN）定位方法。由于 WSN 具有传感器节点、多跳自组织网络的特点，为 WSN 辅助定位提供了条件。借助 WSN 采集用于定位的相关数据（如距离、角度等），然后通过特定算法将数据转化为坐标实现定位。基于 WSN 定位方法主要取决于 WSN 性能的提高，以及对数据转化处理算法的优化和改进。

（2）移动终端定位技术。

1）增强观察时间差（Enhanced Observed Time Difference，E-OTD）定位技术。E-OTD 定位技术是在 GSM 下发展起来的定位方式，主要由观察时间差（Observed Time Difference，OTD）、实时时间差（Real Time Difference，RTD）和地理时间差（Geographical Time Difference，GTD）三者组成。

2）下行链接时间差（Observed Time Difference of Arrival Period Dow Link，OTDOA-IPDL）定位技术。OTDOA-IPDL 定位技术是 TD-SCDMA 系统下的一种定位方式，在 OTDOA 定位技术的基础上应用 IPDL 技术，目的是提高基站（Base Station，BS）到移动台（Mobile Station，MS）之间测距的准确性和可靠性。

3）基于全球定位系统（Global Positioning System，GPS）的定位。随着市场需求的不断发展，广大用户对定位要求越来越高，但是由于传统 GPS 定位冷启动时间长、功耗大、定位时间长等缺点，因此 A-GPS、GPSOne 等技术应运而生。

4）基于北斗卫星导航系统（BeiDou Navigation Satellite System，BDS）的定位。北斗卫星导航系统是我国自主研发的导航定位系统，是为全球用户提供全天候、全天时、高精度的定位、导航和授时服务的国家重要空间基础设施，是继美国全球定位系统、俄罗斯格洛纳斯卫星导航系统之后第三个成熟的卫星导航系统。

■ 案例　移动定位的典型应用场景

互联网技术以及 GPS、遥感（Remote Sensing，RS）、地理信息系统技术的发展为现代各行各业带来了极大的便利，LBS 技术服务于各行各业，移动定位技术得到了快速的发展，在紧急救援、交通工具导航、移动手机应用、电力应急物资调度等方面都发挥了极其重要的作用。

（1）紧急救援。移动的不确定性给人们的安全带来了一定的威胁。随着活动范围的扩大，这种威胁也越来越大，因此危险情况下的紧急救援就显得尤为重要。只要用户的手机支持移动定位业务，用户就可以拨打救援中心的电话，移动通信网络就会将获得的用户位置信息和用户的语音信息一并传送到救援中心。救援中心接到呼叫后，根据得到的用户位置信息，就能采取迅速、高效的救援活动，从而大大提高救援的成功率。

（2）交通工具导航。在人口密集的大城市里，交通阻塞的问题急待解决，对车辆导航、智能交通的要求越来越迫切，为此发展出的智能交通系统（Intelligent Traffic System，ITS）。自动车辆定位系统（Automatic Vehicle Location System，AVLS）是智能交通系统的核心，提供诸如车辆及旅客位置、车辆的调度管理、监测交通事故、疏导交通等服务，从而实现动态交通流分配、定位导航、事故应急、安全防范、车辆追踪、车辆调度等功能。

（3）移动手机应用。移动互联网技术与移动定位业务相结合，可以轻松地实现移动黄页查询。移动网络首先定位出用户所处的位置，然后再根据互联网提供的信息选出用户所在地的相关信息，供用户查询。移动电话定位业务的开展，对防止移动电话被盗非常有利。

（4）电力应急物资调度系统。当发生大规模电力突发事故时，电力应急物资调度是电力抢修和恢复的物质基础，但随着电网规模的扩大，海量的电力应急信息严重影响了电力应急指挥中心进行电力应急物资调度的效率。计算机信息化技术可以在最短的时间里处理大量的信息，辅助决策者迅速做出电力应急物资调度的方案，为电力救援提供时间上的保证。建立与计算机信息化相结合的电力应急物资调度系统可以有效地将电力设备、人员和岗位的分散性与电力事故处理的集中性进行统一协调处理。

案例思考

1. 移动定位典型的应用场景有哪些？
2. 移动定位技术分为哪几类？各类中又包含哪些定位技术？

2.3.2 主流的移动定位系统

1. 概念

现存的主流移动定位系统包括全球定位系统、蜂窝基站定位、无线室内环境定位和一些新兴的定位系统。

2. 解释

物联网时代,社会发生了重大变革,通过技术提高生产效率,也让人们的生产生活更加方便快捷。其中,基于位置的系统定位更是在其中发挥了重要作用。

(1)全球定位系统。GPS 是一个中距离圆形轨道卫星导航系统,是美国国防部研制的一种全天候的、空间基准的导航系统,可满足位于全球任何地方或近地空间的军事用户连续精确地确定三维位置和三维运动及时间的需要。GPS 使用卫星进行定位,精度高、误差小,但其耗电量大、速度慢,无法在室内定位,受天气和地理位置因素影响较大。

(2)蜂窝基站定位。一般应用于手机用户,手机基站定位服务又叫移动位置服务,它是通过电信商的网络获取手机用户的位置信息,在电子地图平台的支持下,为用户提供相应服务的一种增值业务,它被全球各大运营商公认为是继短信息之后的新一轮革命。基站定位的精度较低,其精度受到基站数量以及离基站距离的影响,手机必须开通数据连接应用才能从位置服务器上获取位置信息,可以在室内进行定位。

(3)无线室内环境定位。无线室内环境定位是指在室内环境中实现位置定位,主要采用无线通信、基站定位、惯导定位等多种技术集成形成一套室内位置定位体系,从而实现人员、物体等在室内空间中的位置监控。除通信网络的蜂窝基站定位技术外,常见的室内无线定位技术还有 Wi-Fi、蓝牙、红外线、超宽带、RFID、ZigBee 和超声波等,它们各有特点。例如,Wi-Fi 定位的精准度较高,但在使用指纹算法时需要涉及庞大的运算数据;蓝牙定位的成本以及功耗较低,但只适用于较小范围;ZigBee 定位的精度较高、配置简易,但稳定性有待提高。

3. 应用

基于位置的系统定位不仅仅是进行传统意义上的地理位置定位,而是包含时间、空间和事物的全方位定位,已应用于不同的领域。

(1)GPS 具有全天候、高精度、自动化、高效益等特点,已成功地应用于大地测量、工程测量、航空摄影、运载工具导航和管制、地壳运动测量、工程变形测量、资源勘察、地球动力学等多种学科,取得了较好的经济效益和社会效益。

例如,车载 GPS 导航系统是利用 GPS 导航卫星信号进行汽车导航、定位的系统,其内置的 GPS 天线会接收到来自环绕地球的 24 颗 GPS 卫星中的至少 3 颗所传递的数据信息,结合储存在车载导航仪内的电子地图,通过 GPS 卫星信号确定的位置坐标与此相匹配,进行确定汽车在电子地图中的准确位置。在长途班车、旅游客车、危险品运输车辆上安装车载 GPS 卫星定位系统后，通过中心监控系统可以对车辆进行实时监控，对管理部门监督驾驶员超速行车、疲劳驾驶、提高运输生产组织水平等具有积极的辅助管理作用；同时监控中心可对于正处于超速、抛锚等情况的长途营运车实施报警功能，从而降低交通事故的发生率，对提高运输安全生产具有积极的意义。目前，车载 GPS 系统已被相关管理部门和企业所认可并正在积极推广应用中。

（2）移动位置服务成为移动互联网应用的重要突破口。在移动互联网大发展的趋势下，各类应用在蓬勃发展，特别是嵌入了位置服务功能的应用后，更实现了爆发式增长，微信、微博、移动阅读、移动游戏等应用，为百姓生活提供了极大的便利。

图 2-6　高德地图

例如，高德地图（见图 2-6）是基于位置的生活服务功能最全面、信息最丰富的手机地图。高德地图是一款专业级的手机离线导航软件，可以零流量轻松导航，享受清晰贴切的导航语音提示，还原真实的路口放大图以及身临其境的地图渲染效果和简单流畅的操作体验。高德地图现已覆盖全国 364 个城市、全国道路里程 352 万千米，2 000 万个信息点，其核心竞争力就是优质的电子地图数据库和相对精准的导航。

（3）目前室内定位服务的行业领域包括医院、养老院、工厂、会展、博物馆/展览馆、智慧大楼、工程建设、学校、地下管线及矿道、监狱等，通过对人员及物资的精准定位，可实现诸多丰富功能，大大提升管理效率，其中最主要的应用是定位手环。

例如，儿童安全智能手环，如手表一般可以戴在儿童手上，其拥有定位、录音监控、安全区域预警、远程监护等多种功能，采用了不会膨胀的聚合物电池，通过二维码和手机客户端绑定，家长可以掌握儿童所处的位置是否安全。

4. 拓展

（1）移动定位的性能指标。物理位置信息和抽象位置信息。所谓物理意义上的位置信息，就是指被定位物体具体的物理或数学层面上的位置数据。例如，GPS 可以测得一幢建筑位于北纬 50°47′21″，东经 110°56′49″，海拔 20.3 米。相对而言，抽象的位置信息可以表达为：这栋建筑物位于公园的小树丛中或校园的主教学楼附近等。

相对位置和绝对位置。绝对位置是指在同一个参照系前提下的位置。例如，所有的 GPS

接收设备所提供的经度、纬度、海拔等数据都是基于同一个参照系的，在同一地理位置的两个 GPS 接收设备显示的位置信息是相同的。相对位置是在不同的参照系中得出的，每个物体都可能有自己的参照物。处于相同地理位置的物体因为对应的参照物不同，位置数据的读数也可能不同。

定位精度和定位准确度。它们是两个紧密联系的概念，孤立地指出某个定位系统的定位精度或定位准确度都是没有意义的。典型的正确描述应该是"A 定位系统可以在 95% 的概率下达到 10 米的定位精度"。其中，"95%"描述的是定位准确度。

（2）移动定位的基本原理。移动目标通过与多个已知坐标位置的固定基站（地面或空中）进行交互，获得相应测量参数后，利用适当的处理方法获得移动目标在空间中的位置。测量参数一般包括无线电波的传输时间、幅度、相位和到达角等。

■ **案例 室内定位的应用场景**

物联网风潮推送室内定位行业进入了发展快车道，在国内各大科研机构和创新企业的推动下，室内定位的相关应用或将进入大众应用阶段。特别是室内定位技术层面已然非常成熟，应用功能也非常丰富，所以由室内位置管理与服务引发的市场拓展将让室内定位技术能够发挥更多用处。

在医院场景下，精准的室内定位技术可应用于电子导医导诊、婴儿防盗、后勤人员定位管理、特殊病患定位监护、一键报警求助、医疗废弃物定位管理等方面；可为前来就医的病患提供精准导航，指引其前往某个科室，可以对特殊病患进行定位监护，防止发生意外等。

在养老院内，可对老人进行实时位置监护，通过系统后台查看老人位置、移动轨迹等数据，防止老人走失；可对护理人员进行岗位高效管理，优化服务流程，提升养老院智能化监护水平。

在工厂内，可对人员/物资进行精准定位管理，查看访客进出时间、移动轨迹等数据，实现对访客的数字化管理；可查看员工上岗/离岗时间、在某区域停留时间等数据，随时调遣人员执行相关工作；可查看被定位设备、物资的位置和移动轨迹，实现对仓储物资的智能化调度。

在工程建设现场，可对施工人员进行实时定位，随时查看施工人员的分布情况，防止人员发生意外。

在会展、展厅内，室内定位系统可实现智能化导览服务，既能实时导引观众前往想去的展位，又能对观众的位置数据进行精准统计，查看人员在展厅内的观览轨迹、停留时间等，实现办展效果精准分析。

在学校内，可对校园儿童的位置进行定位管理，防止儿童走失。同时可在儿童随身佩戴的智能终端上集成"一键报警求助"功能，一旦孩子在校园内受到欺凌、殴打，或是发生其他意外，即可通知人员前来援助，为孩子营造健康安全的学习成长环境。

资料来源：http://www.sohu.com/a/191964914_538680。

案例思考

1. 什么是室内定位技术？典型的应用场景有哪些？
2. 主流的移动定位系统有哪些？各有什么特点？

□ 本章小结

本章主要介绍了移动网络连接技术的概念及其应用，移动通信技术（概念、发展阶段）、无线网络技术（分类、常用的无线网络技术）、移动定位技术（分类、主流的移动定位系统）。

□ 本章术语

移动通信	1G	2G	3G
4G	5G	工业4.0	无线网络
无线个域网	无线局域网	无线城域网	无线广域网
Wi-Fi	蓝牙技术	UWB	ZigBee
GPRS技术	FRID	IrDA	NFC
智慧城市	无线酒店	无线医院	智慧景区
智慧出行	移动定位	移动网络定位技术	移动终端定位技术
LBS	室内定位技术	GPS	GMS
RS	GIS	基站定位	

□ 练习

1. 通过典型应用场景的体验，体会无线网络技术给人们生活方式带来的变化。
2. 通过典型应用场景的体验，分析比较无线网络技术（蓝牙、红外、Wi-Fi等）各自的特点。
3. 通过典型应用场景的体验，分析移动定位技术（移动终端定位技术、移动网络定位技术）各自的特点。

□ 参考文献

[1] 曾剑秋.5G移动通信技术发展与应用趋势[J].电信工程技术与标准化，2017，30（02）：1-4.

[2] 史鑫.浅析移动通信的应用及发展[J].数字技术与应用，2016（12）：33-34.

[3] 曹永升，梁胜祥，谢冠恒，郑喜艳，赵书俊.移动定位技术的现状与发展趋势[J].电子技术应用，2015，41（01）：17-20+24.

[4] 邓勇标.论述移动通信的应用及发展[J].信息通信，2017（02）：256-257.

[5] 张平，崔琪楣，侯延昭，徐瑨.移动大数据时代：无线网络的挑战与机遇[J].科学通报，2015，60（Z1）：433-438.

[6] 陈金雄，黄丽芬.无线网络技术在医院的全面应用[J].医疗卫生装备，2009，30（02）：52-53.

第 3 章

移动终端应用及开发技术

本章导读 ∷ ∷ ∷

　　随着计算机技术和移动互联网技术的迅速发展，以及移动智能终端的普及，移动终端应用飞速发展。移动终端逐渐引入多种应用及开发技术，有效拓展了移动智能终端的应用范围，人们对移动终端应用及其开发技术的重视程度不断提高。这一章，主要介绍移动终端与操作系统、移动终端应用技术和移动前端开发技术。

知识目标 ∷ ∷ ∷

1. 了解移动终端、移动终端操作系统的概念，以及 HTML5 新增特性及其应用趋势
2. 了解二维码的概念及发展趋势，LBS 的概念及 LBS 的研究热点
3. 理解移动终端的特点及分类，以及主流操作系统的特点
4. 理解二维码的特点及分类，以及与 LBS 应用相关服务的模式
5. 理解移动端 App 开发技术的分类及特点
7. 掌握常用的移动终端设备，以及 HTML5 的应用领域
7. 掌握主流的 App 原型设计工具及开发流程

能力目标 ∷ ∷ ∷

1. 具备利用移动终端设备开展商务活动的能力
2. 具备根据用户需求选择移动终端开发技术的能力

3.1 移动终端与操作系统

3.1.1 移动终端设备

1. 概念

移动终端（Mobile Terminal，MT）或称移动通信终端，是指可以在移动中使用的计算机

设备，广义上包括手机、笔记本、平板电脑、POS 机、车载电脑等，但是大部分情况下是指手机或者具有多种应用功能的智能手机及平板电脑。

2. 解释

移动终端作为简单的通信设备伴随着移动通信发展已有几十年的历史。自 2007 年开始，智能化引发了移动终端基因突变，从根本上改变了终端作为移动网络末梢的传统定位。移动智能终端几乎在一瞬间转变为互联网业务的关键入口和主要创新平台，新型媒体、电子商务和信息服务平台，互联网资源、移动网络资源与环境交互资源的最重要枢纽，其操作系统和处理器芯片已成为当前信息和通信技术（Information Communications Technology，ICT）产业的战略制高点。移动智能终端引发的颠覆性变革揭开了移动互联网产业发展的序幕，开启了一个新的技术产业周期。随着移动智能终端的持续发展，其影响力将比肩收音机、电视、互联网，成为人类历史上第四个渗透广泛、普及迅速、影响巨大、深入人类社会生活方方面面的终端产品。

（1）相关概念。随着网络和技术朝着越来越宽带化方向的发展，移动通信产业将走向真正的移动信息时代。同时，随着集成电路技术的飞速发展，移动终端已经拥有极为强大的处理能力、内存、固化存储介质以及像计算机一样的操作系统，是一个完整的超小型计算机系统，可以完成复杂的处理任务。移动终端也拥有非常丰富的通信方式，既可以通过无线运营网通信，也可以通过无线局域网、蓝牙和红外线等进行通信，这也给移动终端增加了更加宽广的发展空间。

1）智能终端。智能终端即移动智能终端（Smart Phone or Smart Device）的简称。其拥有接入互联网的能力，通常搭载各种操作系统，可根据用户需求定制各种功能。生活中常见的智能终端包括移动智能终端、车载智能终端、智能电视、智能可穿戴设备等。

2）移动互联网终端。移动互联网终端是指通过无线网络技术接入互联网的终端设备，如上网本、智能手机、智能导航仪等，其主要功能就是移动上网，因此其十分依赖各种网络。移动互联网终端设备配置足够用、性价比高是便携式移动互联网终端的最大优点。

移动互联网设备（Mobile Internet Device，MID）。MID 是英特尔公司推出的一种新概念迷你笔记本电脑，它是体积小于笔记本电脑，大于手机的移动互联网装置。MID 核心的设计思路是将移动多媒体与互联网无缝连接，通过 MID，用户可进入互联网，随时享受娱乐，查询信息，收发邮件等。

超级移动个人计算机（Ultra-mobile Personal Computer，UMPC）。UMPC 是英特尔公司推出的一种新型便携式笔记本电脑，软件巨头微软称之为 Origami 计划。UMPC 是一款小型的安装了特殊版 WindowsXP Tablet 操作系统的台式计算机，同时具有许多扩展功能。2006 年是 UMPC 的萌芽期，自从微软制定了 Origami 标准后，许多厂商开始推出自己的 UMPC 产品。

MID 是比 UMPC 更小的设备，MID 和 UMPC 其实是针对不同市场、不同需求的设备。

（2）常用的移动终端设备。

1）手机。手机又称为移动电话、无线电话，其最常用功能是语音通话和短信息收发。随着人们在移动环境下生活工作频率的不断加快，手机的用途也日益丰富。智能手机，是指具有独立的操作系统，可以由用户自行安装软件、游戏等第三方服务商提供的程序以不断扩充其功能，并可以通过移动通信网络来实现无线网络接入的一类手机的总称。

2）笔记本电脑。笔记本电脑是一种小型、可方便携带的个人电脑，其发展趋势是体积越来越小，重量越来越轻，而功能越来越强大，如 Netbook（也称上网本）。笔记本电脑与 PC 的主要区别在于其便携性。

3）平板电脑。平板电脑也叫便携式电脑（Tablet Personal Computer），是一种小型、方便携带的个人电脑，以触摸屏作为基本的输入设备，如 iPad。触摸屏允许用户通过触控笔或数字笔来进行作业而不是传统的键盘或鼠标。

4）POS 机。中文意思是"销售点"，全称为销售点情报管理系统，是一种配有条码或 OCR 码技术的终端阅读器，有现金或易货额度出纳功能。其主要任务是对商品与媒体交易提供数据服务和管理功能，并进行非现金结算。

5）车载电脑。车载电脑是专门针对汽车特殊运行环境及电器电路特点开发的具有抗高温、抗尘、抗震功能并能与汽车电子电路相融合的专用汽车信息化产品，是一种高度集成化的车用多媒体娱乐信息中心。它能实现车内上网、影音娱乐、卫星定位、语音导航、游戏、电话等功能，同时也能实现可视倒车、故障检测等特定功能。其主要功能包括车载全能多媒体娱乐、GPS 卫星导航、汽车信息和故障专业诊断、移动性的办公与行业应用。

6）车载终端。车载终端是车辆监控管理系统的前端设备，主要由车载视频服务器、LCD 触摸屏、外接摄像机、通话手柄、汽车防盗器等各种外接设备组成。车载智能终端具备 GPS 定位、车辆导航、采集和诊断故障信息等功能，在新一代汽车行业中得到了大量应用，能对车辆进行现代化管理，车载智能终端将在智能交通中发挥更大的作用。

7）智能电视。智能电视是基于互联网应用技术，具备开放式操作系统与芯片，拥有开放式应用平台，可实现双向人机交互功能，集影音、娱乐、数据等多种功能于一体，以满足用户多样化和个性化需求的电视产品，能带给用户更加便捷的体验。

8）可穿戴设备。可穿戴设备是直接穿戴在身上，或是整合到用户的衣服或配件上的一种便携式设备。它多以具备部分计算功能、可连接手机及各类终端的便携式配件形式存在，如智能眼镜、智能手表、智能手环、智能戒指等。可穿戴设备不仅仅是一种硬件设备，更是一种通过软件支持以及数据交互、云端交互来实现强大功能的工具，可穿戴设备将会对人们的生活、感知带来很大的转变。

随着全球移动互联网应用与产业的高速发展，智能手机、平板电脑等智能移动终端产品不断深化普及。移动终端市场需求量保持增加，同时消费者对移动智能终端产品市场的多元化需求日益增强。在移动互联网时代，终端成为移动互联网发展的重点之一。围绕移动互联网发展的需求，移动互联网时代终端的发展呈现出三种明显的发展趋势：一是紧紧围绕用户需求，为用户提供全方位的服务和体验，趋向终端与服务一体化；二是实现终端多样化；三是终端融合的必然趋势。

3. 应用

随着宽带和互联网产业技术的高速演进，全球移动智能终端快速发展，自 2007 年苹果发布 iPhone 以来，移动智能终端产品呈爆发式增长。2010 年年末，智能手机出货量首次超过 PC；2013 年，智能手机出货量首次超过功能手机，达到 10 亿部，约为 PC 出货量的 3 倍。几乎在一瞬间，移动智能终端占据了互联网业务的关键入口和主要创新平台，已成为全球最大的消费电子产品之一。2015～2017 年全球智能手机市场份额占比情况如表 3-1 所示，2018 年第一季度中国智能手机市场份额情况如图 3-1 所示，华为、OPPO、vivo、小米真正坐稳了国产手机厂商前四名的位置；2012～2017 年全球平板电脑出货量情况如图 3-2 所示。

表 3-1 2015～2017 年全球智能手机市场份额占比情况

排名	2015 年		2016 年		2017 年	
	公司名称	市场份额（%）	公司名称	市场份额（%）	公司名称	市场份额（%）
1	三星	24.70	三星	22.80	三星	21.90
2	苹果	18.20	苹果	15.30	苹果	15.20
3	华为	8.30	华为	7.60	华为	10.80
4	联想	5.40	OPPO	7.20	OPPO	7.60
5	LG	5.20	vivo	6.00	vivo	6.60
6	小米	5.20	LG	5.50	小米	6.40
7	其他	33.00	其他	33.60	其他	31.50
出货量（百万部）	1 298.30		1 357.60		1 457.50	

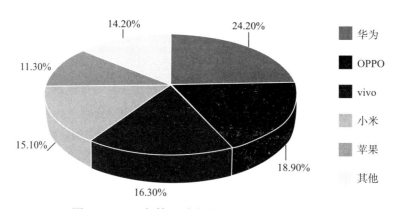

图 3-1 2018 年第一季度中国智能手机市场份额

现在的移动终端不仅可以打电话、拍照、听音乐、玩游戏，而且可以实现定位、信息处理、指纹扫描、身份证扫描、条码扫描、RFID 扫描、IC 卡扫描以及酒精含量检测等丰富的功能，成为移动办公和移动商务的重要工具。移动终端已经深深地融入人们的经济和社会生活，为提高人们的生活水平，提高生产的管理效率，减少资源消耗和环境污染以及突发事件应急处理增添了新的手段。

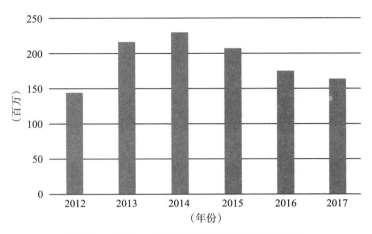

图 3-2 2012～2017 年全球平板电脑出货量

移动终端技术日趋成熟,现在的移动终端相当于一个完整的超小型计算机系统。不但可以完成复杂的处理任务,而且可同时具有极其强大的移动通信能力,随着移动智能终端技术的持续发展,其将越来越深入地渗透到人们生活的方方面面。

4. 拓展

(1)移动终端的特点。移动终端,特别是移动智能终端,最新技术特点主要体现在其硬件、软件、通信和功能这四个方面。

1)在硬件体系上,移动终端已经拥有极其强大的处理能力、内存、固化存储介质。移动终端通常是具备通信功能的微型计算机设备,带有各种输入方式和送话器、摄像头等,还可以进行各种输出,如受话器、显示屏等。

2)在软件体系上,移动终端上的操作系统如 Android、iOS 等,已经完全可以和电脑操作系统相提并论,同时这些操作系统越来越开放,支持各类应用程序的灵活开发、安装及运行,最大程度地满足了个性化用户的需求。

3)在通信能力上,移动终端具有灵活的接入方式和高带宽通信性能,并且能根据所选择的业务和所处的环境自动调整所选的通信方式,从而方便用户使用。移动终端可以支持 GSM、WCDMA、CDMA2000、TDSCDMA、Wi-Fi、WiMAX 等,从而适应多种网络制式,不仅支持语音业务,更支持多种无线数据业务。

4)在功能使用上,移动终端更加注重人性化、个性化和多功能化。在计算机技术的推动下,移动终端集成了嵌入式计算、控制技术、人工智能技术以及生物认证技术等,同时移动终端本身集成了众多软件和硬件,功能也越来越强大。

(2)移动终端的分类。一般可将边界日益模糊的移动终端分为三类:通信设备、超移动 PC 设备和便携式娱乐终端。

1)通信设备。通信设备即手机终端,每个终端都拥有一个移动网络号码。

2）超移动 PC 设备。属于 PC 的范畴，有计算和处理功能，具备移动上网特性，如 MID 和 UMPC 设备。

3）便携式娱乐终端。这类设备可以显示和播放多媒体内容，种类众多，包括 MP3/MP4 播放器、中国移动多媒体广播（CMMB）、专用终端阅读器等。

■ **案例　移动终端在智能家居领域的应用**

移动终端技术日趋成熟，其在智能家居领域的应用越来越重要。移动智能终端在智能家居领域相当于一个管控平台。一方面，移动终端是用户对智能家居系统进行可视化管理的一个重要窗口，其中包括设备的组网、添加、删除，以及定时、联动、场景设定等；另一方面，移动终端是用户控制智能家居系统的重要方式之一，包括远程、定时、联动和场景控制，还包括设备信息状态反馈和查看，如湿度、二氧化碳、挥发性有机化合物等环境情况，燃气泄漏探测器、摄像头等安防设备远程报警，还包括其他智能设备状态的显示，如灯泡、开关、家电等设备的开关情况等。

不同于传统的应用，智能家居移动终端更强调软硬件的结合，是硬件功能触发器。具体到功能上，包括远程控制、定时控制、联动控制和场景控制。其中，远程控制类似于一种遥控，通常没有距离限制；定时控制是设定时间自动执行；联动控制由一设备（如门锁）触发另一设备功能（如玄关开关）；场景控制是一键开关或调节多个设备的状态。

随着技术的发展，应用进一步适配终端设备，功能上也有很大的改进，不少应用还增加了本地化控制，即不需要接入互联网，就可以在家里进行控制。另外，与当前技术紧密结合，如人工智能（AI）技术的引入，智能家居可以支持通过移动终端进行语音控制，如 Google Echo、天猫精灵、小米的小艾同学等，可以通过语音实现开关灯、开关电视等功能。

目前，几乎所有参与智能家居领域的厂商及方案公司都深度布局手机 App 客户端。南京物联（Wulian）智能家居在移动终端的探索和布局有近 10 年，走过不少弯路，也积累了不少经验和优势。首先，强大的控制力，基于南京物联自有产品和生态产品，南京物联智能家居可以快捷、稳定地控制 200 多款智能家居设备，最大化智能效果；其次，强大的学习力，主要基于 AI 技术引入，大大提高了移动终端应用的智慧，更贴近需求；再次，强大的创新力，南京物联智能家居应用率先实现了本地化场景、基于地理位置的控制、微件、摇一摇、NFC、语音、手机指纹解锁等多种功能，成为行业应用的风向标，让用户智能生活更安全、更简单。例如，本地化场景可以让用户在具备区域网的情况下控制家居设备，基于地理位置的控制则会根据距家的远近完成一些设备的控制，微件支持苹果手机用户通过下拉通知实现场景控制，摇一摇则类似微信摇一摇功能，实现对设备和场景的控制等。

通过移动终端进行人机交互，并使用 ZigBee、Wi-Fi 等无线通信技术进行组网可以极大地提高智能家居系统的方便程度，而且从目前的应用情况来看，考虑到移动性和灵活性，移动终端在智能家居领域中仍不可替代，特别是在远程控制和查看方面，移动终端第一次突破了时间和空间的界限，让用户可以随时随地查看家里的情况，管理家中的设备。例如，用户可以在下班回家前，通过移动智能终端控制家里的空调、窗帘、灯光、地暖等设备，预先营造一个舒适的生活环境，如果家中发生燃气泄漏、盗贼入侵、老人突发疾病，家中防盗报警探测器可以第一时间将以上警情信息发送到用户手机上等。其他智能家居终端设备如智能音箱、智能电视等，一般放在家中的固定位置，一旦外出，就无法控制家里的各种设备，更不能随时监控家里的情况。

总而言之，随着移动终端设备及移动操作系统的不断更新，移动智能终端将越来越成为智能家居系统不可或缺的部分，使原本的普通住宅真正成为融安全、舒适、方便、节能于一体的智能化住宅，从而给人们的生活带来极大的便利，优化人们的生活方式。

资料来源：http://www.sohu.com/a/231333754_748289，根据以上新闻节选改编。

案例思考

1. 常用的移动终端设备主要有哪些？
2. 移动终端最新技术有哪些特点？

3.1.2 移动终端操作系统

1. 概念

移动终端操作系统主要是指应用在移动终端上的操作系统，使用最多的操作系统有苹果的 iOS、谷歌的 Android、微软的 Windows、诺基亚的 Symbian、RIM 的 BlackBerry 和惠普的 webOS 等。

智能手机的操作系统是在嵌入式操作系统的基础之上发展而来的专为手机设计的操作系统，除了具备嵌入式操作系统的基础功能外，还需有针对电池供电系统的电源管理部分、与用户交互的输入输出部分、对上层应用提供调用接口的嵌入式图形用户界面服务、Java 运行环境、针对移动通信服务的无线通信核心功能及智能手机的上层应用等。

2. 解释

智能手机具有独立的操作系统以及良好的用户界面（User Interface，UI），它拥有很强的应用扩展性、能方便随意地安装和删除应用程序。作为智能手机核心部分的操作系统随着手机市场的激烈竞争层出不穷，主流的智能手机操作系统的特性对比如表 3-2 所示。智能手机与非智能手机都支持 Java，智能机与非智能机的区别主要在于能否基于系统平台的功能扩展。

表 3-2 主流操作系统的比较

操作系统	优点	缺点
iOS	较强的用户体验、可操作性、可管理性、丰富的应用程序	系统的封闭性，安全隐患
Android	较强的用户体验，开放的平台，丰富的硬件选择，与 Google 应用无缝结合	稳定性不高，应用软件品质参差不齐

(续)

操作系统	优点	缺点
Windows	易于操作，预装软件丰富，多媒体功能强大，有极其丰富的第三方应用软件	系统完全封闭，应用开发收费
Symbian	系统内核与人机界面分离技术，对硬件的要求比较低，支持 C、C++、VB、J2ME 等多种语言环境，兼容性和扩展性更为出色	对主流媒体格式的支持性较差，不同版本的软件兼容性不好

（1）iOS 系统。iOS 是由苹果公司开发的移动操作系统，于 2007 年 1 月 9 日正式发布，最初是设计给 iPhone 使用的，后来陆续套用到 iPod touch、iPad 以及 Apple TV 等产品上。iOS 与苹果的 Mac OS X 操作系统一样，属于类 UNIX 的商业操作系统。iOS 现已成为应用最广的智能终端操作系统之一，具有较强的用户体验、可操作性、可管理性，以及丰富的应用程序等特点，但系统的封闭性制约了其发展。

（2）Android 系统。Android 是一种基于 Linux 的自由及开放源代码的操作系统，主要使用于移动设备如智能手机和平板电脑上。由 Google 公司和开放手机联盟领导及开发，于 2007 年 11 月 5 日正式推出，现已成为应用最广的手机操作系统。目前，国内销量最好的手机厂商如华为、中兴、小米、OPPO、vivo 等所使用的操作系统，均基于 Android 进行定制改造。较强的用户体验、开放的平台、更加丰富的硬件选择、与 Google 应用无缝结合等特点使得其市场占有率持续攀升。但是也存在稳定性不高，应用软件品质参差不齐等缺陷。

（3）Windows 系统。2001 年，微软首次发布针对智能手机的操作系统 Windows Mobile，2010 年 10 月 21 日微软正式发布 Windows Phone（WP），彻底取代 Windows Mobile 系统，初始版本命名为 Windows Phone 7.0，基于 Windows CE 内核。2012 年 6 月 21 日，微软正式发布 Windows Phone 8，采用了与 Windows 系统相同的 Windows NT 内核，目前版本为 Windows 10。WP 系统界面类似于 PC 端 Windows，易于操作；预装软件丰富，内置 Office；多媒体功能相比于其他版本更为强大；极其丰富的第三方应用软件。WP 系统是完全封闭的，应用开发需要收费。

（4）Symbian 系统。1998 年，爱立信、诺基亚、摩托罗拉和 Psion 合作成立塞班公司，基于 Psion 公司的 EPOC 系统研发 Symbian 系统。2008 年 12 月 2 日，塞班公司被诺基亚收购，Symbian 系统成为诺基亚独占系统。2011 年 12 月 21 日，诺基亚正式宣布放弃 Symbian 品牌。Symbian 系统采用系统内核与人机界面分离技术，对硬件的要求比较低，支持 C、C++、VB、J2ME 等多种语言环境，兼容性和扩展性相比之前的版本更为出色。缺点是对主流媒体格式的支持性较差，不同版本的软件兼容性不好。

（5）BlackBerry 系统。由 RIM 于 1998 年为其智能手机产品黑莓开发的专用操作系统，其处理邮件的能力非常强大。2008 年，BlackBerry 占据了美国智能手机市场的 80% 份额。2010 年 4 月，RIM 宣布收购 QNX，开始基于 QNX 内核研发新的 BlackBerry 操作系统，现在黑莓手机已开始使用 Android 系统，市场影响力在逐渐减弱。

（6）webOS 系统。webOS 是一个嵌入式操作系统，主要是为 Palm 智能手机而开发，以 Linux 内核为主体并加上部分 Palm 公司开发的专有软件。由于 Palm 被惠普收购，因此 webOS 被收归惠普旗下。2011 年 8 月 19 日凌晨，惠普在其第三季度财报会议上宣布正式放弃围绕 TouchPad 平板电脑和 webOS 手机的所有运营。

3. 应用

从智能手机问世到现在，操作系统的竞争一直很激烈。表 3-3 是 2009～2016 年操作系统市场占有率的对比数据。

表 3-3　2009～2016 年操作系统市场占有率的对比数据　　（单位：%）

年度	Android	iOS	WP	BlackBerry	Symbian	其他
2009	4.2	15.3	7.2	21.1	47.6	0.6
2010	23.6	16.3	4.3	16.6	37.1	0.1
2011	45.1	18.4	1.8	10.6	17.2	4.9
2012	64.9	18.7	2.4	4.9	7.9	1.2
2013	78.4	15.6	3.2	1.9	—	0.9
2014	77.9	16.4	2.7	0.4	—	0.6
2015	80.2	17.5	1.7	0.3	—	0.3
2016	82.5	15.3	1.7	0.3	—	0.2

从表 3-3 的数据中可以看出，Android 操作系统以其独特的优势一直保持稳定增长，从 2011 年至今一直稳居第一位。相对竞争力较强的 iOS 系统在初期也一直广受好评，但由于智能手机平台的限制，因此其市场占有率一直在 16% 上下浮动。其他操作系统一直是呈下降趋势。在我国手机市场中，Android 操作系统也一直保持其强大优势，如图 3-3 所示。

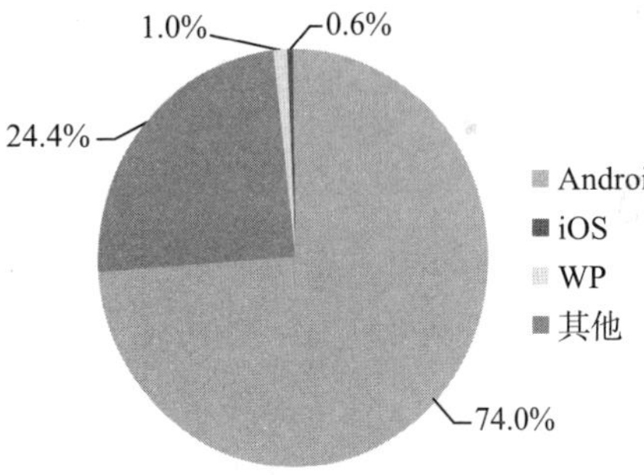

图 3-3　我国手机操作系统占比率

4. 拓展

在未来的发展中，智能手机操作系统平台作为移动通信产业崭新的竞争制高点，将会在开放源代码、技术专利化、智能化、移动互联网在线应用程序等方面逐步完善，最终目的都是吸引智能手机应用程序开发商、互联网应用业务开发商、通信运营商等资源。

（1）开放源代码。能否支撑丰富的应用资源是决定一款操作系统竞争力的关键，未来手机终端的硬件会越来越薄，软件会越来越厚，而操作系统作为软件运行的平台一定要有能力承载足够吸引用户的应用。Android 之所以能成为市场占有率最高的操作系统，很大程度上是由其源码开放性所决定的。为了获得更大的市场，越来越多的高科技企业纷纷采用开放源代码战略，从而吸引成千上万个的合作伙伴并不断提高平台用户类型的丰裕度。

（2）技术专利化。近年来，随着科技资源的全球化不断加速，国际高科技巨头为了避免自身技术被竞争对手复制或剽窃，竞相采取技术专利化策略（技术专利是移动互联网产业技术标准开发与升级必须关注的问题），从而形成了"技术专利化－专利标准化－标准产业化"产业竞争新格局。专利与技术标准紧密结合使得智能手机产业平台之间的竞争必须重点解决专利许可问题。法律赋予专利权的独占性以及经济学关于资源依存理论的专有性程度不断提升，极大地维护了专利持有者的权利，阻止开发者恶意利用专利权打造市场垄断势力，实施不正当竞争策略。

（3）智能化。手机智能化的发展也是操作系统竞争中的热点之一。目前，一些高级别的生物特征识别装置已得到实现，例如虹膜识别、人脸识别等，这将免去使用手机时的密码验证解锁步骤，并且会增加被盗手机的破解难度，降低手机丢失率。

（4）移动互联网在线应用程序。随着移动互联网迅速普及，手机操作系统主要功能由驱动手机硬件产品转向了驱动各类移动互联网在线应用服务。"产品为王"向"应用为王"模式转型，需要手机生产商具备强大的软件开发及移动互联网在线应用服务业务提供能力。移动互联网在线应用服务竞争的输赢影响着手机硬件市场规模的大小，进而从根本上决定着智能手机操作系统平台的成败。

■ 案例　国产手机操作系统

目前，手机厂商之间的竞争越来越激烈，各大品牌手机厂商也是相继发力。除苹果外，其他的手机厂商其实都有一个共同点，那就是统一采用安卓系统，但是为了突出手机的差异化以及自家的特点，各大品牌手机厂商也都深度定制了各自的操作系统。

（1）魅族 Flyme。该系统非常流畅，Flyme 7 在 Flyme 6 的基础上不仅优化了图标的设计，还为游戏爱好者升级了游戏模式，之前基于 AI 打造的 One Mind 在此次升级中也得到了提升，手机变得更加智能，但在手机硬件方面还是差强人意。

（2）小米 MIUI。该系统是国产机中最早的一批深度定制系统，目前 MIUI 已更新到 10.0 版本，这也让 MIUI 有了更多玩法。但由于各种功能的加入使手机显得有些臃肿，而且还有不少用户反应系统中植入广告的现象越来越严重。

（3）一加氢 OS。该系统给人的第一感觉就是快，其流畅度也是无可挑剔的，设计方面延续了原生系统简洁干净的风格。虽然一加手机喜欢做减法，导致氢 OS 系统舍去了其他很多手机都有的功能，但是这并不影响其用户体验，一加手机与众不同的风格也为其赢得了很多用户。

（4）锤子 Smartisan OS。该系统是目前国内深度定制系统中最有个性的，无论是图标还是风格设计都与同类产品有所不同，整部手机的系统贯彻着自己的美学理念，在操作上也加入了很多新的元素，例如一步、大爆炸、闪电胶囊，这款操作系统能给人非常多的惊喜。

（5）华为 EMUI。虽然华为 EMUI 无论是在功能还是在设计方面相比同类手机系统而言都是比较不错的,但是这款操作系统并没有太多属于自己的特色功能,特色不太突出。

这五款手机操作系统虽然都有各自的短板,但是每款操作系统的亮点也非常突出,在不同的方面都有着不俗的表现。

资料来源:http://www.sohu.com/a/238062196_100046648,根据以上新闻改编。

案例思考

1. 常用的移动终端操作系统有哪些?各有什么特点?
2. 移动终端操作系统的发展趋势如何?

3.2 移动终端应用技术

移动终端应用技术包括 Wi-Fi、蓝牙、UWB、ZigBee、WiMax、GPRS、IrDA、NFC、二维码、RFID、LBS 等技术。本节主要介绍二维码、LBS 的相关知识,其他技术已在或将在其他章节介绍。

3.2.1 二维码

1. 概念

二维条码/二维码(2-Dimensional Bar Code)是用特定的几何图形按一定的规律在平面(二维方向上)分布的黑白相间的矩形方阵上记录数据符号信息的新一代条码技术,由一个二维码矩阵图形、一个二维码号及下方的说明文字组成,具有信息量大、纠错能力强、识读速度快、全方位识读等特点。

2. 解释

二维码起源于 20 世纪 80 年代末,其代码编制巧妙地利用构成计算机内部逻辑基础的"0""1"比特流的概念,使用若干个与二进制相对应的几何形体来表示文字数值信息,通过图像输入设备或光电扫描设备自动识读以实现信息自动处理。二维码本身是一种便携式的数据文件,它本身可携带大量信息,无须与外部数据库相连,因此在无法获得计算机和数据库支持的情况下,通过便携式数据终端也可以读出二维码中的信息,从而降低了对主系统和网络的依赖性,降低了使用费用,提高了可靠性。

二维码拥有可靠性强、效率高、成本低、易于制作、构造简单、灵活实用、高密度、纠错功能、多语言形式、可表示图像等特点,此外,二维码还具有可表示信息量密度高、尺寸大小比例可变、可使用激光或 CCD 阅读器方便识读等优点。

目前,国内常见的大多为 QR Code 二维码,该码制由日本电装公司(DENSO)于 1994 年发明。QR(Quick Response)即快速反应的意思,源自发明者希望 QR 码可让其内容快速被解码。QR Code 二维码一方面具有较大的数据容量而且可快速、准确地被识读，同时由于采用了 Reed-Solomon 纠错算法，QR Code 二维码具有很强的纠错能力，在部分损坏后，依然能够通过纠错进行机器识读。

手机二维码是二维码技术在手机上的应用，将手机需要访问、使用的信息编码到二维码中，利用手机的摄像头识读。手机二维码可以印刷在报纸、杂志、广告、图书包装等多种载体上，通过解码器也就是扫描软件解读其内容，通常这个内容是一个网址或者是一组数字或文字。

3. 应用

全球 90% 的二维码个人用户在中国，二维码在中国的最大应用领域是移动支付。中国二维码注册认证中心发布的《中国二维码产业发展报告》（简称《报告》）显示，我国线上移动支付市场交易规模中二维码支付的比例越来越高。《报告》预测，2020 年全球二维码市场规模将达千亿美元。

二维码的应用领域非常广阔，涉及彩票、税务、工商管理、食品安全、广告营销、旅游等。在现代商业活动中，可实现的应用也十分广泛，如产品防伪/溯源、广告推送、网站链接、数据下载、商品交易、定位/导航、电子凭证、车辆管理、信息传递、名片交流、Wi-Fi 共享等。使用二维码可以省去输入 URL 的烦琐过程，可实现快速上网，快速便捷地浏览网页，下载图文、音乐、视频等，获取优惠券，参与抽奖，了解企业产品信息等。二维码可以方便地用手机识别和存储名片、自动输入短信，获取公共服务（如天气预报），实现电子地图查询定位、手机阅读等多种功能。二维码可以为网络浏览、下载、在线视频、网上购物、网上支付等提供方便的入口。

用户可以使用移动终端设备的摄像头对二维码进行扫描解码，可完成信息获取、电子交易以及二维码凭证获取。由于二维码数据的信息形式可以是文本、网址、个人名片、邮件地址、无线网络、电话、地理坐标、指纹等，所以二维码开始盛行于人们的生活中，出现了到处可见的扫码现象。例如扫码支付，随着共享经济的发展，生活中的共享单车、共享充电宝、共享按摩椅都是利用二维码支付来使用的，只要用智能手机扫描共享产品的二维码，就能进入启动共享产品界面，短短几秒钟就可使用共享产品，快速便捷；再如食品采用二维码溯源，将食品的生产和物流信息加载在二维码里，可实现对食品的追踪溯源，消费者只需用手机扫描，就能查询食品从生产到销售的所有流程，如蔬菜施了几次肥、打了几次农药、何时采摘、如何运输等信息。

4. 拓展

（1）二维码的分类。按照编码模式可将二维码分为两类：矩阵式二维条码和行排式二维码，不同种类的二维码在编码原理上不同。

矩阵式二维条码是一种将计算机图像处理技术和组合编码原理相结合的新型图形符号，

是能够自动识读的处理码制技术，如图 3-4 所示。在矩阵的相应元素位置上，用点（方点、圆点或其他形状）的出现表示二进制的"1"，点的不出现表示二进制的"0"，点的排列组合确定了矩阵式二维条码所代表的意义。

行排式二维码是建立在一维码的基础上，根据实际需要把信息堆积成二行或多行之中，如图 3-5 所示，因此行排式二维码在编码设计、校验原理以及识读方式等方面继承了一维码的一些特点，其中具有代表性的编码格式有 PDF417、Code47 等。

图 3-4　矩阵式二维条码

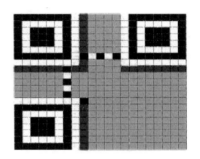

图 3-5　行排式二维码

（2）二维码的发展趋势。近年来，二维码技术发展迅速，行业应用的深度和广度不断扩展，全国性、行业性的二维码应用层出不穷，如火车票应用等。我国二维码技术也逐步成熟起来，但在以下方面还需要进一步加强研究。

制定我国自主二维码标准或规范。中国对二维码技术的研究始于 1993 年，中国物品编码中心对几种常用的二维码 PDF417、QR Code、Data Matrix、Maxi Code、Code 49、Code 16K、Code One 的技术规范进行了翻译和跟踪研究。在我国使用国外的二维码码制时，经常会出现中国汉字信息表示效率不高等问题，因此要制定我国自主二维码标准或规范，尽快打破由国外企业垄断的局面。随着我们国家市场经济发展的不断成熟和完善，在有关部门的大力支持下，中国物品编码中心制定了两个二维码国家标准：二维码网格矩阵码（SJ/T 11349—2006）和二维码紧密矩阵码（SJ/T 11350—2006）。这两个二维码国家标准促进了我国具有自主知识产权技术的二维码的研发。

加强二维码的安全性。二维码具有很强的存储信息的能力，不仅仅能够存储个人信息、家庭信息、联系方式信息，还能存储指纹信息等各种信息。这些信息数据为我们的生产生活提供了便捷，可是也存在着很多的安全隐患。如二维码技术正在成为手机病毒、钓鱼网站传播，以及垃圾广告推送软件等传播的新渠道。二维码的安全性关乎老百姓的财产安全，甚至已经成为国家安全中的一个重要组成部分，因此要加强二维码安全性的研发。

二维码应与前沿科技相结合。当前，以移动互联网、计算机、云计算、大数据、物联网、区块链等为代表的新一代信息技术发展势头越来越猛，为全球经济的发展注入了新的活力和动能。二维码技术的发展应与信息技术、科技发展相结合，如通过二维码技术将区块链和实体世界连接起来，区块链借助二维码推动传统行业转型升级。二维码作为万物互联时代的重要信息入口，在物联网、供应链、医疗、版权、教育、共享经济等领域与区块链应用场景具有诸多契合点，如图3-6所示。

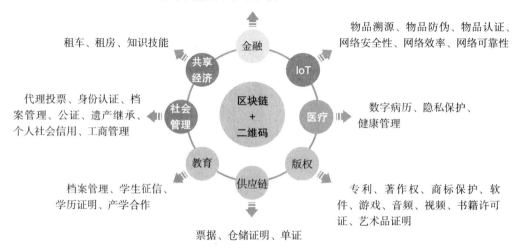

图 3-6　区块链 + 二维码的应用场景

■ 案例　刷手机、扫二维码、刷手环，南京人坐公交地铁更为方便

今后，南京市民在乘坐公交、地铁等公共交通工具时将有更多选择，可以自主选择刷手机、扫二维码、刷手环三种支付方式中的任意一种方式进行支付。

（1）手机就是公交卡，还有换乘优惠。刷手机乘车，又叫NFC支付，是一款基于交通运输部技术标准的手机实体卡，可在线申领、在线充值。使用时不用打开App，也不用点亮屏幕。拿出手机就像平时刷卡一样，将手机靠近刷卡机，"滴"的一声刷卡成功，此时手机界面会自动亮起，屏幕上会出现手机NFC支付画面，并显示相关信息。

手机NFC支付可享受包括公交刷卡优惠、公交换乘优惠、分季节票价优惠等各种形式的刷卡优惠。同时还支持全国互联互通，可在全国210多个支持互联互通的城市公共交通工具上刷卡。手机NFC支付需要用户手机具有NFC功能，目前仅支持华为NFC手机，后期将支持更多机型。

（2）扫二维码还是刷手环，各取所需。扫二维码乘车，可直接在智汇市民卡App上申请一个乘车二维码，通过App在线充值。使用时调出二维码，对准公交车POS机摄像头扫码即可。

除了NFC和二维码外，还有一种采用蓝牙技术的支付方式。可与南京市民卡公司新推出的智汇手环或蓝牙卡配套使用，可通过智汇市民卡App为手环和蓝牙卡进行在线充值，使用时直接刷手环或蓝牙卡。手环和蓝牙卡，与普通卡一样，享受各种乘车优惠，支持互联互通。

（3）新版App于2018年9月初上线。最新版的智汇市民卡App于2018年9月初上线。

届时，市民可在各大应用商店中下载安装，选择最适合的支付方式来方便自己的出行。

资料来源：http://news.sina.com.cn/o/2018-08-31/doc-ihinpmnq7773103.shtml，根据以上信息内容节选改编。

案例思考

1. 二维码有哪些主要特点？二维码主要有哪些应用？
2. 二维码可分为哪几类？各有什么特点？
3. 我国二维码发展的趋势如何？

3.2.2 LBS

1. 概念

LBS（Location Based Service），也称为基于移动位置服务、位置服务、定位服务等，是指通过电信移动运营商的无线电通信网络或外部定位方式，获取移动终端用户的位置信息，在 GIS 平台的支持下为用户提供相应服务的一种增值业务。其包括两层含义：确定移动设备或用户所在的地理位置，提供与位置相关的各类信息服务。

2. 解释

基于位置的服务是将移动通信网络和卫星定位系统结合起来，采用多种定位技术和数据处理技术交叉融合的信息服务模式，可以向终端用户提供位置信息，集成各种与位置相关的业务。随着定位技术的进步和移动互联网的发展，位置服务逐渐渗透到人们的生活中，位置信息成为社会生活中一项不可或缺的关键基础信息。

从技术的角度看，LBS 实际上是多种技术融合的产物，主要由通信网络、移动终端、服务平台等组成。总体上看，LBS 由移动通信网络和计算机网络结合而成，两个网络之间通过网关实现交互。移动终端通过移动通信网络发出请求，经过网关传递给 LBS 服务平台；服务平台根据用户请求和用户当前位置进行处理，并将结果通过网关返回给用户。

移动终端可以是移动电话、个人数字助理、手持计算机（Pocket PC），也可以是通过互联网通信的台式计算机。服务平台主要包括 Web 服务器（Web Server）、定位服务器（Location Server）和 LDAP（Lightweight Directory Access Protocol）服务器。

3. 应用

在个人用户层面，基于位置服务的拓展应用已经覆盖社交、旅行、酒店、综合生活服务等多个领域，移动互联网用户已经习惯并充分使用"位置服务 + 手机应用"带来的便利。未来位置服务将会成为移动互联网产品的标配，应用场景将全面覆盖人们的日常生活。在企业用户层面，与位置服务的结合将会带来商业模式的诸多转变，基于位置服务的行业解决方案主要包括生活服务 O2O、智能交通、智能医疗定位、物流监控等。LBS 应用相关服务的模式主要有签到模式、生活服务模式、优惠信息推送模式和 GPS 定位模式四类。

（1）签到模式。该模式是指利用手机等移动通信终端共享位置，通过签到的方式进行交友互动的移动位置服务。签到服务将移动通信网络当作数据传输通道，基于位置共享，进行同城或者附近交友活动，加强地理距离较近的陌生人之间的联系，为同城或者同小区交友提供平台。简单的 LBS 签到模式已经遭遇寒冬，现在普遍认为"LBS+SNS+O2O"模式前景更好。

（2）生活服务模式。基于位置信息为用户提供便利的生活服务。用户可以基于位置信息，方便地查看当地或附近餐饮、生活服务、休闲娱乐等商家服务信息，把线下实体店铺以网店的方式呈现在用户面前，用户不仅可以了解到需要的相关生活服务类各家店铺的位置、电话等信息，还可以方便地查看诸如用户评论等信息。通过本地生活服务的平台，用户不仅可以全面便捷地查看所在地的商户信息，还可以更透明、更全面地了解这些店铺的特点，选择自己需要的店铺或服务。

（3）优惠信息推送模式。该模式可以根据用户的定位信息精准发送优惠信息，给线下商户提供良好的推广渠道，促销信息可以精准地投送到目标用户。

（4）GPS 定位模式。该模式可以准确定位用户所在位置，让用户知道自己的精确坐标，为相关应用提供位置服务，常见的有跑步类、导航类等应用。

4. 拓展

受应用场景趋于复杂、定位技术种类繁多、数据规模迅速扩大等因素的影响，以下几点将成为 LBS 的研究热点。

（1）室内移动对象的管理。随着建筑物的内部空间趋于大型化和复杂化，室内 LBS 得到了越来越多的关注。现代室内空间通常部署了多种定位基础设施，不同的定位基础设施的覆盖区域不同且可能存在重叠，需结合多种室内定位技术，提供更为全面和准确的服务。

（2）无缝化 LBS。一些大型应用中需分别采用室内 / 室外定位技术，因此室内外定位切换和数据的统一管理成为无缝化 LBS 实现的难点。实现室内外定位切换的方法有两种：一种是直接使用同时能够为室外和室内空间定位的方法如 Wi-Fi；另一种是按照某种策略进行的室外定位和室内定位的切换，但切换的时机不好掌握，切换时刻的定位精度均有不同程度的下降。

（3）云计算下的 LBS 技术。由于计算能力和电源资源的限制，因此移动终端通常无法完成较复杂的运算，云计算平台则为 LBS 提供了一种较好的技术方案，空间云计算也逐渐成为空间地理信息领域的主流技术。

LBS 或将基于数字地图在人工智能、云计算、大数据的作用下能够展开更多实际运用，如图 3-7 所示。例如，LBS 能与智能音箱、智能汽车等产品很好地结合，LBS 可以串联起 AI 语音、智能汽车等，成为这些技术的底层支撑；地图将成为一个包含着 LBS 地理位置和记录了每个位置上的各类服务的大数据平台，甚至会嵌入城市的底层，和大数据、云服务一起构建起更广阔的商业服务；大数据和云计算运行环境下的数字地图将是真实世界的缩影。

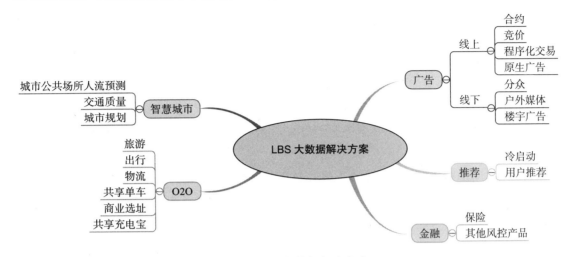

图 3-7　LBS 大数据解决方案

（4）社会化 LBS。社会化 LBS 是 Web2.0 技术和 LBS 的结合，正在成为一个应用和研究的热点。

随着智能终端用户的增多，面向大众的 LBS 有望成为移动互联网与传统互联网实现差异化的重要领域。为了提供高效的时空——社会信息检索技术，新的索引结构、检索处理方法都需要研究。此外，在社会化的 LBS 中用户位置隐私信息和社会化隐私信息都需要被保护。

■ **案例　百度地图"感恩回馈季"营销活动：LBS 场景化营销**

近年来，国内 LBS 营销开始普及，其中集定位、导航及海量商家地理信息于一体的手机地图为商家开展 LBS 营销创造了有利条件。凭借天然的场景化优势，LBS 技术能够将地理位置与商家信息相结合，从而实现线上线下的无缝对接，为商家的精准化营销、个性化体验、与用户的实时互动提供了更多的想象空间。

2016 年 11 月，百度地图与万达百货、王府井百货、大洋百货、飞亚达、也买酒、美特斯邦威、来伊份、FED 等商场及品牌达成合作，基于 LBS 技术打造了一场精彩的 LBS 场景化营销活动，如图 3-8 所示。此次活动也开启了百度地图与万达百货基于"LBS + 百货实体店"的全面合作，实现了 30 个城市全覆盖，为后续双方线上线下深入合作拉开了帷幕。

在 2016 年 11 月 24 至 27 日期间，用户通过百度地图客户端的活动入口进入活动地图参与"喂食火鸡"AR 游戏，

图 3-8　百度地图"感恩回馈季"活动

在活动地图内可查看附近的火鸡，点击火鸡可开启 AR 模式开始游戏，如果用户喂食火鸡成功即可获得奖品或金币。活动期间，每位用户每天将拥有 12 次喂食火鸡的游戏机会，每隔 10 分钟会在定位点附近出现新的火鸡。游戏结束后，玩家还可以利用获得的金币在感恩礼品篮兑换进口红酒、爱奇艺月卡、话费券、现金券等超值大礼，获得更多购物优惠。除了"喂食火鸡"赢取金条大奖外，用户还可以一边购物一边邂逅商场大奖。11 月 25 日到 27 日的 14:00 至 14:30 期间，在多个城市的万达百货、大洋百货、王府井百货周边，购物狂们可以点击"品牌火鸡"图标抢 5 克金条或超值购物卡，更可获得 FED 券、特步券、来伊份优惠券等随机大礼。

此次"感恩回馈季"共为活动参与者提供了 5 克金条、超值购物卡、品牌商店优惠券等多重好礼。在活动过程中，商场和店铺完成了优惠信息投放、引流这一重要环节，更借百度地图这一大平台增强了感恩节活动的曝光效果。

随着移动互联网的普及，手机地图上积累了海量的用户出行数据，其覆盖场景也更加全面，这些都为地图和商家在 LBS 营销领域的合作创造了更有利的条件。近年来，精准化的大数据营销成为发展趋势。百度地图每天响应超过 330 亿次定位请求，积累了海量的定位、出行、轨迹等用户行为数据。以这些数据为依托，百度地图能够构建精细化的用户画像，帮助商家制定最具价值的营销决策。其中，通过用户历史地理位置及兴趣点信息挖掘，百度地图可以获取用户行为特征和消费倾向，将营销的精准度、有效性和转化率再推上一个台阶。此外，百度地图还开放了地理信息大数据，助力实体商业产能升级。基于百度地图定位数据，百度慧眼通过挖掘海量人群的真实行为完成客群分析和智能选址，帮助企业实现精细化运营。

资料来源：http://www.xinhuanet.com/itown/2016-11/25/c_135858273.htm，根据以上新闻改编。

案例思考
1. LBS 有哪些组成部分？
2. LBS 的应用服务模式主要有哪几种？
3. LBS 技术的典型应用场景有哪些？

3.3 移动前端开发技术

3.3.1 HTML5

1. 概念

HTML5 是 HTML（Hyper Text Markup Language，超文本标记语言）第五次重大修改，符合 HTML4.0 标准的网页在 HTML5 中仍然有效。HTML5 包含了新的元素、属性和行为，同时提供了一系列可使 Web 站点和应用更加多样化、功能更强大的技术。

HTML 通过多种标准化的标记符号对网页内容进行标注，对页面超媒体内容的输出格式以及各内容部分之间逻辑上的组织关系等进行描述和指定。

2. 解释

HTML 是 Web 页面的基础，通过标记将文字、图像、声音、视频等连接起来。使用 HTML 编写文档的扩展名是".html"或者".htm"，是一种可供浏览器解释显示的文件格式。HTML 文件是一种纯文本文件，可以使用记事本、写字板、Notepad++、Sublime Text 等文本编辑器来进行编辑，也可以使用 Dreamweaver、Visual Studio 等网页制作工具来快速地创建。

HTML5 的设计目的是在移动设备上支持多媒体，其提供的主要新特性有：用于绘画的 <canvas> 标记；用于媒介回放的 <video> 和 <audio> 标记；对本地离线存储的更好的支持；新的特殊内容标记，如 <article>、<footer>、<header>、<nav>、<section>、<aside>、<footer> 等；新的表单控件，如 calendar、date、time、email、url、search 等。

最新版本的 Safari、Chrome、Firefox 和 Opera 以及 Internet Explorer 9 及以上版本支持某些 HTML5 特性。

3. 应用

Web 时代已被移动端主导，HTML5 无处不在，如 HTML5 网站、HTML5 应用软件、HTML5 游戏。HTML5 技术为开发者提供了开发跨平台移动 App 的方案，该方案具有很好的扩展性和灵活性。HTML5 的适用范围和使用领域是非常广泛的，以及出现的形式是很丰富的，主要表现在以下方面。

（1）开发网页相关的应用。开发网页相关的应用主要是网页、网站的开发和维护，网页游戏、Web App 的开发等工作。HTML5 最显著的优势在于跨平台性，用 HTML5 搭建的站点与应用可以兼容 PC 端与移动端、Windows 与 Linux、安卓与 iOS，它可以轻易地移植到各种不同的开放平台、应用平台上，打破各自为政的局面。

（2）H5 移动应用。这类应用类似于微信公众服务平台、小程序等。小程序是一种不需要下载安装即可使用的应用，用户只需扫一扫或者搜索一下即可打开应用，充分体现了用完即走的理念。各种应用将无处不在，随时可用，但又无须安装卸载。

（3）H5 微信营销广告。如同当年的室外广告或者是户外 LED 屏幕广告，只是现在运用移动互联网媒介来展现，它是利用移动互联网传播性快的特点进行宣传营销的电子广告。用户可以浏览、互动甚至分享，其娱乐性、交互性、实时性很强。H5 微信营销广告一般具有丰富绚丽的画面、灵动的交互以及精彩的创意，而其保鲜期通常只有 24 个小时。

4. 拓展

HTML5 的应用趋势主要体现在以下几个方面。

（1）微信推出 HTML5 应用市场。作为最大的移动使用场景，微信对 HTML5 的态度一直受到行业关注，微信将更加开放对 HTML5 的支持。

（2）手机页游 3D 化是大趋势。随着硬件能力的提升、Web GL 标准化的普及以及手机页游的逐渐成熟，大量开发者需要创作更加精彩的 3D 内容。

（3）HTML5 移动营销。游戏化、场景化、跨屏互动，HTML5 技术满足了广告主对移动营销的大部分需求，从形式到功能甚至到传播。

（4）动漫元素用 HTML5 强化创意。HTML5 技术的成熟将带来动漫产业的升级，动漫元素本身可通过 HTML5 来强化创意，动漫形式将具有富媒体的高度交互、MV 影音功能，为读者提供更加场景化的阅读体验。

（5）轻应用、Web App、微站。HTML5 开发移动应用更灵活，采用 HTML5 技术的轻应用、Web App 以其开发成本低、周期短、易推广等优势迅速普及。

（6）移动视频、在线直播领潮流。HTML5 技术将会创新视频数据的传输方式，让视频直播更加高清流畅。HTML5 可以为视频实现任意平台播放，甚至是人画交互。移动视频可能成为 HTML5 领域的爆发点之一。

（7）资源复用，HTML5 重刷 IP 市场。目前，围绕 IP 的争夺战异常激烈，HTML5 为 IP 的发展创造了一条新途径：创作成本极低的 HTML5 游戏和动漫，可以让更多的文娱创作接受市场检验，自造 IP 变得更加便捷。许多成熟的 IP 资源可以用 HTML5 再复用一遍，即使做了单机游戏、网游、手游，也可以再做一个 HTML5 版的。

（8）Web VR 让 VR 从贵族走向大众化。Web VR 就是通过 HTML5 将虚拟现实场景嵌入网页，目前已受到谷歌、Facebook 等巨头的拥护。Web 可扩展 VR 的使用范围，将很多生活化的内容纳入 VR 的创作中，如实景旅游、新闻报道、虚拟购物等，其内容展示、交互都可以由 HTML5 引擎轻松创建。

■ **案例　H5 营销广告：天猫"双 11""穿越宇宙的邀请函"**

开启天猫"双 11""穿越宇宙的邀请函"H5 的第一感受就是热闹，如图 3-9 所示。

图 3-9　天猫"双 11""穿越宇宙的邀请函"

从初始场景的巴洛克式宫殿开始，在充满戏剧性的舞台布景中央，天猫的形象在绚丽无比的光源和装饰性立柱拱顶下如歌剧主角般亮相，气氛华丽隆重，节奏刚劲有力，天猫的身旁则是盛装舞者、礼帽卫兵、助兴骑手和宴席鼓号手，整座宫殿洋溢着兴致勃勃的欢乐感。再仔细看，穿插在舞者、卫兵、骑手、鼓号手之间的符号，却是颇具代表性的现代消费元素——礼袋、购物车、KFC的汉堡和薯条、Beats的新款耳机、耐克的经典鞋款，还有天猫超市的快递箱子，这些都毫无违和感地、热热闹闹地融入画面里，既契合巴洛克式风格不拘泥形式的兼容理念，又能够强烈地传达此次天猫"双11"狂欢嘉年华热闹不设限的情绪。这种暗示着无穷尽想象力的艺术表达手法，贯穿于这件H5营销广告作品的全程。

从宫殿出来，画面纵深无缝衔接到更多更热闹的魔幻现实主义场景，威尼斯摆渡人的扁舟上载着盛礼，德式蒸汽火车和行进的仪仗车辆在高架桥上畅通无阻，从欧洲商业街的街角到纽约第七大道购物广场，而浮游在天空的除了气球、飞艇和梦境岛屿外，还有英国的四面钟。事实上，从最初天猫"双11"做"网购狂欢节"到"购物狂欢节"再到这次的"全球狂欢节"，天猫"双11"能够触达和跨越的范围，确实更加国际化、全球化了。因此这些视觉符号，既完美地契合了天猫打造"双11"的品牌心智，在观看的意义上也可以强化此次传播受众的认知和期待。

一副VR眼镜的切换，场景切到了大气层外，便开始穿越宇宙，这表现天猫的征途理应是星辰大海。于是遇见各种或真或幻的意象，如星球、星系、航天卫星、红包火山，直到最后定格在天猫形状的星云上，首尾呼应，主广告语浮现"尽情尽兴 尽在天猫双11"字样。至此，也确实令人尽情尽兴地体验了一场由天猫奉献的H5视觉艺术盛宴。尽情尽兴是此次天猫"双11"全球狂欢"穿越宇宙"毋庸置疑的绝对主题，全球所有参与此次狂欢活动的合作品牌，其诉求都将围绕尽情展开，如尽情SK-II等，而同时这份H5所切换的每个场景也都巧妙地融入了天猫"双11"的主活动板块内容，方便观众尽情尽兴地完成狂欢攻略。这份"双11"邀请函H5作品的亮点，关键在于它能够淋漓尽致地表现这种尽情尽兴，从而引发观众沉浸于场景体验，并基于强烈共鸣情感自发传播。

天猫团队的初衷是希望做一个非常酷炫、非常颠覆大众对H5传播效果刻板印象的视觉作品，而不是简易模板的生硬套用或者贫乏图文的无趣拼贴。所以，除了新鲜优质的内容外，真正富有独特创意、能够做出震撼效果的实现形式，也是确保作品获得关注的法宝。因此，天猫团队选择采用VR技术进行呈现。尽管VR是当下时兴的技术，但若将之应用于H5宏大主题场景的制作和传播，保证加载顺利、运行流畅、画面不卡帧，且不干扰受众正常体验，这仍然是一项高难度的挑战任务。为此，天猫团队进行了难以想象的努力，在许多技术难点上取得了突破。这份H5作品素材制作耗时1个多月，内置多达225张素材图片，通过拍摄、合成、镜像、3D渲染等多种方式获得并以2D图片的方式导入，选用"Three.js+WebGL"的组合来绘制3D场景。尽管有着海量的人物场景素材，但最终在天猫团队将近2个月费尽心思的优化调试下，整件作品的体量奇迹般地被控制在了5MB以内，市面上绝大多数手机及其他移动终端均可以毫无压力地流畅观看。

天猫"双11""穿越宇宙的邀请函"结合了H5及现有的非常流行的全景技术,给用户以极强的代入感和沉浸感。好的内容、好的创意、好的艺术内涵呈现、好的视觉表现手法,加之主题妥帖完美契合,体验周到无微不至,将种种维度做到极致之后,H5在移动营销领域相较于传统传播媒介的传播力优势无疑也将得到极致加成。天猫"双11""穿越宇宙的邀请函"H5作品,正在为H5这种传播形式及移动营销领域,带来全新的可能和全新的生机。

案例思考

1. HTML5 新增了哪些特性?
2. HTML5 有哪些应用模式?
3. HTML5 的应用趋势如何?

3.3.2 原生应用

1. 概念

原生应用(Native App)实际上是一种基于智能手机本地操作系统如 Android、iOS 和 Windows Phone 并使用原生程序编写运行的第三方移动应用。开发原生应用需要针对不同的智能手机的操作系统来选择不同的 App 开发语言,如安卓的 App 是 Java 开发语言、iOS 的 App 是 Objective-C 语言、Windows Phone 的 App 是 C# 开发语言。

目前来说,主流的 App 开发方式有三种:原生应用、网页应用、混合模式移动应用。

2. 解释

自从 iOS 和 Android 手机智能操作系统发布以来,并随着苹果智能手机流行之后,就出现了运行在智能移动终端上的第三方应用程序。在智能手机上运行的 App 可分为原生应用、网页应用和混合模式移动应用三类,各类 App 开发技术的特点如表 3-4 所示。

表 3-4 App 开发技术的对比

项目	原生应用(Native App)	网页应用(Web App)	混合模式移动应用(Hybrid App)
开发成本	高	低	中
维护更新	复杂	简单	简单
用户体验	优	差	优
Store 或 Market 认可	认可	不认可	认可
安装	需要	不需要	需要
跨平台	差	优	优

(1)原生应用。原生应用是特别为某种操作系统开发的,如 iOS、Android 等,需要使用相应的平台支持的开发工具和语言,它们在各自的移动设备上运行。原生应用一般依托于操作系统,有很强的交互性,是一个完整的 App,可拓展性强,需要用户下载安装。原生应用可以节约宽带成本、访问本地资源,打开速度快,可为用户提供最佳的用户体验和优质的用户界面等,目前原生应用开发市场已发展成熟,其盈利模式已然明朗。原生应用是一个系

统性的应用程序，其开发成本相对较高，维护和更新也比较复杂。

（2）网页应用。网页应用是指采用 HTML5 语言写出的 App，不需要下载安装，类似于现在所说的轻应用。网页应用本质上是为移动浏览器设计的基于 Web 的应用，使用 Web 开发语言开发（HTML5、JavaScript、CSS 等），可以在各种智能手机浏览器上运行。网页应用更多是页面展示类的 App，其开发成本低、周期短，维护更新比较简单，用户体验没有原生应用好。

（3）混合模式移动应用。混合模式移动应用是指半原生半网页的混合类 App，需要下载安装，类似原生应用，但只有很少的 UIWebView，访问的内容是网页。混合模式移动应用程序集原生应用和 HTML5 应用的特点于一体，比网页应用实现功能多，兼容多平台，可离线运行，但其用户体验不如原生应用，性能稍慢（需要连接网络），技术还不是很成熟。

3. 应用

在如今越来越社交化、开放化的环境下，移动应用扮演着至关重要的角色，而且将重心由互联网端应用程序转向移动设备端应用程序。在移动互联网时代，手机 App 对个人来说已经是必不可少的工具，无论是看新闻、聊天、购物还是玩游戏娱乐；对于企业来说，是新时代营销不可缺少的利器。

目前，多数的 App 是使用原生程序编写的应用程序，也就是说大部分的手机 App 属于原生应用软件。主流的 App 原型设计工具主要有以下几种。

（1）Axure RP。它是美国 Axure Software Solution 公司的旗舰产品，是一款专业的快速原型设计工具，能够快速创建应用软件或网站的线框图、流程图、原型和规格说明文档。作为专门的原型设计工具，它比一般创建静态原型的工具如 Visio、OmniGraffle、Illustrator、Photoshop、Dreamweaver、Visual Studio、FireWorks 要快速、高效。

软件官网：http://www.axure.com/default.aspx。

（2）Balsamiq Mockups。它是一款制作界面原型的软件，是一款手绘风格的、轻量级的小软件。该软件内置了常用的控件和图标，可以快速地绘制界面原型。

软件官网：https://balsamiq.com/。

（3）墨刀。作为一款专注移动应用的原型工具，墨刀把全部功能都进行了模块化，用户能选择页面切换特效及主题，操作方式相对简便，大部分操作可通过拖拽来完成。现在墨刀已实现云端保存、手机实时预览、在线评论等功能。

软件官网：https://modao.cc。

（4）Justinmind。它是由西班牙 JustinMind 公司出品的原型制作工具，可以输出 HTML 页面。与目前主流的交互设计工具 Axure、Balsamiq Mockups 等相比，Justinmind 更专注于设计移动终端应用。Justinmind 的可视化工作环境可以让设计者轻松快捷地用鼠标点击的方式创建带有注释的高保真原型，不需要编程就可以在原型上定义简单连接和高级交互。

软件官网：http://www.justinmind.com.cn。

（5）Fluid UI。它是一款用于移动开发的原型设计工具，它能够帮助设计者快速高效地完成产品原型图的设计。Fluid UI 主要帮助设计者绘制线框图，它甚至能够影响到后期的界面设计、产品功能设置以及上线前测试。同时 Fluid UI 对于用户体验（User Experience，UE）流程设计有很大的帮助，能够将不同的界面联系起来，以便于看到产品不同界面之间的关系。

软件官网：https://www.fluidui.com。

（6）GUI Design Studio（GDS）。它是面向应用软件设计图形用户界面的专业工具，特别适合客户端软件设计。该软件能够快速将设计思路以可视化的方式表现出来，并实现基本的交互，便于演示以及与客户完成有效沟通交流。GDS 是不需要软件开发和编码的完整的设计工具，支持所有基于微软 Windows 平台的软件，是一款非常适合界面原型设计者和界面原型开发员的软件。

（7）iClap。它是一个产品管理系统，为移动互联网企业提供企业规范化解决方案，实现产品管理场景化。App、原型图、效果图都可以直接进行批注和任务的协作，让每款 App 具备智能协作能力。iClap 是一个以产品为基础，集成员工日常所需工具，打通项目工作流程，实现员工自我工作管理、项目管理和企业管理三个体系协同的管理规范系统。

以上的 App 原型设计工具各有特点，用户在实际应用时，可根据 App 原型设计的用途及原型设计工具的特点选择合适的原型工具。

4. 拓展

（1）选择使用原生应用开发的情况。原生应用通常是由"云服务器数据+App 应用客户端"两部分构成，App 应用所有的用户界面元素、数据内容、逻辑框架均安装在手机终端上。通常在以下情况下选择原生应用开发。

1）访问文件系统。如果开发的应用程序需要将数据保存在本地，如保存用户的地址簿、电话、E-mail 信息，或是保存从其他设备上获取的数据，那么就需要开发原生应用。

2）离线用户。在进行应用程序开发时，应考虑如何处理时常发生的短暂网络连接中断情况。

3）强制分成。移动运营商是会提成的。App 无论是通过运营商还是通过移动设备发布，他们都为应用程序提供了一套收费机制。这些运营商和移动设备厂商将会提取部分收益，然后将剩余的部分交给应用程序开发商，这也意味着开发人员必须遵守他们的市场规则。

4）使用摄像头。通过访问摄像头，原生应用开发者能够简化拍照的过程。用户可以直接在客户端对照片做一些简单的处理，只有在需要时才将照片上传给服务器，而且是通过可靠的 HTTP 传输。

5）使用感应器。现在越来越多的移动设备上都新增了感应器功能，该装置可以感知设备的物理速度以及重力，并将感知的数据结果传送给设备。

6）开发游戏。游戏对资源的占用很大，并且需要使用许多设备应用程序接口（Application

Programming Interface，API）或平台 API。现在有几款完全使用 Web 技术开发的游戏占有了一定的市场份额，但是和原生应用市场的占有情况相比，还是微不足道的。

7）使用定位功能。可以通过 GPS 或者是信号检测确定用户当前的位置信息。

（2）原生应用开发流程。原生应用开发的流程主要包括需求分析、UI 设计、应用开发、系统测试、试运行、产品上线等阶段，如图 3-10 所示。

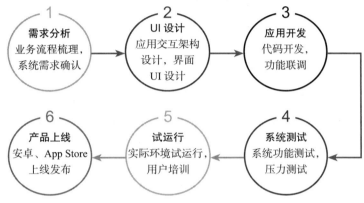

图 3-10　原生应用开发流程

1）需求分析阶段。该阶段主要是 App 开发前需准备的重要工作，根据前期做的用户分析和竞品分析，结合业务流程，确定项目的整体规划、系统功能模块等，经过产品经理、开发工程师和软件测试工程师的反复确认后形成产品思维导图和详细的开发需求文档。此阶段至少需要 2 周的时间。

2）UI 设计阶段。在确认项目开发需求文档后，设计师会进入 UI、用户体验设计阶段，并根据收集的 App 素材进行反复加工设计，以满足 App 功能和用户视觉需求，并形成产品效果图。此阶段一般需要一两周的时间。

3）应用开发阶段。开发人员会根据需求进行拆分和程序设计，评估功能实现的复杂度，之后进入各个功能模块代码编码阶段，同时做好数据接口对接和功能联调。因为 App 功能的复杂度和难易度不同，因此相应的开发时间也就不同。此阶段一般需要 4 周以上的时间。

4）系统测试阶段。开发工程师提交应用程序后，测试工程师会进行示例应用程序（App Demo）的功能测试和压力测试，根据实际情况进行错误修复，并尝试寻找测试用户，根据测试用户的反馈改进并反复测试。在产品确认无任何修改后，与项目经理确定上线时间。一般测试需要两三周的时间，根据项目情况及版本质量可适当调整。

5）试运行阶段。在 App 产品完成测试并修复后，程序会部署在实际环境中试运行，同时编写整理程序编码规范和使用手册，并对用户进行使用培训。此阶段需要一两周的时间。

6）产品上线。iOS 应用程序和安卓应用程序开发耗时基本相同，但苹果 App Store 和 Google Play 对移动应用的审核时间是不一样的，Google Play 只需短短的几个小时，而 App Store 却需要较长的时间。从 2016 年 6 月 1 日开始，App Store 新应用上架审核时间从之前的 8.8 天降低到 1.95 天。

■ 案例　让原生应用插上 HTML5 的翅膀

目前，淘宝网、大众点评、58 同城等 App 都嵌入了大量的 HTML5，让一些功能在 WebView 技术基础上可缩短开发周期、灵活进行业务调整。然而也有企业嵌入的 HTML5 用户体验还比较差、功能比较弱。让原生应用开发团队使用 WebView 技术开发出用户体验好和功能强的 HTML5 页面并不是简单的事情。

移动应用云服务提供商 APICloud 推出新产品 Super WebView，能够帮助原生应用团队解决"如何在短时间内开发出用户体验好、功能强的 HTML5 页面"的问题，并且基于 Super WebView 开发的功能可以绕过应用商店审核、实现快速业务调整和 App 更新，让原本需要 30 天左右的版本迭代周期大幅缩短到 7 天，运营效率提升了四五倍。

据技术人员介绍，Super WebView 是可以动态生产的超级软件开发包（Software Development Kit，SDK），SDK 除了基础的 HTML5 功能扩展外，还可以任意搭配众多的第三方云服务 API，如推送、支付、存储、人脸识别、客服、即时通信、统计等，让原生应用团队更加轻松地集成第三方 API。

在微信公开课上，"微信之父"张小龙透露了微信创建应用号这一产品的想法。应用号是将一个原生应用作为强大的流量入口，再使用 HTML5 技术进行快速的功能扩展。Super WebView 的技术原理与微信的应用号不谋而合，这说明技术之间的融合是发展的必然。用户重复下载多款 App 的时代将会过去，聚合多样性功能的超级 App 将是下一个热门。

资料来源：http://www.xinhuanet.com/tech/2016-01/13/c_128624364.htm。

案例思考

1. 移动端 App 开发技术有哪几类？每类各有哪些特点？
2. 主流的 App 原型设计工具有哪些？它们各有什么特点？
3. 在何种情况下选择原生应用开发？原生应用开发流程主要有哪几个阶段？

□ 本章小结

本章主要介绍了移动终端及开发技术的概念及应用，移动终端与操作系统（移动终端设备、移动终端操作系统）、移动终端应用技术（二维码、LBS）、移动前端开发技术（HTML5、原生应用）。

□ 本章术语

移动终端（MT）	智能终端	移动互联网终端
移动互联网设备（MID）	超级移动个人计算机（UMPC）	POS 机
车载电脑	车载终端	可穿戴设备
iOS	Android	Symbian
Windows Phone	BlackBerry	魅族 Flyme
小米 MIUI	一加氢 OS	锤子 Smartisan OS

华为 EMUI	二维码	矩阵式二维条码
行排式二维码	RFID	蓝牙
LBS	签到模式	生活服务模式
优惠信息推送模式	GPS 定位模式	HTML
HTML5	CSS	JavaScript
轻应用	原生应用	网页应用
混合模式移动应用		

□ 练习

1. 通过实际的体验，体会移动终端设备及操作系统各自的特点。
2. 通过典型应用场景的体验，分析比较移动终端设备应用（二维码、LBS 等）各自的特点。
3. 通过 App 应用的体验，分析移动终端开发技术（原生应用、网页应用、混合模式移动应用）各自的特点。

□ 参考文献

[1] 汪子尧，叶情. 智能手机操作系统发展概述 [J]. 福建电脑，2018，34（02）：105-107.

[2] 赵军，车红岩. 基于位置服务的应用技术和发展趋势 [J]. 测绘科学，2016，41（04）：171-176+187.

[3] 彭红. 基于云计算的 LBS 应用研究 [J]. 软件工程，2016，19（10）：27-29+26.

PART

典型商业模式篇

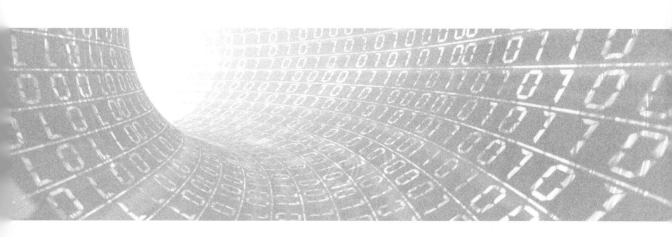

第 4 章

移动电子商务模式

本章导读 :: :: ::

全新的消费模式和用户习惯促使移动电子商务迅速发展,其发展速度超出了人们的想象。这是源于移动设备的快速发展以及移动互联网的普及速度。传统的电子商务模式在这种发展速度下有了新的变化,衍生出了移动商务模式。这一章,主要从交易主体的角度划分,介绍移动 B2C 模式、移动 C2C 模式、移动 B2B 模式、移动 C2B 模式、微店和微商模式。

知识目标 :: :: ::

1. 了解移动 B2C 模式、移动 C2C 模式、移动 B2B 模式、移动 C2B 模式、微店和微商模式的常见模式及其基本概念
2. 理解移动 B2C 模式和移动 C2B 模式的区别
3. 了解移动电子商务模式的案例和应用
4. 理解微店和微商对移动电子商务的影响

能力目标 :: :: ::

1. 具备利用移动电子商务 App 购物的能力
2. 具备利用微店开展业务的能力
3. 具备根据需求选择移动商务模式的能力

4.1 移动 B2C 模式

1. 概念

移动 B2C 模式(或称 B2C 移动电子商务模式)是传统电子商务平台转战移动端的典型

代表，是随着移动通信技术的发展而出现的。在 B2C 中，B 是 Business，即商业组织，如公司、商场等；2 是 to，对的意思；C 是 Customer，即客户、消费者。移动 B2C 模式特指商家对个人的一种移动电子商务模式，即企业通过移动商城向个人消费者直接销售产品和服务的方式，又称为移动零售。

2. 解释

移动 B2C 模式就是以网络零售业务为主的移动电子商务。在具体的经营过程中，主要借助于移动网络开展在线销售活动，消费者通过网络在网上购物、网上支付，这不但大大提高了交易效率，还为消费者节省了购买所需的时间，因此受到了消费者的广泛欢迎，取得了长足的发展。

这种模式在交易过程中看不到实物，只有商品的文字描述和图片以及购买者的评价等相关信息提供给消费者，消费者根据以上信息进行判断和选择，这种消费模式既节约了时间，也节省了店家的成本，但由于交易中看不到实物，因此会出现很多问题。

该模式的特点有以下几个方面。

（1）降低消费者的购买成本，消费者为了购买一件自己想要的商品，不用花时间跑遍所有的商城；由于卖家在网上开店，不需要大量的资金投入，不用租赁门面，因此降低了开店成本，同时降低了商品的成本，所以也就降低了商品的售价，这样消费者在网络上购买的商品通常会比在实体店购买的商品便宜。

（2）商品不受区域限制，网络商店没有区域界限，只要能上网，世界各地的消费者都可以成为你的客户。同样地，只要能上网，你就可以买到世界各地的商品。

（3）可以对所有同类商品进行比价（给消费者带来实惠），只要是网上有的所有商品，我们就可以进行清晰的比价，简单操作就可以列出所有的相同商品，同时进行价格排列，让你在最短的时间内找到你想要商品的最低售价。

3. 应用

按企业与消费者买卖关系分类，该模式可以分为两类。

（1）卖方企业对买方个人的移动电子商务模式：该模式是商家出售商品和服务给消费者个人，也是最为常见的一种移动 B2C 模式，较为典型的网站有京东商城和当当网。

（2）买方企业对卖方个人的移动电子商务模式：该模式是企业在网上向个人求购商品或服务的一种移动电子商务模式，主要用于企业人才招聘，如智联招聘、前程无忧等。

移动 B2C 模式的应用行业和领域十分广泛，按交易客体的不同包括有形商品和无形商品与劳务两种应用类型。其中交易客体为无形商品与劳务的电子商务模式包括机票酒店旅游服务（如携程、途牛网等）、视频娱乐服务（如爱奇艺、西瓜视频等）、新闻文学服务（如今日头条、掌阅 iReader、京东阅读等）、生活相关服务（如医疗、餐饮、交通、洗衣、教育等）；交易客体为有形商品的电子商务模式包括综合平台型 B2C 商城（如天猫、京东到家等）、综合独立型 B2C 商城（如京东、亚马逊、1 号店、飞牛网等）、垂直平台型 B2C 商城（如洋码头、安居客等）、垂直独立型 B2C 商城（如聚美优品、酒仙网、唯品会、小红书、蜜淘、达令、天天果园、中粮我买等）、各种品牌垂直型电商（如小米商城等）。

移动网购市场集中度较高，头部企业在移动端整体网购交易规模中占比超过 80%，这部分企业包括淘宝网、天猫等；中等企业较淘宝网和天猫仍存在较大差距。长尾企业数量众多，随着跨境电子商务、生鲜等垂直领域的火热，仍有大量初创企业涌现。总体而言，移动电子商务头部企业占有绝对竞争优势，中等企业内部变化相对较大，小企业在新兴领域和新模式探索方面仍有一定的发展机会，如图 4-1 所示。

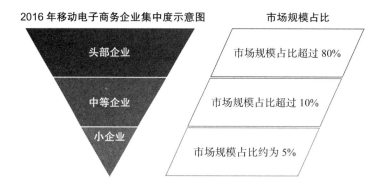

图 4-1　2016 年移动电子商务企业集中度示意图
资料来源：艾瑞咨询，《2017 年中国移动电商行业研究报告》。

随着移动网购市场规模的不断扩大，企业纷纷在移动端开展电子商务活动，根据中国互联网络信息中心 2019 年 1 月 31 日发布的第 43 次《中国互联网络发展状况统计报告》，中国移动端购物的电子商务类 App 数量处于稳步发展状态，如图 4-2 所示。

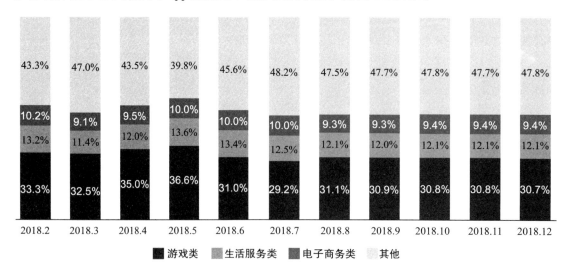

图 4-2　2018 年移动应用分类占比
资料来源：中国互联网络信息中心。
注：由于四舍五入数据加总不等于 100%。

4. 拓展

商业模式又称商务模式、业务模式,是企业赖以生存的、可以为企业带来收益的模式。以下是目前较为主流的三种定义。

欧洲学者保罗·蒂默斯(Paul Timmers)认为,商业模式是一种关于企业产品流(服务流)、资金流、信息流及其价值创造过程的运作机制,它包含三个要素:一是产品、资金和信息流的体系结构,包括不同商业角色的状态及其作用;二是不同的商业角色在商务运作中获得的利益和收入来源;三是企业在商务模式中创造和体现的价值。

学者奥佛尔(Afuah)和得希(Tucci)认为,商业模式是企业为客户提供比对手更好的价值,从而获取利润的方法。

学者伊夫·皮尼厄(Yves Pigneur)认为,商业模式是企业提供给客户的价值和为创造该价值、获得收入流所需要的企业及其伙伴网络的体系结构。

移动B2C模式的特点包括以下几个方面。

(1)移动端消费行为呈现碎片化、个性化和便捷化。

(2)移动端更适合轻型消费品类,这类商品包括衣服鞋帽、化妆品类、虚拟商品等,其单价较低,订单转化率高,非常适合在移动端布局。

(3)在移动端购买商品在价格上更有优势。

(4)在移动端购买商品更多的是冲动型消费。

(5)移动端具备PC端没有的移动性、便捷性和互动性,消费频次可能更高。

■ 案例 2017年天猫"双11":移动端成绝对霸主

2017年,天猫平台"双11"购物狂欢节共产生物流订单8.12亿元,通过支付宝完成14.8亿笔支付,有167个商家实现成交额过亿元,商品共销往225个国家和地区。实现总成交额1 682亿元,同比增长37.35%,其中,无线端成交占比90%,成为绝对的霸主。

从2003年5月10日淘宝网成立以来,到现在已经有14年了。互联网由PC端向移动端的转换成就了淘宝网。无论什么时候、什么地点、什么人都可以随心所欲地在淘宝网上购买商品。大家在享受着疯狂购物的同时也为淘宝网贡献了1 682亿元中的自己的一份力,图4-3为2012~2017年天猫"双11"移动端的占比数据。

根据艾瑞咨询发布的《2017年中国移动电商行业研究报告》,天猫不仅是传统PC购物时代的强势品牌,也是移动端转型成功的典型代表,它不断扩展业务布局,打造电商网购生态。目前,开猫已经拥有4亿多个买家,5万多家商户,7万多个品牌。图4-4是天猫商城发展历程及业务布局图。

案例思考

1. 移动网购的优势有哪些?

2. 举例说明天猫商城移动端成功转型的原因。

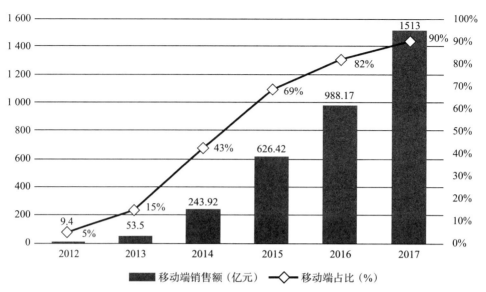

图 4-3　2012～2017 年天猫 "双 11" 单日移动端销售额

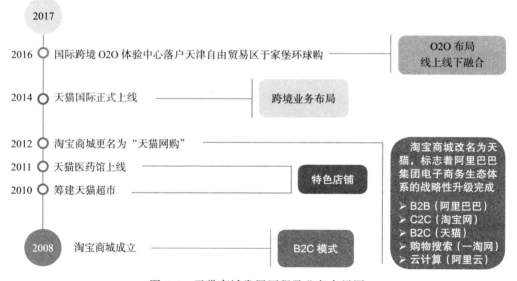

图 4-4　天猫商城发展历程及业务布局图

资料来源：http://www.cifnews.com/article/29711、http://baijiahao.baidu.com/s?id=1583919282974218963&wfr=spider&for=pc、http://report.iresearch.cn/report_pdf.aspx?id=2953，根据以上材料整理。

4.2　移动 C2C 模式

1. 概念

　　移动 C2C 模式是传统电子商务平台转战移动端的又一种典型代表，其中 C 是指 Consumer。C2C 模式是指个人与个人之间的电子商务。比如一个消费者有一台电脑，通过网络进行交易，把它出售给另一个消费者，此种交易类型就称为 C2C 电子商务。移动 C2C

模式则是在移动端进行的个人与个人之间的电子商务，是个人通过移动平台向个人消费者直接销售产品和服务的方式。

2. 解释

C2C 电子商务作为现代电子商务中的典型代表，发展势头十分迅猛，以淘宝网为代表的 C2C 电子商务网站的兴起，更是对我们的社会生活产生了重大影响。其中一个很重要的变化就是我们不必出门，就可以通过 C2C 网站买到很多我们想买的商品。在移动互联网时代，C2C 电子商务又产生了新的变化，它变得更加快捷高效，进入门槛更低，可以为买卖双方提供更好的交易体验和相关服务。

该模式的主要特点包括以下几个方面。

（1）提供信息交流平台。C2C 电子商务平台是一个充分体现互联网自由精神的电子商务平台，卖家和买家可以在这个平台上进行充分的沟通交流，在愉快的互动氛围中完成交易。

（2）提供配套服务。C2C 电子商务平台除了为买卖双方提供交流互动渠道外，还为两者提供相关的配套服务。配套服务包括功能较为完善的支付平台，快速高效的物流配送服务，以及为买卖双方调解纠纷、进行仲裁等，这都属于 C2C 配套服务范畴，它们可以保证交易行为的顺利完成。

（3）用户数量极多。C2C 电子商务平台面对的对象是所有人，而且没有加盟入驻费用。这就意味着任何人，无论身份、年龄、性别，都可以成为卖家或买家，展开售卖或购买活动。甚至在很多情况下，用户在具有买家身份的同时，也具有卖家身份。

（4）商品种类繁杂。在 C2C 电子商务网站中，几乎可以找到任何商品。从日常用品到收藏品，从低端产品到高端奢侈品，应有尽有。但是在商品种类繁多的同时，商品质量也是良莠不齐，网站中既有正品和品牌产品，也有仿冒产品和破旧产品，令人眼花缭乱，很难分辨真伪。

（5）小规模交易较多。由于在 C2C 电子商务网站上进行交易的买卖双方往往都是个人，每次交易的数量和规模有限，因而 C2C 电子商务网站上的交易以小规模业务居多，广大的卖家更多地采取"薄利多销"的方式进行盈利。这也是 C2C 电子商务一个很重要的特点。买卖双方交易的场所是独立于双方之外的 C2C 电子商务平台，此类平台负责提供信息推送、查询、支付、物流等服务，从而保证交易活动的顺利进行。

3. 应用

微店模式和网店模式是移动 C2C 模式的两个典型应用（运作模式），前者的介绍见 5.5 节，此处不再赘述。

网店模式的典型例子是淘宝网。淘宝网作为 C2C 领域的巨头，其地位很难被其他 C2C 电子商务平台撼动，优势十分明显。2017 年，中国网络零售总额高达 67 100 亿元，淘宝网为 25 264 亿元，所占份额将近 38%，而在中国 C2C 领域的整体市场份额中，淘宝网已经占到了 96.5%，超 800 万个中小卖家构建了淘宝商家生态的基石。

由于淘宝网的入门门槛极低，几乎所有人都可以注册成为淘宝网用户，在淘宝网上买卖交易。商品种类的繁杂特性，使得无论是一把扫帚，还是一台电视机，都可以在淘宝网上买到，从而极大地方便了人们的生活，使淘宝网得到了大众的支持与喜爱。

当然，淘宝网在处于优势地位的同时，并未停止自己的发展脚步，它通过各种举措凸显其创新的能力和勇气。例如，收购口碑网推出"全球购"频道，成为在电视台和路牌上推出广告的首家公司等。这些举措都是淘宝网为了维持自己的领先地位，引领市场潮流的重要尝试。但是，在领先的大好局面下，淘宝网也面临着一些问题，其中很重要的一点就是资金投入量过多，给淘宝网带来了很大的成本压力。在这种情况下，淘宝网一贯实行的免费模式已经很难坚持下去了，淘宝网开始向入驻商家收取一定的服务费用，以此来减轻日益增加的资金压力。尽管淘宝网开始向收费模式转变，但其前进的脚步从未停下。广大商家和消费者依旧对淘宝网保持着很大的信任感；移动淘宝网也开始抢占移动端电子商务市场，使淘宝网开始进行 PC 端和移动端的双向布局。这些因素都是使淘宝网实现持续进步、完成健康转型的重要保证。

4. 拓展

移动 C2C 模式具有灵活性的特点，这种特点使其交易过程变得简单方便，从而获得大量用户的支持与认可，交易量保持在很高的水平上。但是，对于移动 C2C 模式的盈利方式，却一直众说纷纭，没有一个明确的目标。那么，到底该怎样做才能实现移动 C2C 电子商务的健康盈利呢？以下是目前已有的典型盈利模式。

（1）会员费。会员费就是移动 C2C 电子商务平台向注册会员收取的服务费用，它包括网上店铺的租赁费用、公司认证费用、产品推荐服务费用等方面。对于移动 C2C 电子商务来说，这是一种比较稳定的盈利方式。

（2）佣金收入。佣金收入的来源是买卖双方的交易提成，它是移动 C2C 电子商务平台的主要收益方式。在交易中取得提成，又恰恰可以体现市场的营利本性。

（3）增值收入。在移动 C2C 电子商务平台中很容易见到增值服务，如分配商家店铺、搜索排名竞价、信誉增值服务等。这些服务可以很好地提升平台与商家的经营效率，增加盈利收入，因此受到了不少商家的支持，引发了良好的市场反响。

（4）广告费用。移动 C2C 电子商务可以在网站平台上放置各种广告，然后根据网站流量、广告位置、目标客户群定位等因素确定广告价格，吸引有需求的客户进行购买。当网站的访问量很大，用户黏度也足够强时，广告收入会相当可观。

（5）支付环节收费。电子商务的发展一直受到支付问题的制约，直到支付宝出现，这种情况才得到一定程度的缓解。买家可以把款项打入支付公司的账户，等到确认收货后，再通过支付公司将款项转入卖家账户，这就为买卖双方的交易提供了一定的安全保障。在这个过程中，支付公司可以从交易额中按比例扣除一部分费用，当作支付手续费。

■ **案例　淘宝网的"一个眼神"**

作为中国最大的C2C交易平台，淘宝网已经成功地跨越到了移动领域，2017年"双11"淘宝网的成交额为1 682亿元，移动端的成交额占比为90%。

"没有成功的企业，只有时代的企业。"一个企业的成功不过是踏对了时代的节拍。在电商时代，淘宝网无疑是节拍"踏得最对"的成功企业。

不知不觉，在微观层面，阿里巴巴的国民级应用已经承包了一个人生活中的方方面面。而在宏观层面，商品流通和服务的传递正在越来越依赖这一经济体，阿里系国民应用正在管理着这个国家最庞大且最活跃的经济活动。网购、电商的标签早已过时，阿里巴巴正在成为越来越难以被简单定义的"庞然大物"。当零售走入全面融合时代时，消费者不仅在与"买买买"相关的事情上绕不开阿里系，在生活中的方方面面，也离不开阿里系的国民级应用。

2018年8月8日，阿里巴巴在广州发布88会员日权益，整合了饿了么、优酷、天猫、虾米等会员权益的超级会员"88VIP"上线，淘气值超过1 000分的用户，只需88元就可拥有阿里系各大产品的顶级会员权益，这是阿里经济体上的各类权益第一次真正被打通，也重新定义了"会员"体系。淘宝网、天猫、支付宝、飞猪、银泰、优酷会员之间的相互协同效应在过去几年中已经逐渐显现，如今阿里巴巴以其自身的魄力，将其全部打通，这些阿里巴巴旗下的国民级应用，正在加速新一轮协同。

15年前，没有人能想象到，一家在杭州诞生的本土电子商务平台，能够如此深刻地改变中国商业，并影响每个人的生活。

淘宝网，阿里巴巴零售市场这棵参天大树的根系。而今，阿里巴巴的业务早已不再局限于电子商务，它的商业版图从线上电子商务延伸到线下零售，从"买买买"扩展到吃、住、行、娱，再加上支付这一新时代生活的基础设施，新零售时代加速降临。基于不同的商业场景，阿里巴巴的经济体上生长出不同的App，并各自成长为"国民级应用"。

但这一切都起源于淘宝网，它就像热带雨林的土壤，孕育着无数的生态和物种，淘宝网创业整整15年，支付宝、天猫、聚划算、速卖通、阿里巴巴国际站、盒马鲜生……这些都是基于淘宝网这一共同的根，才得以衍生出一整套新消费生态。

淘宝网方面在2018年8月8日证实，将进军MR（混合现实）购物领域，与微软HoloLens推出MR产品"淘宝买啊"。在同年9月淘宝网造物节上，淘宝网在西湖边搭建了一条300平方米的"未来购物街区"，消费者可以亲身感受由"机器算法"叠加"真实世界"，过一把"科幻生活"的瘾。淘宝网希望通过混合现实技术，给消费者提供更便捷、更贴近真实的生活方式，让淘宝网变得无处不在。

淘宝网的"拍立淘"功能让消费者可用图片来搜索产品，获得信息；在"淘宝买啊"的帮助下，消费者则可以实现"所看即所得"——目光所及之处，商品信息即被智能识别，与之相伴的评论、攻略等资料也将一应俱全。在"淘宝买啊"的世界里，每件商品都是全息的、立体的，各种信息一目了然，购物只需"一个眼神"。

除了颠覆商品呈现形式外，"淘宝买啊"还在尝试重构消费者与内容的关系。一直以来，消费者通过移动设备来观看短视频、直播、买家秀等内容；未来，"淘宝买啊"将通过全息影像让"内容"自己说话、行动，以更生动、逼真的方式提升浏览体验。

淘宝网市场部负责人透露："未来亿万件淘宝商品、内容和互动形式有望从平面世界跳脱出来，进入真实的空间场景，消费者可用手势、目光等进行全方位的互动，这不仅可提升消费体验，还能获得更多信息与乐趣。"

作为全球首款消费级别混合现实科技产品，"淘宝买啊"不仅可提升消费体验，尝试多样化的购物和生活乐趣，更有望融入每个用户的真实生活中，成为未来生活中不可或缺的帮手。该负责人表示："未来，淘宝网会变得看不见摸不着，但处处都有，处处能感知。"

资料来源：http://www.cnii.com.cn/informatization/2018-08/.10/content_2091766.htm、https://mp.weixin.qq.com/s?__biz=MzUzMDUxMDgzMw==&mid=2247484408&idx=1&sn=6bcf84c5a52c77b779b13a7ac8cb6a6d&chksm=fa51e566cd266c7066ab79ccc602ec2785f83d0421d618d0a1eb5fd0432947c904f59651ca06&scene=0#rd，根据以上材料整理。

案例思考

1. 淘宝网的消费生态有哪些？
2. "阿里巴巴的生命力在于创造需求"，请谈一谈你对这句话的理解。

4.3　移动 B2B 模式

1. 概念

移动 B2B 模式中的字母所代表的含义与前文相同，所以这种模式的含义就是企业对企业的电子商务，是指企业与企业之间通过移动互联网进行产品、服务及信息交换的电子商务活动，可以说是移动时代的企业对其他企业的营销关系。

2. 解释

在消费者习惯于使用移动端进行购物的趋势下，移动时代的 B2B 模式随之发展起来。通过手机 App 将企业与客户连接起来，并以快速反应的网络优势为基础，提供更出色的服务给客户，以促进企业本身的发展。

该模式的主要特点有以下几个方面。

（1）相对于 B2C 和 C2C 来说，B2B 的交易次数会相对较少，但交易金额往往会大于前两者。

（2）相对于传统企业间的交易，B2B 的交易操作相对规范化、标准化及流程化，大大降低了企业的经营成本及时间，大大提高了工作效率。

（3）相当于传统企业间的交易，B2B 交易不再受地区限制，可以横跨各大洲。

（4）相当于传统企业间的交易，B2B 交易对象更广泛，可以是任何一种产品，可以是原料，也可以是半成品或成品。

3. 应用

B2B 电子商务企业主要分为两类：一类是为商贸及生产机构提供非实体的服务，诸如 B2B 信息系统建设、B2B 商品信息或数据服务、B2B 商品物流仓储等；另一类是现在最为流行的 B2B 实体物品电子商务企业，涉及农业生鲜（农产品、水果、冻品等）、服装材料（面料、辅料等）、工业材料（钢铁、煤炭、石油、塑料等）、3C 电子、化学药剂和建材等。其中农业与工业产品是其中占比最高的两大实体交易类。根据 IT 桔子的数据，2015 年 B2B 电子商务创业企业占整体电子商务创业企业总数的 8%。

B2B 占据了电子商务交易规模的主流，并且国内主要 B2B 网站均已开发出手机客户端，按照行业的不同，其主要的运营模式包括三种。

（1）垂直模式。垂直模式是指面对商业或制造业的垂直 B2B 模式。这种模式分为两个方向，每个方向面对的对象也有所不同，即上游供应商面对生产商或零售商，达成供货关系，下游经销商面对生产商，达成销货关系。垂直模式的 B2B 模式既可以是企业开设的在线商店，也可以是商家自己开设的平台，借此来达到自己宣传产品、促进交易的商业目的。垂直型平台专注于某一具体行业的供需信息服务，以纵向发展为主。其优势是服务相对深入，专业性强，信息质量较高，差异化明显，客户黏性较高；其劣势是行业单一，会员规模发展受限，进入门槛较高，专业人员成本较高，且容易受行业的周期影响。采用垂直模式的电子商务平台有中国化工网、中国服装网、九正建材网、食品商务网、我的钢铁网、海虹医药等。

（2）综合模式，也可以看作水平模式，就是将不同行业中相似的交易过程集合在同一场所，提供一个让企业的采购部门和供应部门进行交易的机会，如阿里巴巴、中国制造、慧聪网、敦煌网等。采用综合模式的企业，并不拥有产品，也不经营产品，而是作为一个商务平台出现。销售商和采购商也会在此类平台上汇聚，后者还能查到前者在网上售卖商品的信息以及其他各类信息。综合型平台提供跨行业和跨品类的供需信息服务，以横向发展为主。其优势是量大面广，容易形成规模，会员数量众多，易于推广；其劣势是服务相对表面，专业性不强，信息质量较差，同质化明显，客户黏性不够。

（3）自建模式，更适用于大型龙头行业，是龙头企业在移动时代下建立的行业电子商务平台。这种模式需要龙头企业符合两个条件：一是企业信息化建设程度较高，二是以企业产品供应链为重心。对于处于供应链上下游的企业来说，完全可以通过龙头的移动电子商务平台，达成了解咨询、实时沟通、在线交易等商业目的。但是需要注意的是，这种移动电子商务平台的缺点也很明显，就是封闭，缺乏对整条产业链的深度整合，如海尔、思科、联想、长虹、中国移动等。

（4）关联模式，这种模式结合了综合 B2B 移动电子商务模式和垂直 B2B 移动电子商务模式的优点，经营的行业之间具有很强的关联性。因为垂直模式缺少了横向的拓展，综合模式缺少了纵向的深化，都有其局限性。结合二者优势的创新模式——关联模式使得电子商务平台的交易信息变得更为全面和精确，因此，吸引了很多企业的支持。采用关联模式的电子商务平台有塑胶五金网等。

4. 拓展

中国 B2B 电子商务市场的发展可以分为如下几个阶段。

（1）探索阶段（1999～2003 年）。1999～2003 年，中国开始迎合信息化的发展趋势对传统商务进行改革和创新。这一阶段，企业对于电子商务的需求仍待挖掘，产业的发展由重点厂商推进。1999 年，阿里巴巴的成立标志着中国 B2B 电子商务的正式开端。在该阶段，有大量 B2B 平台相继出现，如中国制造网、中国网库、中国化工网等。在中国 B2B 发展初期，企业对于低成本商机获取的需求较为强烈，由于互联网渠道所带来的低成本和时效性，因此企业愿意选择将 B2B 作为其拓展业务的渠道，从而满足了企业对于商机信息的需求，阿里巴巴在该阶段迅速累积客户和知名度。在这一阶段，各 B2B 平台主要以信息发布为主要运营模式，通过会员制来实现收入和盈利。

（2）启动阶段（2004～2014 年）。2004～2008 年，随着 IT 的高速发展、PC 的普及以及信息化进程的不断推进，企业对于电子商务的需求不断增加，越来越多的参与者进入市场，这其中包括慧聪集团、环球资源网、国联资源网等传统纸媒企业的进入，也包括敦煌网、马可波罗等创新的 B2B 综合电子商务平台的进入。进入 2008 年，中国 B2B 市场达到第一次高峰，企业在这一阶段开始大规模使用 B2B 平台的各项产品与服务。伴随着市场的火热，我的钢铁网等垂直品类 B2B 应用开始出现。在该阶段，阿里巴巴、慧聪集团等 B2B 平台相继上市，B2B 市场发展迅速，但同时也存在同质化竞争程度加剧、盈利模式单一等潜在问题。随着 B2B 市场的迅速发展、网站流量的增加、企业用户信息的积累，互联网搜索引擎也进入了 B2B 市场，加速了 B2B 市场的拓展和转型，使 B2B 市场更丰富。2009～2011 年，由于国际金融危机的影响，外贸订单数量减少，中国 B2B 发展中的问题被放大，同质化的服务使得 B2B 市场竞争激烈。信息服务最大程度地解决了信息不对称的问题，平台付费会员服务效果逐渐下降，其他运营模式在基于数据存储的探索中慢慢呈现。中国 B2B 市场在经过 2011 年的低迷之后，在 2012 年进行了初步的变革，2013 年市场运营模式多元化态势初显，2014 年互联网广泛应用，信息互联、大数据、云计算等新科技不断被应用。以信息服务、广告服务、企业推广为主的 B2B1.0 电子商务时代已逐渐退出历史舞台，以在线交易、数据服务、物流服务等为主的 B2B2.0 电子商务新时代已经到来。

（3）高速发展阶段（2015 年至今）。自 2015 年始，中国 B2B 电子商务在垂直领域快速崛起。2014 年科通芯城在港交所挂牌，2016 年找钢网获得 11 亿元 E 轮融资，2016 年上海钢联按营业收入进入中国 500 强。以交易为核心的 B2B 电子商务正在"撬动"中国具备万亿规模的垂直市场，如钢铁、化工、电子元器件、农业、建材等领域。资本市场对 B2C 和 O2O 的关注度逐渐转移至 B2B 垂直交易领域。垂直交易类 B2B 平台具备较强的服务"纵深"能力，其更加深入产业链上下游，满足企业多样化需求。垂直交易类 B2B 电子商务平台的快速崛起，为中国整个 B2B 电子商务市场带来了新的"增长动力"，也促进了中国 B2B 电子商务市场的快速发展。

目前，中国 B2B 电子商务平台的盈利模式较多，概括起来有以下 9 种。

1) 会员费。企业注册为平台类电子商务企业的会员，每年交纳一定的会员费，可以享受建立商铺，发布企业资料、产品信息、商情信息及各类线下增值服务，其交易不需交纳佣金。较为典型的平台有阿里巴巴、慧聪集团、焦点科技、国联资源网等。相对于免费会员，收费会员的服务具有许多优势，例如付费用户发布信息的数量、生动性及搜索排名优于免费用户；享受付费服务的用户能够无限制地查阅买家信息；付费用户一般均通过 B2B 电子商务平台或其他平台的诚信认证，买家与该部分卖家进行交易的风险相对较小等。

2) 佣金费。企业通过电子商务平台参与电子商务交易，必须注册为平台类电子商务企业的会员，每年不需要交纳会员费，就可以享受网站提供的服务，但在买卖双方交易成功后，电子商务平台会收取一定的佣金。较为典型的平台如成立于 2004 年的敦煌网，是中国第一个 B2B 跨境电子商务平台，该平台采取佣金制，免注册费，只在买卖双方交易成功后收取费用。

3) 广告费。网络广告是门户网站的盈利来源之一，同时也是 B2B 电子商务平台的收入来源。比较典型的广告类型有弹出广告、漂浮广告、文字广告等。

4) 线下服务。由于传统产业的特点，企业对 B2B 电子商务平台的服务需求不仅局限于单纯的线上买卖信息交流，而且更需要线上线下全方位的企业服务。目前，B2B 电子商务平台为客户提供的较为主流的线下服务主要包括：线下会议会展服务、行业资讯服务，以及针对企业生产、销售、管理等运营流程的咨询培训服务等。

线下会议会展一般由主办方与电子商务平台合作开展或由电子商务平台作为主办方独立开展，主要盈利模式为向参会商收取参会费、展位费及推广宣传费，产业链上的上下游企业通过参加展会以面对面交流的形式可以更好地促进交易合作。同时这种形式的展会还可以帮助参会企业及时跟进国内外行业发展形势，促进行业技术创新和技术转化。由于电子商务平台接触大量企业用户，并与各类行业协会保持较好联系，有着较为深厚的产业链背景，因此电子商务平台可以向用户提供各类资讯产品，包括专业工具图书、行业分析报告、行业年鉴等。另外，除信息服务外，中小企业对涉及企业运营的各类经营管理以及销售知识也有需求，电子商务平台可向用户提供关于营销、管理等方面的专业培训服务，帮助企业提高生产经营管理能力。

5) 竞价排名。竞价排名是指搜索关键词排名服务，与公众搜索引擎的服务类似，卖家在一定的时间内对产品关键词进行竞价，价格越高，卖家产品信息则将出现在用户搜索该关键词结果的前列。排名处于搜索结果前列的卖家往往具有更多的点击，并带来更多交易的机会。在付费方式上，B2B 电子商务平台的竞价排名与公众搜索引擎可能存在差异，一般的 B2B 电子商务平台不使用"按点击付费"的模式，而是一次性付费买断竞价位置。

6) 增值服务。企业认证、独立域名、提供行业数据分析报告、搜索引擎优化等。

7）商务合作。商务合作包括广告联盟、政府、行业协会合作、传统媒体的合作等。

8）按询盘付费。从事国际贸易的企业按照海外买家实际的有效询盘付费。

9）交易费。平台类电子商务企业通过介入在线交易，将人工撮合与互联网技术有机结合，将信息流、订单流、物流、资金流通过 B2B 平台实现整合。随着 B2B 电子商务的高速发展，其内涵已从在线交易扩展到物流配送、供应链管理、线上线下融合、SaaS 服务等范畴。平台企业可以通过撮合交易收取服务费、通过自营交易业务获取折扣和差价、通过供应链管理收取相关服务费等。较为典型的平台有钢银电商、找钢网、科通芯城、欧浦智网、涂多多、卫多多等。

■ 案例　一亩田的 B2B 业态

低调了一年的一亩田想告诉外界，它经过反思，走出低谷，开始了新的征程。

一亩田被曝出 C 轮融资消息，此轮融资由易贸控股领投，红杉资本、云锋、真格基金等参投。一亩田创始合伙人、副总裁高海燕透露，其实早在 2016 年 11 月，一亩田的 C 轮融资就已完成，但未对外公布融资数额。距离一亩田陷入质疑旋涡相隔一年半的时间，在此期间我们几乎看不到关于一亩田的任何消息，一亩田员工对外界表示"就像这个领域没有我们了一样"。据了解，一亩田在 2016 年 12 月底，App 用户已达到 346 万人。

北京一亩田新农网络科技有限公司，成立于 2011 年，是一家基于移动互联网技术、深耕农产品产地、促进农产品流通的互联网公司。成立 7 年来，一亩田着眼于农产品的原货市场，打造农产品 B2B 电子商务平台。平台定位于推动"农产品进城"，致力于"让每一亩田更有价值"。一亩田采取 B2B 电商业态，主要为具备一定规模的农产品经营主体提供交易撮合服务，平台供应商主要有农村合作社、经纪人、种植大户、家庭农场等。一亩田采购商有农产品批发商、加工企业、超市、餐饮连锁企业、B2C 卖家、出口贸易企业。一亩田在售农产品近 1.2 万种，产品来源于 2 300 余个县，截至目前它是移动端 App 用户数量最多的农业电商平台。

相比以前，现阶段的一亩田坚持 B2B 业态，服务产地端的供应商和销地端的经销商，聚焦撮合，解决两端的信息不对称、交易决策不充分的问题。

一亩田创始合伙人、总裁顾铭告诉《品途商业评论》："2016 年，一亩田聚焦线上，开始'立足产地'，总的来讲，2016 年对于一亩田来说是非常成功的转型年，从 2015 年线下的地推模式快速切换到线上模式。"

B2B 和 B2C 两种模式对于农产品交易来说完全不同，农产品 B2B 是刚需。批发市场的档口老板每天必须去寻货买货。虽然一直以来，农产品的流通都是延续传统的操作方式，但它应该创造性地满足需求。

传统的熟人模式是农产品的流通方式，但是如果季节、天气、产地这些不稳定因素发生变化，供应商的供给也就会变得不稳定。这时候，批发市场的档口老板就需要一个平台来帮助他寻找供应商，保证生意能够持续地做下去。

一亩田就是在这样一个信息不对称的环境中产生的，它做的是农产品撮合交易的服务，简单来说就是连接种植端农村和消费端城市两头，从中游流通环节切入，解决两端信息不对称的问题。

新疆阿克苏做小核桃生意的杨立业是一亩田平台的用户，他于 2015 年 12 月入驻一亩田，截至目前，杨立业在平台上完成了近 500 单（含线上交易和线下交易两类）。客单价为 4 000～5 000 元，他的平台上的综合访问量近 10 万人次。

目前，一亩田形成了两大群体，即规模化的用户群、互联网的产品群。

规模化的用户群：截至 2016 年 12 月 App 用户规模达到 346 万。

互联网的产品群：基于农产品买卖的用户群需求，商机、行情、撮合、交易服务、关系、社群的产品群，增强了农产品买卖的可执行性，强化了用户的电商体验。

一亩田的商业模式建立在普通用户免费的基础之上，2016 年年底启动分级的会员收费模式、微权益的收益模式、增值服务。

资料来源：http://www.myzaker.com/article/588fda8b9490cb0448000005/、https://baike.baidu.com/item/%E4%B8%80%E4%BA%A9%E7%94%B0/8883126?fr=aladdin、http://www.ymt.com/，根据以上材料整理。

案例思考

1. 请试着分析对于农产品来说，B2C 和 B2B 有哪些不同？
2. 你认为一亩田成功的因素有哪些？

4.4 移动 C2B 模式

1. 概念

消费者对企业（Customer to Business，C2B），是互联网经济时代新的商业模式。这一模式改变了原有生产者（企业和机构）和消费者的关系，即消费者贡献价值（Create Value），企业和机构消费价值（Customer Value）。C2B 模式和我们熟知的供需模式（Demand Supply Model，DSM）恰恰相反。

真正的 C2B 应该先有消费者需求产生而后有企业生产，即先有消费者提出需求，后有生产企业按需求组织生产。通常情况为消费者根据自身需求定制产品和价格，或主动参与产品设计、生产和定价，产品、价格等彰显消费者的个性化需求，生产企业进行定制化生产。

2. 解释

C2B 的核心是以消费者为中心，消费者当家做主。C2B 的要点在于客户驱动，而不是批量大小，客户决定卖什么、卖多少、以及生产什么、生产多少。

C2B 不以批量来定义，个性化只是 C2B 的一种形式，重要的是客户拉动，而不是厂商推动。即使是"爆款"，如果采用客户定义价值，配以拉动式配送体系和柔性生产，也是非常完美的 C2B 模式。C2B 要求全流程数据打通、共享，同时企业产供销密切协同。例如，零售端用多品种、小批量（浅库存）、快速交货来捕捉市场需求，供应链端根据产品的畅销、平销、滞销实际需求情况进行连续补货，保证产品在全生命周期内不会断货，同时也没有过多库存。这对仓促、物流配送都提出了全新的思路。这时候快速补货，快速把握市场需求比配送成本更为重要。

C2B 的特点主要包括以下几点。

（1）临时性。C2B 电子商务中的消费者组织是临时聚合的，集体议价和联合购买都是一次性的，这说明 C2B 电子商务的临时性或一次性。

（2）目标性。消费者组织需求的目标非常明确，那就是获得最大的优惠或最想要的产品。企业群体的目标性同样明确，这也是企业群体和消费者谈判的筹码与底线。

（3）周期性。由需求驱动到消费者自觉聚合，再到集体议价和联合购买，最后到目标完成，这是一个典型的生命周期。C2B 就是消费者周期性地组织起来进行集体购买。

C2B 的优势主要包括以下几个方面。

（1）彻底改变了消费者在传统电子商务中的弱势地位，C2B 体现了以消费者为核心的消费观念。

1）省时。消费者不必为了买一件商品东奔西跑地浪费时间，只需在 C2B 网站上发布一条需求信息，就会有很多商家来竞标。

2）省力。不用再费心思到店里与商家讨价还价，只要在 C2B 网站上发布需求时报一个自己能够承受的价钱，那么来竞标的商家就是能接受这个价钱的。

3）省钱。C2B 网站会帮助消费者找很多有实力的商家来围着买家（消费者）竞价钱、比效劳，买家可以从中选择性价比好的商家来交易。

（2）扩展了企业的发展空间。在原材料价格普遍上扬的情况下，采用 C2B 模式，不仅可以降低中小企业成本，而且可以打通虚拟市场扩大交易份额，从而进行企业结构性转变，使中小企业向半虚拟企业发展。同时，网络销售的商品让生产厂家的利润提高，价格战减少，中间渠道消失，以销定产，减少库存成本。

（3）开创了电子商务蓝海，完善了整个电子商务系统框架，在 C2B 之后，电子商务模式中的所有模式基本产生完毕，其他形式的电子商务只是不同侧面的反映。

从消费者的角度看。C2B 产品应该具有以下特征：第一，相同生产厂家的相同型号的产品无论通过什么终端渠道购买，价格都一样，渠道不掌握定价权（消费者平等）；第二，C2B 产品价格组成结构合理（拒绝暴利）；第三，渠道透明（O2O 模式拒绝假冒伪劣产品）；第四，供应链透明（品牌共享）。

3. 应用

C2B 的主要目的是：以消费者为核心，一心一意为客户服务，帮助消费者和商家创造一个更加省时、省力、省钱的交易渠道。

消费者对商家的电子商务网站，与传统的电子商务网站不同，在 C2B 网站的形式下，消费者可以不用辛苦地寻找商家，而是通过 C2B 网站发布需求信息，由商家来报价、竞标，消费者可以选择与性价比最佳的商家成交，不让消费者花一分冤枉钱，让商家不开店、不打广告就可以把商品卖出，削减中间环节。比较典型的 C2B 网站有全球旅拍、聚想要等网站，国内很少有商家真正彻底地使用这种形式，那是因为他们没有了解 C2B 网站的优点。C2B 网站的开发潜力是非常大的，因为它能帮助消费者快速地购买到自己满意的商品。

在家电行业，主导这场 C2B 革命的海尔成为标杆。海尔所做的，破解了传统家电业的一道难题——用 C2B 找到家电行业新的突破口，海尔正以产销合一践行 C2B。践行 C2B，需要三个前提条件，即生产车间的透明化、服务链条的透明化、国际平台的透明化。生产车间的透明化，海尔的标杆意义在于，率先在全球做到了"透明工厂"。海尔是目前行业中唯一一家敢向用户全程开放的互联工厂，这一大胆探索源于海尔对工业 4.0 时代智能制造的自信，也是对全球高端家电制造业的超越。

从实现方式及定制层级来看，目前 C2B 存在的模式有如下几种。

第一种是聚定制。聚定制通过聚合客户的需求组织商家批量生产，让利于消费者。天猫"双 11"的节前预售属于这种形式。其流程是先提前交定金抢占"双 11"优惠价名额，然后在"双 11"当天交尾款，这是天猫"双 11"最大的亮点。从"双 11"预热阶段各商家预售产品的火爆程度可管窥一二，聚定制带来了极大的增量，也奠定了"双 11"当天近千亿元的成交基础。此类 C2B 模式对于卖家的意义在于可以提前锁定用户群，可以有效缓解 B2C 模式下商家盲目生产带来的资源浪费，降低企业的生产及库存成本，提升产品周转率，对于商业社会的资源节约起到了极大的推动作用。聚划算、团购也属于聚定制的一种。

第二种是模块定制。聚定制只是聚合了消费者的需求，并不涉及在 B 端产品环节本身的定制。海尔引领了 C2B 模块定制，它是国内率先引入定制概念的家电企业，通过海尔商城可以选择容积大小、调温方式、门体材质、外观图案。2013 年上线的青橙手机也属于典型的模块定制产品，手机摄像头、屏幕、内存等参数均可以实现定制。这一类定制属于 C2B 模式里的浅层定制，它为消费者提供了一种模块化、菜单式的有限定制，考虑到整个供应链的改造成本，为每位消费者提供完全个性化的定制还不太现实，目前能做到的更多的是倾向于让消费者适应企业既有的供应链。

第三种是深度定制。深度定制也称为参与式定制，客户能参与到全流程的定制环节。厂家可以完全按照客户的个性化需求来定制，每一件产品都可以算是一个独立的库存，目前深度定制最成熟的行业是服装类、鞋类、家具定制。以定制家具为例，每位消费者都可以根据户型、尺寸、风格、功能完全个性化定制，对于现在拥有小户型住房的消费者来说，这种完全个性化定制最大限度地满足了他们对于空间的利用及个性化的核心需求，因此家居深度定制正在蚕食成品家具的市场份额。深度定制最核心的难题是如何解决大规模生产与个性化定制相背离的矛盾。深度定制典型的代表是定制家具企业尚品宅配，它将 IT 与互联网技术进行深度整合，通过其设计系统、网上订单管理系统、条码应用系统、混合排产及生产过程系统解决了上述难题。

第四种是要约形式。要约形式是将销售方与购买方的传统位置调换，用户自己出价，商家选择是否接受，这种形式的典型例子是 Priceline。

如果从 C2B 产品属性来分，可以分为实物定制、服务定制和技术定制。上面的定制案例中提到的服装、鞋、家具等都属于实物定制。麦当劳公司在美国加利福尼亚州南部市场测试"汉堡定制"项目也属于实物定制，该项目为用餐者提供了更多的定制化空间——可以通过安装在 iPad 上的菜单，在 20 种汉堡配料中任意选择搭配。此外，该菜单中还添加了 3 种全新的高价位特制汉堡。服务定制最常见的就是家政护理、旅游、婚庆、会所等中高端行业。技术定制最前沿的方向是 3D 打印技术，作为科技界的"当红明星"，3D 打印技术已遍及航空航天、医疗、食品、服装、玩具等各个领域，它在拓展自身领地的同时，也潜移默化地改变着人们对于制造业的传统观念。3D 打印机也属于 C2B 时代的产物，如果能解决快速批量定制，那么这将引发下一次工业革命浪潮。在国内，小米是服务定制的典范，对于手机用户来说，用户可以通过对米柚系统和小米硬件的建议反馈促使小米产品的更新与迭代。

4. 拓展

C2B 的崛起是互联网从边缘走向中央的必然结果。在国内，阿里巴巴是 C2B 模式的先行者，早在 2008 年，马云就提出 C2B 概念。马云曾发表观点：未来 30 年，因为数据经济，人类社会将会真正进入巨大的变革时代。"未来的世界，我们将不再由石油驱动，而是由数据驱动；生意将是 C2B 而不是 B2C，用户改变企业，而不是企业向用户出售产品——因为我们将有大量的数据；制造商必须个性化，否则他们将感到非常困难。"阿里巴巴集团总参谋长曾鸣也认为，B2C 只是一个过渡性的商业模式，未来电子商务的真正模式是 C2B。随着未来互联网的发展，消费者的声音越来越强，未来价值链的第一推动力会来自消费者，而不是厂家。定制会是未来商业模式的主流。它的要求是个性化需求、多品种、小批量、快速反应、平台化协作，这是看得到的未来。天猫总裁张勇对 C2B 的定义为：以销定产，在零库存的情况下先销售然后进行高效的供应链的组织，或者说供应链的组织已经完成，必须根据销售的情况来决定生产的安排。他认为，电子商务最终将是消费者驱动。

2016 年春节前夕，李克强总理连续提到 C2B。一次是 1 月 25 日，李克强主持召开专家学者和企业界人士座谈会。新浪董事长曹国伟在发言中提到"粉丝经济"和"网红经济"，"很多网络红人依托互联网平台运作粉丝，一方面开展营销，另一方面以'按需生产'的理念对接企业。2015 年，这一模式创造了 50 亿元的交易量"。李克强总结，这实际上就是"C2B"，通过互联网把设计者、生产者、消费者直接连通起来。另一次是 1 月 27 日，李克强主持召开国务院常务会议。李克强在会上提到，所谓"C2B"，就是消费者提出要求，制造者据此设计消费品、装备品。这是一场真正的革命：一个企业不再是单个封闭的企业了，它通过互联网和市场紧密衔接，和消费者随时灵活沟通。这是大势所趋啊！李克强还说，最近媒体频频提及"粉丝经济""网红经济"。这实际就是追着市场跑，是在揽市场。我们的企业一定要抓住消费者的需求和心理，把中国制造朝这个方向推，企业必须向这个方面转型。

■ **案例　拼多多：与众不同的拼团社交购物 App**

2015 年 9 月，拼多多公众号正式上线，平台以拼单的模式覆盖全品类商品，上线两周，粉丝突破百万人。2018 年 4 月，拼多多的估值已达到 150 亿美元。同年 6 月，拼多多向美国证券交易委员会（SEC）递交招股书，准备通过首次公开募股（Initial Public Offering，IPO）最多募集 10 亿美元。京东用了 10 年，唯品会用了 8 年，淘宝网用了 5 年取得的成绩，拼多多用了 2 年 3 个月。根据第三方监测机构 Trustdata 发布的《2018 年上半年中国移动互联网行业发展分析报告》，到 2018 年 6 月，拼多多月活跃用户数量位居行业第二位，已经接近淘宝网的一半。2018 年 7 月 26 日晚间，成立不到 3 年的拼多多在纳斯达克上市，股票价格暴涨 40%。

从模式上看，拼多多既不是 C2C，也不是 B2C，而是基于拥有庞大流量的微信平台的社交电子商务，它更趋向于移动 C2B 模式。

拼多多的成功糅合了很多因素，在市场战略上由淘宝网、京东覆盖不充分的四五线城市发起"农村包围城市"，在性质上形成了社交和零售的跨界融合，在模式上创新了由 C 端发起的团购模式。但是无可否认，拼多多的成功绕不过消费降级。

不同于普通电子商务，拼多多更倾向于提供这样一种服务——用更少的钱体验消费的快感。但是，这个号称"3 亿人都在拼"的电子商务平台，上市几天后，质疑拼多多售假、山寨、侵权的问题，一波接着一波地席卷而来。但是，它的成功仍然给整个电子商务行业带来了一波电子商务新赛道——拼团大战。

2018 年 6 月，京东上线了一款名为"京东拼购"的小程序，口号是响亮的"今日必拼"。按照官方介绍，"京东拼购"是基于京东商家，利用拼购营销的工具。同样地，其种类多种多样，价格多为 5~20 元，其中的 9.9 元包邮尤其抢眼。

另一家电商巨头苏宁，则在 2018 年 7 月 27 日苏宁"818 发烧购物节"发布会上，正式把"苏宁乐拼购"更名为"苏宁拼购"。事实上，2016 年，苏宁就已经进军拼团市场，成立了"苏宁乐拼购"。此番再度把团购业务进行升级，可以看出，苏宁是有备而来的。

此外，网易严选也在 2017 年开通了"网易一起拼""严选一起拼"等业务。就连每日优鲜，也都曾开设过拼团活动。

2018 年 8 月 7 日，支付宝上线"5 折拼团功能"，设定不同的时间点"开拼"，这是继"淘宝特价版"的消费分级之后，推出的拼购功能。苏宁则在"818 年中电商节"期间推出了"88 拼购节""无所不能拼""8 块 8 包邮"等活动。

总而言之，在拼团这条赛道上，各商家都各显神通。财经作家吴晓波认为，拼多多抓住了移动互联网的社交化红利，以人而不是以货为节点，进行驱动商品的裂变式营销，这可能代表了未来互联网电子商务的主流模式。随着线上流量的枯竭，社群的运营及内容裂变，正成为电子商务的新动力源。

显然，京东、苏宁、淘宝网也都开始在低价、社交上大做文章，用拼多多的方式，对抗拼多多，争夺那些对价格敏感，喜欢通过"砍一刀""拼一拼"进行社交的广大人群。

京东拼购强调"低价不低质"，苏宁则强调"拼便宜不等于没品质"，都拿品质大做文章。这自然是针对拼多多当前面临铺天盖地的假货、山寨货的质疑而提出的战略。

无论如何，企业要想在激烈的竞争中生存下来，最终还是要回归到产品和服务体验上。到那时，低价或许就不再是电商巨头们取胜的重要因素了。

资料来源：http://news.ifeng.com/a/20180810/59743151_0.shtml、https://www.huxiu.com/article/254792.html?rec=manual、https://baijiahao.baidu.com/s?id=1608288560292074777&wfr=spider&for=pc，根据以上材料整理。

案例思考

1. 你认为当今的电商企业应该向拼多多学习什么？
2. 查找资料，总结拼多多的营销模式。
3. 请你以拼多多的商品品质为题拟订一套解决方案。

4.5 微店与微商模式

1. 概念

微店商（简称微店）是微信兴起后的产物，它是基于微信平台的微商户，利用微信作为商品的销售平台，通过微信规则和机制，利用微信支付解决支付问题，将朋友圈用户视为潜在客户进行商品营销的电子商务模式。

艾瑞咨询发布的《2017年中国微商行业研究报告》指出，微商是指企业或个人通过微信、微博等互联网社交平台进行商品线上分销的商业活动，是一种社会化分销模式，人人都可以成为微商体系下的分销者。从最终销售端来看，微商模式主要有两种：一种是企业基于微信公众号开设微商城的B2C模式；一种是个人基于朋友圈开店的C2C模式。

2. 解释

随着移动智能终端的普及，移动互联网已经融入我们生活的方方面面，而品类繁多的App正在悄悄地改变着我们的生活方式。虽然大多数App只是给我们带来了便捷的服务支持，但有些App却在某一领域产生了颠覆性的变革，例如微信，微信对于在联系方式上的颠覆性作用不容小觑，已经成为移动端主流的社交类应用。

现在利用微信公众号开设店铺在移动端发展得比较迅速，市场目前也处在形成阶段，在方法方式方面并没有一种固定的模式。在微信上开设店铺，也并不是一定要用微信小店，现在通过第三方应用的接入也能够达到开店的目的，比如现在比较热门的有赞微小店、微店、京东拍拍微店、微网站等。而且，因为这些第三方服务应用更加专注于店铺装修、店铺设计、店铺营销等方面的内容，所以它们的使用频率、效果也要比微信小店好很多。因此，现在在微信上开设店铺可选择的开店方式也是多种多样的，如果你要开设店铺，做微店铺，那么你就需要认真考虑，选择一种更适合你的开店方式。

微店的开店流程可以分为 6 个步骤，如图 4-5 所示。

微店的购物流程可以分为 5 个步骤，如图 4-6 所示。

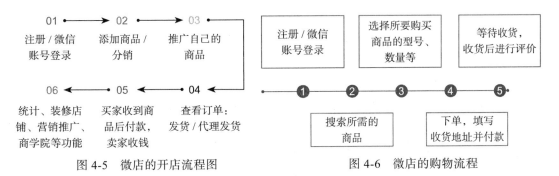

图 4-5　微店的开店流程图　　　　图 4-6　微店的购物流程

微商与传统电子商务的区别主要有以下 3 个方面。

（1）电子商务商业模式将线下代理产业链缩短，缩减了中间环节，降低了商品消费的最终价格；微商是把整个线下商品销售产业链搬到线上，且降低了各代理环节的进入门槛，通过社交平台实现社会化分销。

（2）传统电子商务属于用户到"店"选购模式，电子商务平台吸引流量；微商主要通过社交渠道分享和变现，强调社交平台的作用，以内容向用户推荐，主动寻找流量，可概括为商品寻找用户的模式。

（3）传统电子商务多为陌生人之间的交易，微商多是基于熟人关系的交易。对于个人卖家而言，目前从事微商相对从事淘宝，开店成本更低。

3. 应用

就微信定位来说，微信小店必然不是为那些在电子商务平台上来回跳转的"匆匆过客"而开设的，它可以被定义成为了更好地服务粉丝这类特定人群而开设的购物社区。在这里，用户可以享受到更加专注的服务与更为便捷的体验，即使不是忠实粉丝也会慢慢变成忠实粉丝，然后向粉丝展开销售活动。微信小店做的是粉丝经济，但并不全是，因为它不但做粉丝经济，还能够兼顾内容营销，是一个整合化的营销集合。

在各类微店中主要分为两类模式：一类为 B2C 模式，如京东微店，直接通过商家对接消费者；另一类微店类似于 C2C 模式，多面向个体。其中 C2C 模式的微店居多。

京东第三方代运营公司京拍档 CEO 王文峰将微店整体分为三大阵营。

（1）第一阵营：平台类型的微店，如微信小店、京东拍拍微店、淘宝微店、口袋购物微店、微商店。

（2）第二阵营：主打服务的微店，如微盟、京拍档、各大电子商务平台推出的微店（主要服务于开放平台,一方面立足自身的购物 App 主打中心化移动电子商务,另一方面借助微店形成去中心化移动电子商务的布局)。

(3)第三阵营:主要是一些个人推出的微店,提供一种建立微商城的工具,但未形成规模。

按照主体参与环节的不同,微商的商业模式可以分为三类:品牌微商、平台微商、个人微商。

(1)品牌微商也分为两种情况:第一种是新创品牌,成立分销团队,层层代理,最终通过微信等社交平台进行营销并实现销售,例如思埠、俏十岁等;第二种是固有品牌,通过微商渠道发展起来,获得知名度,例如韩束等。

(2)平台微商是指企业成立一个专门的平台,连接上游厂商、品牌商和下游小微商户、个人,下游参与者通过平台可以实现手机开店,并通过社交分享实现对上游产品的分销。例如,微店、萌店、有赞微小店等。

(3)个人微商是指个人基于朋友圈销售商品的商业模式。由于微商强调分销的功能,所以这里所说的个人微商不包括个人海外代购。

4. 拓展

2013 年,微店开始崛起。

2014 年 1 月,电商导购 App 口袋购物推出"微店"。

2014 年 5 月,腾讯微信公众平台推出"微信小店"。

2015 年上半年,移动开店平台扎堆入场,包括萌店、1 号 V 店、拍拍小店等,平台微商着力于用户运营,微店、萌店、微商店等用户规模相继突破千万级。

2014 年 10 月,京东拍拍微店也宣布完成升级测试,并与京东商城系统实现全面打通,开始大规模招商。与此同时,淘宝微店也大举进入。淘宝网可以让卖家的淘宝店架设到微信公众平台上。行业内诸如商派、有量微店、易米微店、金元宝微店、喵喵微店、微盟等各类微店更是纷纷涌现。

口袋购物创始人、CEO 王珂向媒体透露,在整个微店争夺战中,正呈现鱼龙混杂的局面,洗牌步步逼近。

微盟表示,"萌店"建立了清晰的品牌标识,区别目前市面上良莠不齐、鱼龙混杂的各种"微店"和"V 店"。

中国微商行业发展现状,可以总结为从野蛮生长走向规范化。

微商发源于个人代购,移动端和社交应用的发展为微商提供了生根发芽的土壤。一如所有的新生事物,微商的发展也经历了从野蛮生长到规范化的过程。图 4-7 为艾瑞咨询在《2017 年中国微商行业研究报告》中对微商发展历程的总结。

2016 年中国微商行业市场交易规模为 3 287.7 亿元,2017 年中国微商行业从业人员突破 2 000 万人。随着传统电子商务流量红利渐失,移动与社交相结合的微商市场成为各电商及品牌竞相布局的渠道之一。微商法规出台、传统电商和品牌入局,艾瑞咨询认为微商市场未来仍有较大的发展空间,预计2019年微商规模将近1万亿元。图4-8为2013～2019年微商交易规模示意图。如今,微商行业已经朝着品牌化、规范化、平台化方向发展,调研显示有72.19%的人认为微商前景大好,很多线下品牌和电商品牌正在积极加入微商行业。相信不久的将来,微商行业必定能成为移动消费的中流砥柱。

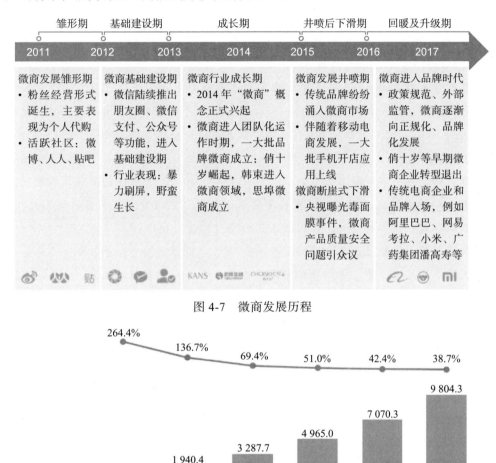

图 4-7 微商发展历程

图 4-8 2013～2019年微商交易规模示意图

资料来源:艾瑞咨询,《2017年中国微商行业研究报告》。

■ 案例 微商最大"正规军":云集

云集曾被称为"微商最大正规军",2017年它的销售额超过百亿元,2018年4月23日,云集宣布获得1.2亿美元B轮融资,由鼎晖投资领投,华兴新经济基金等继续跟投。

在公布融资前一天的媒体沟通会上,肖尚略身穿云集的公司黑色文化衫,并穿了一件印有马云创立的湖畔大学标识的外套,一个月前,湖畔大学举行第四期开学典礼,而肖尚略是学员之一。肖尚略和马云在某种程度上有着一种不解之缘。肖尚略曾是美妆品类淘宝大卖家之一；1999年他刚到杭州，就在这一年，马云创办了阿里巴巴；在云集明星店主陈晓倩晒出的与肖尚略的合影中，陈晓倩配文说道："我确定他会是下一个马云！"

不可否认的是，在电子商务领域由于阿里巴巴的势力笼罩，肖尚略的确在社交电子商务上走出了一条不太一样的道路。

2015年5月，云集正式上线，云集的年销售额增速在两年内超过400%，日销售额最高达到2.78亿元，2017年全年交易额突破100亿元。与之形成对照的是，同期中国电子商务交易量增速从2015年的36.5%下降至2017年的19%左右。

阿里巴巴学术委员会主席、湖畔大学教育长曾鸣这样解释云集的S2B2C模式：S是云集集成的一张大服务网络，即精选式采购和平台化支持，通过上述服务网络的支持，赋能小B（即个人店主），个人店主利用社交工具传播商品信息，借助个人信用，服务于C（即消费者）。

在平台化支持方面，云集通过控制商品供应链、物流、IT、客服、内容、培训六大资源，将其开放给店主，实现了多维度的云端资源共享。也就是说，在整个消费路径中，早期个人店主接受的销售培训，朋友圈发布的卖货术语和图片，消费者下单后的商品打包发货、配送、售后服务这一系列的事宜，都由云集作为平台方统一处理。

云集会先挑选一定数量的优质商品集中到仓库里，然后通过平台分配给有消费号召力的意见领袖，即个人店主，依靠他们在社交圈的推荐、宣传，带来顾客流量和交易行为。肖尚略称这种模式为"社交零售"，云集不会要求店主本人像传统的零售商一样去进货、采购，也不需要他们自己做客服，找物流，此类辅助性的工作由平台统一负责。肖尚略认为，个人口碑、个体影响力将会带来供给和需求的精准、高效与自由连接。

目前，云集分别在北京、武汉、无锡、西安、嘉兴、杭州和广州等地建立了近30个自营仓，还在合肥打造了客服基地，同时联手EMS、顺丰和"三通一达"提供当日或隔日达速递服务。云集有能力在短期内发动接近100个仓同时发货，2017年"双12"最高峰时，一天184万单在当天全部发完。当商品变成了云、内容变成了云、培训变成了云、售后服务变成了云、精准推荐的服务都变成了云，然后再通过极低的成本共享给个人店主，肖尚略说，"你会发现，你做商业零售就变得特别简单，因为门槛极大降低了"。

肖尚略将渠道分成了三级，第一级渠道是"十万条商业街"，连接品牌到消费者，连接供给到需求；第二级渠道是搜索购物渠道，通过搜索加上一些所谓的智能推荐来连接消费者，满足的是存量需求；第三级渠道是云集要做的渠道——"一千万个小微的意见领袖"，这些小微在共享平台的协作下，形成的连接是去中心化的，是非垄断的、非竞价的，接下来它对于消费升级的助力有非常大的力量。

据肖尚略介绍，云集的店主主要由三类群体构成：首先是品牌通过电商全渠道直营渐成趋势之后，失去价格和物流竞争优势的中小分销卖家；其次是传统商超、商场的数千万名导购员；最后是超过5 400万名的"宝妈"群体。肖尚略预计上述目标群体有七八千万人，并且这个群体其实也是中国家庭消费的庞大入口，虽然机会和财富越来越聚集到精英阶层，但普通消费群体才是国内消费爆发力的基石。尤其是"宝妈"群体，育龄女性的时间被家庭、孩子极大地碎片化，而这个群体除了特别需要实现自我价值和创造价值以外，还是中国最有活力的家庭消费入口的"守门人"。

千亿拼多多，百亿云集，在电子商务这个看似已经稳定饱和的战场，撕开了新的裂口，也让我们开始期待，在流量越来越贵的互联网下半场，还会涌现出多少新物种？

资料来源：http://tech.ifeng.com/a/20180424/44966260_0.shtml，根据以上材料整理。

案例思考

1. 总结云集的运营模式。
2. 分析哪几个趋势助力云集在3年间从零成长为一家百亿元销售额的企业？

□ 本章小结

本章主要介绍了移动电子商务不同模式的概念、模式、盈利、应用场景等，具体包括移动B2C模式、移动B2B模式、移动C2C模式、移动C2B模式和微店与微商模式，以及各种模式的发展和现状等。

□ 本章术语

| 商业模式 | 移动B2C模式 | 移动C2C模式 | 移动B2B模式 |
| 移动C2B模式 | 微店 | 微商模式 | |

□ 练习

1. 下载手机淘宝、手机天猫、手机京东等App，尝试购物，比较其与PC端购物的异同。
2. 在微信上开设微店，体验其开设流程；尝试在微店购物，体验其购物流程。将其与传统电子商务模式进行比较。
3. 下载拼多多App，根据自身情况体验购物，并比较其拼团社交模式与传统电子商务模式的不同和优缺点。

□ 参考文献

[1] 艾瑞咨询. 2017年中国移动电商行业研究报告 [R/OL].（2017-02-20）[2018-10-01]. http://report.iresearch.cn/report/201702/2953.shtml.

[2] 中国互联网信息中心. 第41次中国互联网络发展状况统计报告 [R/OL].（2018-08-20）[2018-09-10].http://www.cnnic.cn/hlwfzyj/hlwxzbg/.

[3] Trustdata. 2018年上半年中国移动互联网行业发展分析报告 [R/OL].（2018-07-31）[2018-09-10].http://www.199it.com/archives/756292.html.

[4] 智研咨询集团. 2018—2024年中国B2B电子商务行业市场专项调研及投资前景分析报告 [R/OL].（2018-05-31）[2018-09-10].http://www.chyxx.com/industry/201805/639714.htm.

[5] 艾瑞咨询. 2017年中国微商行业研究报告 [R/OL].（2017-05-04）[2018-09-10].https://www.sohu.com/a/138211547_313170.

第 5 章

移动 O2O 模式

本章导读 :: :: ::

O2O 电子商务实际是生活消费移动互联网化的过程，其主要针对的是生活消费领域。移动端用户渐渐成为 O2O 模式的基础，移动支付的发展同样也支撑了 O2O 模式的扩展。本章主要介绍移动 O2O 的概念、移动 O2O 平台和企业 O2O 应用。

知识目标 :: :: ::

1. 了解移动 O2O 的概念
2. 掌握移动 O2O 平台的基本类型
3. 掌握企业开展 O2O 的主要入口
4. 理解移动 O2O 平台的主要盈利模式
5. 理解企业 O2O 的主要运作模式

能力目标 :: :: ::

1. 具备利用移动 O2O 开展商业活动的能力
2. 具备为中小企业设计初步 O2O 方案的能力

5.1 O2O 概述

1. 概念

Alex Rampell（2010）在分析 Groupon、OpenTable、Restaurant.com 和 SpaFinder 公司时，发现了它们之间的共同点：它们促进了线上 – 线下商务的发展。亚历克斯·兰佩尔（Alex Rampell）将该模式定义为"线上 – 线下"商务，简称 O2O。其认为 O2O 的关键是吸引线上用户到线下实体店消费,在线支付购买产品和服务,并在线下享受服务。

维基百科对 O2O 模式的定义,O2O 模式又称离线商务模式,是指由线上营销、线上购买来带动线下经营和线下消费。O2O 通过促销、打折、提供信息、服务预订等方式,把线下商店的消息推送给互联网用户,从而将他们转换为自己的线下客户,这就特别适合必须到店消费的商品和服务,如餐饮、健身、电影和演出、美容美发、摄影及百货商店等。

2. 解释

O2O 的概念非常广泛,既可涉及线上,又可涉及线下,两者可以通称为 O2O。

从狭义上讲,O2O 是指线上交易、线下体验消费的商务模式。其主要包括两种场景:一是消费者通过线上平台在线购买并支付 / 预订某类服务 / 商品,并到线下实体店体验 / 消费后完成交易过程;二是消费者在线下体验后通过扫描二维码 / 移动终端等方式在线上平台购买并支付 / 预订某类服务 / 商品,进而完成交易。狭义 O2O 强调的是交易必须在线支付或预订,同时商家的营销效果是可预测、可测量的。

从广义上讲,O2O 是指线上和线下的融合,包括:Online to Offline,通过线上营销推动的方式,将消费者从线上平台引入线下实体店;Offline to Online,通过线下营销推广的方式,将消费者从线下转移到线上。近年来,中国生活服务业快速发展,出现了众多线上线下结合的新兴业态。O2O 的发展将突破线上和线下的界限,实现线上线下、虚实之间的深度融合。

目前,O2O 的概念已经脱离了亚历克斯·兰佩尔最原始的仅仅是"线上 – 线下"的定义。O2O 是企业在品牌和用户定位的基础上,融合线上和线下的全渠道、全接触点,利用社交媒体、移动互联、物联网和大数据等技术,推动大会员社区化和内部资源电子化,随时随地为消费者提供极致和闭环的客户体验,有效提升品牌的社会资本,实现消费者与品牌之间的信任连接的一种商业设计。(叶开,2015)

O2O 模式最初主要面向生活服务消费领域,实际上也是生活消费移动互联网化的过程。移动端用户渐渐成为 O2O 模式的基础,移动支付的发展同样也支撑了 O2O 模式的扩展。线上是虚拟的数字世界,线下是实际的物理世界,移动互联网让用户能够实时地进行线上与线下的转换,线上线下的交流活动变得非常便捷和简单。对于企业来说,移动 O2O 应用不仅创造了一个展示、聚集人气的平台,同时也打造了一个宣传、营销的平台。

O2O 模式将线下实体商家、顾客地理位置和互联网结合起来,通过协同线上优势和线下优势,基于顾客本地市场给其带来更好的购物体验。通过线上线下协同,O2O 可以给顾客提供不适合传统电子商务的产品,如服务类产品、体验性产品等;基于顾客地理位置和本地市场,O2O 可以给顾客提供传统电子商务不能提供的服务,如快速配送、周边商家推荐等。

移动互联网技术的发展和手机应用的丰富性加深了移动互联网对生活服务的渗透,手机地图、手机支付等功能与消费者生活紧密结合,成为连接线上线下的重要平台。未来这种结合会衍生出更多创新的模式,拓展更多样的应用场景,实现互联网与现实生活的广泛融合与真正联动。

3. 应用

本地生活是 O2O 模式的主要应用领域。本地生活 O2O 模式典型应用领域包括餐饮、商超宅配、送洗、家政维修、美容美护、休闲娱乐（包括按摩、洗浴服务等）、婚庆、亲子、教育、电影等细分领域，如图 5-1 所示。

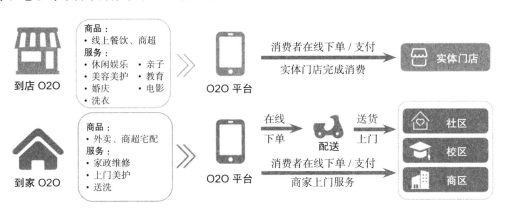

图 5-1 中国本地生活 O2O 模式

资料来源：艾瑞咨询，《2017 年中国本地生活 O2O 行业研究报告》。

按照商品/服务交付的场景不同，本地生活 O2O 模式可以分为到店和到家两类。

到店 O2O 模式聚焦店铺中的商品/服务交付。消费者通过线上平台在线购买并支付/预订某类商品/服务，体验/消费在线下完成。到店 O2O 模式应用领域包括线上餐饮（不含外卖）、商超、洗衣、美容美护、休闲娱乐、婚庆、亲子、教育、电影。到店业务以口碑、美团点评平台为主要代表。到店 O2O 模式由于起步较早，且不受设备场景等方面的限制，能覆盖更多的细分领域，在本地生活 O2O 领域一直占据着绝对主导地位。随着移动支付对用户生活场景覆盖度的不断提升，到店 O2O 市场规模持续增长，2016 年为 6 124.4 亿元，预计 2019 年将达 9 647.9 亿元。近年来，消费者的习惯不断转变，外卖、家政等上门服务在高补贴刺激下爆发式增长，在本地生活 O2O 行业占领越来越重要的地位。

到家 O2O 模式聚焦上门商品/服务交付，商品/服务交付的场所在社区（包括商区、校区）之内，且必须同时涉及线上流程及线下产品消费或服务体验，以美团外卖、饿了么为代表。到家 O2O 应用范围包括餐饮外卖、家政维修、上门美护、送洗服务、商超宅配服务。

2018 年 1 月 29 日，易观发布了《中国本地生活服务 O2O 行业分析 2018》研究报告。2017 年，中国本地生活 O2O 整体市场规模冲击万亿元大关，达到 9 992.1 亿元。其中，到店 O2O 市场规模 7 611.9 亿元，在本地 O2O 整体市场中交易占比 76.2%。虽然 2017 年下半年外卖市场增长强劲，但是全年综合来看，到店场景仍是本地生活服务的核心场景。

4. 拓展

实际上，O2O 模式之前就有，2006 年沃尔玛公司提出的 B2C（Site to Store）战略，即通过 B2C 完成订单的汇总及在线支付，然后顾客到 4 000 多家连锁店取货，该模式算是

O2O 的雏形。在这个最早的 O2O 雏形案例中，沃尔玛希望将消费者从线上吸引到线下，其主要目的是连接消费者。美国人的主要切入点还是实体零售商，所以可以理解他们现在的全渠道零售的主导者还是线下传统企业。尽管美国人提出了 O2O，但在业务实践中，美国的实体企业更多地采用全渠道营销（Omni-Channel）的提法和做法。全渠道营销，就是企业为了满足消费者任何时候、任何地点、任何方式购买的需求，采取实体渠道、电子商务渠道和移动电子商务渠道整合的方式销售商品或服务，提供给顾客无差别的购买体验。

中国在很早之前就有 O2O 模式的雏形，如携程，它利用线上信息和预订，引导消费者到线下酒店消费。从这个角度可以看出，中国的 O2O 是从电子商务公司开始的，所以 O2O 的主导者还是线上电子商务公司。最早在国内出现的 O2O 有以下几类。

- 信息点评类：携程、大众点评网为中国最早的 O2O 模式。
- 导航导流类：地图导航、垂直网站、生活导航、优惠模式。
- 支付类：团购、支付、预付、预约、点卡券模式。
- 二维码类：产品二维码、品牌二维码和促销二维码。

O2O 模式应用早期主要是提供各类旅游路线的各项咨询服务，对于车票等只能在线预订、现场付款，无法完成在线支付，因此，还不能称为系统完善的 O2O 模式。随着网络信息技术的快速发展，O2O 模式逐渐完善，具备了在线支付的功能，实现了交易认定，线上支付、线下体验的完美结合使 O2O 模式的应用范围逐渐扩大。

第一，在线旅游。传统的电子商务只能进行简单的信息查询，而 O2O 模式既能利用网络查询各类旅游产品的信息，又能利用网络平台分享旅游感受。不管是在线旅游市场还是机票交易市场等，其交易规模呈持续上升趋势。合并收购成了在线旅游企业提高自身经济效益的有效手段。

第二，团购服务。团购指的是在现实生活中不认识、无任何交集的消费者利用互联网，相互合作，提高购买力并和商家议价，从而以最低的价格购买商品，同时，商家及企业也能够薄利多销，给消费者提供更好的商品服务。美国是团购发起最早的国家，我国比较有代表性的团购网有美团网、拉手网等。

第三，生活服务。这些服务满足了广大消费者生活所需的餐饮、娱乐、婚嫁等各项服务。其中 58 同城就是比较有代表性的生活服务网站，该网站是中国"第一中文分类信息网站"，包含房产、招工等大量信息资源，可以满足广大客户群体的不同需求。以美餐网等为代表的餐饮服务类网站是生活服务类 O2O 的核心力量。目前，打车软件推出的"红包返现"活动更是引起了人们的普遍关注。利用各类打车软件及配套的支付手段，每一单打车服务，乘客、司机都能获取同样数额的返现红包。

第四，票务服务。该服务属于 O2O 模式比较成熟的应用领域。像万达电影网，就能够提供全国 100 多家万达影城的电影放映时间、订票、电话等各项服务。另外，还有 12306 铁路服务网，能够给广大用户提供具体的票价、改签等各项服务。

■ **案例　移动 O2O 模式的应用场景**

场景一：肚子饿了想叫份外卖

目前，餐饮服务行业的 O2O 模式在全国各地都受到欢迎，也因此有不少的成功案例。相信很多上班族深有体会，每到中午用餐时间，总是会习惯性地拿出手机打开某个订餐软件，选择最合心意的美食，直接在线下单、在线支付，就能坐享美食到手。而且消费者在线订餐还可享受平台给予的优惠，每逢重要节日优惠更多，这样一个天时、地利、人和的订餐平台必定是大势所趋。

场景二：下班累了想买点生活必需品

现在人们的业余时间越来越紧张，很多上班族白天做完繁忙的工作，下班后完全没有精力再去逛超市、购物。这时候只需要拿出手机，打开 App，很快就能买到自己的生活用品，完成购物，这真是一款能解决人们急需的 O2O 应用软件。而且在整个购物过程中，商家可以采取自助配送、第三方配送、第三方代购这三种配送方式，缩短了送货时间，同时也巧妙地利用了闲散人员，打开了共享经济新模式。

场景三：家里想找一个家政阿姨

生活节奏加快，压力也越来越大，人们的可支配时间变得越来越少，有点时间还想好好休息，特别是家里有孩子或者老人的中高收入家庭，他们更愿意花钱找一个家政阿姨来做家务活，比如烧饭，打扫卫生等。由于不了解传统家政公司的服务质量，所以很多人犯了难，如果有这样的家政 O2O 服务平台，就可以帮助我们在家周围快速寻找到合适的家政公司，而且服务质量和价格都有很大的优势。

场景四：家里电器坏了想找个维修师傅

每个人的家里都有需要维修师傅的时候，而通过平台约一个维修工，是最好的了，这个是符合生活需求的场景。比如，冰箱不制冷了、下水道堵了、水龙头坏了等都是我们生活中经常会遇到的问题，对于缺乏生活经验的 80 后、90 后来说，这些是大难题，也不容易找到维修师傅。在移动互联网大环境下，维修会、轻松家电、家电关键等 App 的出现解决了这一难题，用户只要打开 App，下完单，就可以坐等师傅上门维修，再也不用因为解决不了这些生活小问题而烦恼了。

更多场景

在我们的日常生活中，这样的场景还有很多，所以越来越多的人涌入 O2O 本地服务平台运营大军。只有抓准每个生活场景，然后将产品或服务植入进去，让用户自然地接受，才具有真正的价值，这也正是商圈 O2O 这个行业最有魅力的地方，也是具有巨大发展空间的地方。

资料来源：http://www.sohu.com/a/108485316_424720。

案例思考

1. 移动 O2O 模式的优势有哪些？
2. 试列举生活中你用到的 O2O 服务平台的实例。

5.2 移动O2O平台

1. 概念

移动O2O平台可以理解为提供给消费者和品牌的、融合线上与线下或移动端的渠道，是可以便捷地进行体验、交易、交付和服务的平台。

2. 解释

移动O2O的参与者包括消费者、商家和移动O2O平台。移动O2O平台企业对传统行业最直接的影响就是去除物理上的中间环节（如出租车公司、家政公司、快递公司等），供需双方通过网络平台直接对接。其带来的行业价值包括以下几个方面。

（1）减少消费环节，降低行业成本。将服务提供者和用户直接对接，精简服务链条，减少消费环节，实现用户、服务提供者和平台的共赢。

（2）供需双方优化匹配，提升资源利用率。平台聚集了大量用户需求和服务供给，通过LBS、大数据算法和技术手段实现最优的供需匹配，提升整个行业的资源利用率。

（3）消除信息不对称，提升消费体验。供需双方信息透明，通过完善的用户评价体系和比较系统消除信息不对称，提升消费体验。

用户的行为分成线上线下两部分，从平台的角度来讲，若不能对用户的全部行为进行记录，或者缺失了一部分，那平台很可能会担心对商家失去了掌控，也就是失去了议价权，这样平台的价值就小了，因此闭环是移动O2O平台的一个基本属性，这是移动O2O平台和普通信息平台很重要的区别。

O2O闭环是指两个O之间要实现对接和循环。线上的营销、宣传、推广，要将客流引到线下去消费体验，实现交易。但是这样只是一次O2O模式的交易，还没有做到闭环，要做到闭环，就要从线下再返回线上。线下的用户消费体验的反馈，线下用户引到线上交流、线上体验等行为才实现了闭环，也就是说从线上到线下，然后又回到线上。从O2O闭环角度讲，可以将O2O闭环进一步分为三类：信息闭环、支付闭环和关系闭环。

（1）信息闭环是信息的发起、传播、接收和反馈的闭环，它强调O2O中信息的传播。比如，对于某活动信息，从活动信息的发布，到消费者获知该活动信息，并通过微信、微博传播，又有更多的消费者接收到该活动信息，并把参与该活动的体验反馈到线上，这样就形成了一个信息闭环。

（2）支付闭环是从产品的询价、报价、预售、交易到支付及回执的闭环，它强调O2O中资金的流动，比如从线下产品的价格展示到线上的预售价格，以及消费者抢到的红包或优惠券的折扣，再到生成移动支付的二维码来进行支付，最终消费者支付后，得到确认回执和电子凭证。这样就完成了一次消费闭环。

（3）关系闭环则是从接触、互动、弱关系、强关系到口碑推荐的闭环，它强调围绕人的信任关系强度的递进，比如消费者与品牌之间，二者先在微博上相互了解再到微信上交互，然后消费者到店进行体验和互动，参加线下活动。

3. 应用

叶开在《O2O实践：互联网+战略落地的O2O方法》[注]一书中总结了O2O平台的四种类型。

（1）以信息流为核心的O2O平台。这类平台的主要业务对象是信息，解决的是信息不对称或者不透明的问题，如携程、大众点评、地图导航类等。其中，因为信息的类型不同，以信息流为核心的O2O平台又可以细分为以下三种。

1）主要是以单纯的信息流为主的信息平台，如地理位置、品牌或者产品的信息等。例如，高德地图、百度地图就是基于地理位置的信息流平台。

2）除了单纯的信息流之外，还有融合了部分商流和资金流的信息平台，如大众点评、携程、艺龙等，它们除了拥有餐馆、酒店等信息之外，还有预订和支付功能可供选择，因此还带有部分商流和资金流。

2）有的信息流还融合了部分消费者的信息，如会员积分的信息平台，如万汇等，它除了拥有商户的介绍信息、优惠信息之外，还有会员卡、积分、券包等消费者信息。

（2）以商流和物流为核心的O2O平台。这类平台的主要业务对象是商品和订单，实现商品的订单和物流递送，如团购、丁丁优惠、顺丰、京东等。其中，根据侧重点不同，可以分为以下三类。

1）线上的预约、预售、预订类的触发订单，形成商流的平台，比如聚划算、团购、丁丁优惠等。

2）通过线上渠道实现物流运输和快递的下单与跟踪，形成的物流平台，比如顺丰快递（线上下单部分）、京东211极速达等。

3）综合性的线上订单和物流，即综合性的电子商务平台，如苏宁、京东、天猫等。

（3）以资金流为核心的O2O平台。这类平台的主要业务对象是资金，实现跨渠道的资金支付和转账功能，如微信支付、支付宝等移动支付方式。通过这些以资金流为核心的O2O平台，可以快速、便捷地进行资金支付和转账，实现O2O交易的资金闭环。根据支付方式的不同，可以简单地分为以下三类。

1）以移动支付为主的资金流，如微信支付、支付宝，实现了通过移动终端来支付。

2）以移动POS机为主的资金流，如云收银、旺POS，在零售现场基于收银机或移动POS与线上云平台相结合进行支付，从而实现了线下收银支付、线上会员识别及数据跟踪。

3）以积分和虚拟货币为主的资金流，如京东、Q币，使积分和虚拟货币能够参与到商品或者服务的支付中，从而让虚拟货币也可以流通。

（4）以人或人的功能需求为核心的O2O平台。这类平台的主要业务对象是人，将不同的人连接起来，或者将需要某个功能的人从这个O转换到另一个O的平台上，如社区

[注] 该书已由机械工业出版社出版。

O2O、滴滴打车、口碑网、微信等。以人为核心的 O2O 平台，可能会包含前面这些平台中的内容，比如某人因为某个信息需求或者产品需求以及支付需求等进行的跳转和连接。我们用滴滴打车来简单举例，滴滴打车的出租车和专车，实际上是在一个特定的时间点和位置点上，基于对使用车辆快速到达目的地的需求，将司机、出租车（或专车）和用户通过移动端 App 连接在一起。

以上四类 O2O 平台呈现出几个共同特点：端到端、点到点、社交化。

1）端到端，体现的是品牌直接到消费者，通过网站、App 和微信等不同渠道直接与消费者建立连接。

2）点到点，体现的是从接触点直接跳到单品或者具体活动的链接，不再是先搜索、查询，然后才找到消费者所需要的信息，尤其是在移动互联时代，消费者更习惯的是点到点，而不再是传统互联网时代的门户和搜索模式。

3）社交化，体现的是个体背后的社交关系，这就意味着从一个个体到另一个个体所有的社交关系，O2O 平台会充分利用个体的社交网络。

4. 拓展

总体来说，移动 O2O 模式的收入来源主要有以下几种：销售佣金收入、广告收入、数据服务收入、增值服务收入、其他收入。

（1）销售佣金收入。O2O 运营企业通过打造移动 O2O 平台，聚焦了大量的商家，平台通过提供打折、优惠券、促销等活动吸引线上客户到线下商家购买商品，由于线上资源增加的顾客并不会给商家带来太多的成本，这样商家在销售产品中能获得更多利润，O2O 运营企业根据商品销售或代理向商家收取销售佣金。

（2）广告收入。运营企业通过业务运营、业务模式的创新，结合社交、LBS 等移动互联网应用，丰富移动 O2O 平台的应用，为消费者提供互动、良好的客户体验，平台一方面聚集海量商户资源，另一方面聚集大量的消费者，通过线上的巨大流量，聚集消费者，然后把这些流量导入给商家，通过关键字搜索、电子优惠券等形式开展广告，O2O 运营企业可以借此向商家收取广告费。同时，O2O 运营企业聚集了海量的用户消费行为、消费能力、消费习惯、消费需求等数据，通过数据分析为商家开展精准营销，在正确的时间将与之需求相适应的商家信息推送给潜在用户，从而向商家收取精准广告推送费用。广告收入是 O2O 运营企业的主要收入来源。大众点评网通过"点评模式"聚集了海量的用户资源，2017 年第二季度，月活跃用户超过 2.5 亿人，点评数量超过 2.5 亿条，收录商户数超过 3 000 万家，大众点评网采取精准广告模式向商家收取广告费，从而为商家开展关键字搜索、电子优惠券、客户关系管理等多种营销推广。大众点评网的关键字搜索类似于谷歌和百度，输入关键词，会有相关的商家信息出现，在此类搜索热词附近，大众点评网推出竞价排名，并向消费者明确这是广告。这类广告模式，并没有给用户的体验效果带来直接的负面影响，反而成为满足用户需求的针对性信息，拓宽了大众点评网的营收渠道。

（3）数据服务收入。当移动 O2O 平台每天的访问量达到上百万次或上千万次时，移动 O2O 平台积累了海量的用户数据，成了电子商务企业最大的"金矿"。大数据商业价值主要表现为，对每个消费群体制定有针对性的策略和行动，运用大数据模拟实境，发掘新的需求和提高投入的回报率，利用大数据成果为商家等生态系统伙伴服务，提高商家的管理链和产业链的投入回报率，O2O 运营企业可以将用户数据集成开发客户关系管理系统，从而进行数据分析和挖掘，开展有意义的消费行为分析，制订有针对性的营销方案，为商家商业模式、产品和服务创新提供服务，从而向商家收费。

（4）增值服务收入。O2O 运营企业应当借助自身的平台优势和媒体优势，与商家合作进行多元化业务的开发，挖掘一些增值业务。例如，国外有一家网上订餐商店 OpenTable，它不仅能为消费者提供快速、便捷的网上订餐服务，还能为商家提供订餐软件系统，帮助商家进行订餐管理，优化业务流程，降低经营成本。OpenTable 可以向商家收取这套软件的"初装费"，以获得收入。

（5）其他收入。比如，大众点评网汇聚大量的用户点评内容和商家信息，并加以整理汇集成册，每年发售一册餐馆指南书籍，该书被卖到上海、北京、广州等 20 多个城市，该餐馆指南书籍的销售量达到每年 10 万册，这也是收入来源之一，再加上在书上刊登广告，盈利模式更加丰富。

上述是当前 O2O 模式的主要盈利点，针对不同的 O2O 运营企业，在制定盈利模式时，要根据企业发展所处的阶段、平台运营状况灵活确定，收入来源可以是上述几种方式的组合。

■ **案例　美团网：从 O2O 到生活电商平台**

互联网发展的过程，正是各行各业逐步实现 O2O 模式、从线下到线上的过程。中国的早期互联网发展是把信息、商品、人际交流搬到线上，出现了新浪、搜狐等信息聚合平台，淘宝网这类商品平台，QQ、微信这类社交平台。这一切主要发生在线上，即使是电子商务，其改变的也主要是实物商品展示和交易环节。等到团购兴起，线下实体商家"触网"，消费者在线上看到优惠服务后下单购买，到店铺中享受服务，对于这些商家来说，线上发展的主要作用是广告营销和引流。随着 O2O 模式在中国"见风长"，线下实体店中的商品（服务）、下单、支付等环节也被放到了线上，线下线上得到更深入的结合。虽然含义出现变化，但是 O2O 模式的核心都是连接，即连接用户与商家。

美团网正是 O2O 模式转变和发展历程的见证者，从团购到外卖、酒店，美团网的 O2O 模式也经历了从一开始的服务信息整合、引流，到更深层次服务，不过其核心仍然是连接商家和用户。截至目前，美团网在需求侧有 3.4 亿个高黏度消费者，供给侧在全国有 470 万个线下商户，囊括餐厅、酒店、电影院、KTV、美容美发等领域。美团网用互联网技术成为消费者、本地服务商家之间的信息桥梁，为消费者提供餐饮外卖、到店、酒店、旅游、共享单车、网约车、家政服务等全方位的生活服务类信息，为入驻平台商家提供丰富的用户流量，同时围绕入驻商户的需求提供营销、企业资源计划、支付等全方位的互联网解决方案。

美团网当前三大业务部门为餐饮外卖、到店酒店旅游、新业务。

（1）餐饮外卖业务。公司在2013年进入外卖业务，目前该业务已成为战略核心业务。2017年，美团网餐饮外卖服务的年度交易金额为1 710亿元，市场份额达到60%左右。2017年的收入为210亿元（占比为62%），超过饿了么等先发竞争者成为国内外卖行业第一大餐饮外卖公司。

（2）到店酒店旅游业务。由2010年开展的团购业务演化而来，2017年的收入为109亿元（占比32%）。虽然公司进入该业务较晚，但是该业务目前的变现能力最强、毛利率最高（88%），也是企业利润的主要来源（2017年的毛利润占比78%）。

（3）新业务。新业务包括共享单车、网约车、生鲜配送等，2017年的收入为20亿元。新业务均是围绕本地生活的高频交易入口，是公司用户增长、黏性增强的重要举措。

外界对美团网的印象仍然停留在C端，比如外卖、超市、到店等业务，而实际上，作为一端连接着470万家商户的平台，美团网正在从B端向餐饮企业拓展，向它们提供营销、配送、食材采购、金融等服务，纵向深入餐饮产业链。

美团网主要通过佣金、广告变现。佣金是根据商家在平台上产生的成交金额按一定的比例收取的。2017年，公司佣金变现率（佣金收入/GMV）达到9.5%，远高于阿里巴巴、京东等网购电商3%左右的货币化率。入驻平台的部分商家会采买营销广告，公司收取对应的广告费用。2017年，美团点评的营销收入为47亿元。对比阿里巴巴、京东，2017年两家公司的广告收入均在百亿元以上，美团网当前的广告收入还有很大的增长潜力。

资料来源：https://www.zhitongcaijing.com/content/detail/156606.html，根据以上资料修改整理而成。

案例思考

1. 美团O2O平台的盈利模式是什么？
2. 美团O2O平台给商户带来哪些价值？
3. 美团O2O平台给消费者带来哪些价值？

5.3 企业移动O2O应用

1. 概念

O2O模式的出现给企业带来了全新的营销、服务模式。企业移动O2O是指企业利用第三方O2O平台、自建O2O平台或二维码等各种移动互联网入口开展线上和线下融合的商务活动。

2. 解释

移动互联网的本质是连接，移动互联网为企业开展O2O提供了多种入口。叶开在

《O2O实践：互联网+战略落地的O2O方法》一书中总结了O2O的15种入口。

（1）二维码。O2O活动最直接的就是二维码。现在的O2O场景几乎少不了二维码，企业在卖场放置了O2O活动的二维码，消费者只要用微信扫码，就可以进入O2O活动页面，所以二维码是一个最直接的入口。比如企业为消费者设计的以旧换新活动，在线下终端店放置了以旧换新的海报和易拉宝，上面预留了活动的二维码，消费者扫码后就可以进入以旧换新的活动页面。

（2）搜索。消费者一般会在线上进行内容搜索，因此搜索引擎（如百度，或者垂直搜索网站）会成为消费者搜索入口，他们通过搜索实现信息的传递。比如，消费者在百度上搜索"九阳"，就可以直接进入了九阳的百度直达号，在直达号的页面上有近期主推的终端促销活动，从而为线下终端导流。

（3）电商流量。品牌在天猫、京东或者自有商城上有大量的投入，因此带来访问流量进行搜索和购买，这实际上是电商流量的入口。比如，企业在天猫上通过参加聚划算活动，吸引了大量的流量访问自己的天猫旗舰店。

（4）与消费者的即时聊天。与消费者的即时聊天也是一种入口。即时交互，是进一步加强关系强度，并引发更深层次的O2O转化的关键，所以，通过微博、微信、贴吧等社交矩阵进行的互动是不可或缺的入口。比如，小米有上百人的团队，通过微博、微信、小米论坛等不同的社交渠道来与消费者进行即时聊天，进一步吸引他们到电商网站上进行购买或者参加线下的爆米花和同城会活动。在淘宝网上，卖家与买家的交易都需要用"阿里旺旺"这种及时聊天窗口来确认信息等，可见即时聊天入口的重要性。

（5）地图导航入口。地图导航是与驾驶和餐饮相关的入口。与餐饮、酒店、商业零售等相关的消费一般具有典型的商圈位置特点，都有相对固定的位置，此时基于位置的导航成为消费者的刚需，因此提供导航服务的百度地图、高德地图等会成为地图导航入口。比如，消费者先通过百度地图查询到相关广场或者地理位置，然后再通过查找附近的美食来找到合适的美食，并通过地图导航快速引导到店。

（6）评价信息入口。评价信息是一种特殊的入口。在顾客第一次到店消费之前，其他消费者的评价和推荐对帮助消费者打消疑虑很关键，因此大众点评等成为评价信息入口。比如，当消费者预订餐馆时，会通过大众点评搜索到选中的餐馆，因为是第一次去，所以会翻阅消费者在大众点评上对该餐馆的评论和推荐，然后基于其他消费者的评价信息再来决定是不是预订这家餐馆。不仅仅是大众点评这类点评App，淘宝网以及京东等购物平台同样适用评价信息入口。在虚假网络信息盛行的今天，交易平台的评价信息无疑是下一个消费者的消费标杆。

（7）促销入口。促销入口是典型的吸引流量的入口。促销打折也是吸引潜在客户的因素之一，企业通过线上的预售、爆款和线下的促销等，可以在短时间内吸引大量的流量，因此以团购为代表的优惠券折扣券、促销群发短信和线下扫街的促销海报等形式成为促销入口。比如，企业拿出特定数量的产品套餐在团购网站上做最低折扣的促销，5 000张团购券在一天内就被消费者抢光，然后在一周内陆续到店使用。

（8）预约和预付入口。预约和预付是围绕资源的入口。当企业的资源、人力、时段和服务容量紧张的时候，客户预约将会成为普遍需求，而且预约或者预付可以确保资源和时间的合理调配，并可能获得与未预约到店的消费者不一样的特权和优惠，因此企业的呼叫中心电话、微信等渠道成为消费者的预约入口。比如，企业为消费者提供微信的维修预约功能，通过微信预约可以确定准确的时间段和提供备机服务，并可以通过微信查询维修的进度和收到状态通知，从而吸引消费者能够习惯使用预约通道作为入口。

（9）会员卡与储值卡。会员卡和储值卡是特定人群的入口。企业为会员提供特定的权益和服务，从而吸引会员在消费的时候能够优先考虑有会员卡的品牌，因为会员卡和储值卡而持续关注该品牌，这就是会员入口。比如，企业为VIP会员提供线上线下通用的折扣服务以及免费送货上门服务，VIP会员会因为这种便捷的会员权益而选择通过会员身份来享受企业的线上线下统一的会员权益服务。

（10）口碑入口。口碑入口是一种强关系的动作入口。与评价信息有所区别，前者是弱关系，而口碑是一种强关系的推荐动作，企业的老客户在朋友关系之间的口碑传播、分享和邀约消费，成为转化率最高的口碑入口。比如，消费者在一次线下体验后，将该酒店的极致体验通过微信强烈推荐给好朋友，该好朋友因为他的口碑推荐而预约酒店，并体验了一次。

（11）数据入口。数据是一个企业主动的入口。前面的很多入口都是消费者主动进入O2O，而数据入口则是基于消费者的消费和需求数据进行主动的个性化服务与数据营销，这些基于数据分析的外呼动作成为数据入口。比如，企业根据会员信息和标签喜好，针对爱好"电影"的会员，在微信群群发一条周末鉴赏电影的活动消息，会员收到后可点击进入报名页面。同样，消费者在网页上的浏览记录和视频网站上的观看记录都给网站的运营者提供了数据以便分析。

（12）支付入口。支付是交易环节的关键入口。当前支付入口一般是指移动支付：支付宝、微信支付。支付宝或微信用户通过移动支付可以快速、便捷地进行支付，当然也可以包括对传统的线下支付的改造，将收银机改造成云收银或者云POS，也可以实现跨渠道的数字钱包账户供用户来使用。比如，当消费者在线下挑选好商品后，收银员可以生成一个微信支付的二维码，让习惯使用微信支付的消费者扫码就可以支付，并可以在微信支付的同时使用一张赠送给会员的电子优惠券抵扣部分金额。

（13）广告联盟。联盟是整合流量的入口。企业整合资源，与目标客户群体相近或者交叉的异业合作伙伴进行的联合积分和广告联盟，可以给品牌带来大量的交换流量。比如，企业与有大量会员资源的公司联合，该公司在会员范围内为企业的产品服务进行宣传，从而为企业带来大量流量，并获得企业给付的广告返佣（即回扣）。最显而易见的就是广告商在商场或是地铁站内投放的海报和横幅广告，广告商利用人流量为商品宣传。

（14）免费Wi-Fi。Wi-Fi越来越成为常用的入口之一。网络上盛传Wi-Fi已经成为消费者需求金字塔的最底层的刚需，尤其是在零售行业或者终端店面积比较大的时候，企业提供免费 Wi-Fi 服务可能成为消费者首选的入口。比如，商场为到店的消费者提供免费 Wi-Fi，消费者连接后注册会员就可以免费上网，通过这个基础入口获得更多的用户数据，并可以在消费者第二次到店时快速识别该会员并及时提醒商场运营管理人员。

（15）上门服务。上门配送或安装交付是大型产品所需要的服务入口。通过上门服务，提供安装交付或者配送服务，并依赖移动设备进行进一步的服务扩展和产品推荐，这是新用户交叉销售或者老用户激活的流量入口之一。比如，企业为消费者提供微信下单两小时内送装电器的服务，吸引消费者通过微信下单并预约时间，送装服务的师傅在两小时内上门服务。现在寄快递都可以利用支付宝在网上填快递单后，快递员上门取件，人们依赖移动设备来实现生活的便利化有了很大的突破。

3. 应用

移动互联网的发展改变了人们的消费习惯，线上线下的边界已不再明显，越来越多的行业开始互联网化，进入线上线下融合的大潮。O2O 也不再仅限于前端产品和服务的线上化，开始向传统行业上下游不断拓展，从营销、决策、供应链等多方面切入。

目前，企业 O2O 主要的运作模式有以下四类。

（1）从线上到线下的模式。这是一种必须到线下进行消费的 O2O 模式，线上主要是在线交流互动，并开展一定的优惠或促销活动。这种模式适用于必须亲自到现场消费的宾馆、餐饮及其他领域。如携程线上订购酒店，线下入住酒店。这类模式可细分为以下两种。

一种是线上交易、线下消费的模式。生活服务类的很多到家类 App 也是线上到线下的 O2O 模式。例如，e 袋洗是老牌洗衣服务品牌荣昌推出的一款基于移动互联网的 O2O 洗衣服务产品，不同于传统洗衣按件计费的洗衣模式，顾客只需将待洗衣物装进指定洗衣袋里，按袋计费，预约上门取件时间，将有专人上门取件。

另一种是线上向线下导流模式。该模式是指把门店作为 O2O 的核心，强调 O2O 为线下门店服务的工具性价值。O2O 在这种模式中主要用来为线下门店导流，提高线下门店销量。例如，在线上发放优惠券但只能在线下使用，又或者是在线上发布新品预告和相关搭配，吸引用户到店试穿，刺激用户购买欲望。此外，还能通过线上地理位置定位功能帮助用户快速找到门店位置，为线下门店导流等。这种 O2O 模式只适合品牌号召力较强、同时销售以门店体验和服务为主的品牌。这些品牌采用 O2O 模式的主要作用是为线下门店提供服务，帮助线下门店提高销量，并做到推广效果可查、每笔交易可追踪。

（2）从线下到线上模式。该模式包括两类：一种是通过线下营销，引导用户到线上消费，比如到人流多的地方，让用户扫二维码到线上商城消费类；另一种是品牌商在商圈中建立起一种类似生活体验馆的门店，为到店消费者提供 Wi-Fi、咖啡等优质服务和消费体验，吸引消费者长时间留在店内上网，以便登录和下载品牌自有 App 或第三方 O2O 平台，从而实现由线下用户向手机 App 用户的转化。

在这种模式下，门店将不再局限于静态的线下体验，也不再是简单的购物场所，而是在购物的同时可以休闲地上网和休息，浏览品牌自有 App 上的商品介绍，或直接手机下单，快递到家里，这无疑会加大品牌 App 的下载量，为用户的手机网购使用量和下单量打好用户基础。

此种模式充分利用了线下门店的体验优势，以及线上的购物、支付、快递等服务优势，实现"线下体验+线上销售"。现在很多消费者尤其是女性消费者买服装、鞋和箱包类产品，经常是到商场试穿某品牌款式，然后记下款式，回到家到线上购买。

（3）先线上后线下再线上模式。先线上后线下再线上模式，即线上营销交易 → 线下消费体验 → 线上分享体验的模式，也就是先搭建起线上平台进行营销，再将线上商业流导入线下让用户享受服务体验，然后让用户到线上进行交易或消费体验分享评价。

京东的 O2O 生态链条是：先自建线上京东商城，以其为平台进行营销，线下自营物流系统与实体店企业合作，让用户享受其线下服务体验，再让用户到线上京东商城进行交易。京东将自身 IT 系统与线下便利店 IT 系统深度对接，与它们分享线上流量，并按地域将精准用户导入它们在京东商城中的线上店铺，有效提升其销量。

（4）先线下后线上再线下模式。先线下后线上再线下模式，即线下营销 → 线上交易 → 线下消费体验的模式，也就是先搭建线下平台进行营销，再将线下商业流导入，或借力全国布局的第三方网上平台进行线上交易，然后再让用户到线下享受消费体验。比如通过扫描餐厅广告上的二维码可以线上订座、获取折扣，然后到餐厅消费体验。

不论是以上哪种组合的 O2O 商业模式，都需要将新客户引流过来并留住老客户。只不过，引流可能发起于线上或线下。从线上发起的引流可能将新客户引至线下或线上，从线下发起的引流则将新客户引至线上。线上与线下分别发挥着不同的作用，相互打通可使线下与线上资源分别发挥各自的作用，双方形成协作关系，这样更有利于企业的全面发展，进而产生更多的效益。

4. 拓展

对用户而言，O2O 是把用户的线下需求通过线上的方式快速地筛选出来，降低了消费成本和风险，提高了效率。

对线下商家而言，移动 O2O 的优势和价值在于以下几个方面。

（1）拓宽企业渠道，接触更多的客户。传统企业的线下渠道往往受地理位置的限制，只能影响周边商圈的消费者。O2O 因为增加了新的渠道，如互联网和移动互联网，通过互联网和手机的 LBS 等，可以接触到更多的客户，地理范围也更宽广，甚至可以接触距离很遥远的客户。这些客户受到线上品牌的影响，而导流到以前根本不可能接触的线下渠道中，这是一种典型的导流增量。

（2）给消费者提供便捷，优化用户体验。传统企业只能通过线下的货架进行货物展示，通过导购进行介绍，通过收款台收银。而 O2O 让消费者可以通过手机更快捷、更方便地搜索与寻找产品，产品介绍、价格、评论等信息一目了然，从线下扫码引导到线上的详细介绍，然后便捷地收藏、购买，购买可以线下付款也可以用手机直接支付，还可以与品牌厂商进行实时的一对一互动，从而更好地优化用户体验。

（3）低成本展示商品，实现精准营销。传统企业都是采用卖场或者门店的陈列销售、实物产品的摆设、海报传单和赠品等促销方式。而 O2O 可以实现基于产品的单品管理，包括产品、价格和库存等，基于单品二维码以及线上的单品页面和进一步的动作，实现便捷的点对点的移动电子商务模式，同时通过 HTML 5 的丰富展现形式和 App 等各种手机富媒体方式，实现低成本的商品展示与促销，从而逐步实现真正的精准营销。比如扫描产品的二维码即可进入 HTML 5 的产品页面，上面除了有产品介绍外，还有其他消费者的评论，可以在手机上看一段用户使用该产品的视频，这样有效提升了消费者的认知。

（4）会员信息线上线下融合，为消费者提供全方位服务。目前，传统企业都是线下办理会员卡采集信息，线上也有会员卡，但是线上线下不统一。而 O2O 的基础工作就是除了产品外，还会对会员信息进行线上线下融合，通过统一 ID 将大会员体系打通，甚至实现与其他企业的异业结盟合作，从而为消费者提供全方位服务。

（5）实现大数据运营，满足消费者个性化需求。随着 O2O 的部署和深入，企业除了结合电子商务的数据、社交媒体的碎片化交互数据、O2O 的移动化交易数据以外，如果还结合手机 App 的数据、线下业务系统的数据等，企业将进入一个大数据经营时代。随着个体的碎片化数据和即时交互，以及移动位置、手机动作等数据，形成了新的交互数据与线下传统业务的交易数据，甚至部分交易数据已转换成为移动支付或者线上支付的数据，这些促使企业要学会利用大数据来深刻理解消费者，挖掘即时的、潜在的消费需求，通过个性化服务和产品来满足消费者。

■ 案例　优衣库 O2O 策略：实现线上线下的化学反应

优衣库作为一个传统的服装企业，近年来取得了令世人瞩目的业绩，优衣库母公司已成为全球第四大服装零售企业。中国作为经济增长最快的地区，已成为优衣库最大的海外市场。

在线下，优衣库积极拓展实体店，到 2014 年 10 月，优衣库在中国的店面总数达到 312 家，远远超过 H&M 的 230 家店面以及 ZARA 的 152 家店面。在线上，优衣库成绩斐然，在 2014 年"双 11"大战中，优衣库位列天猫"双 11"销售额第五名，成为服装类品牌第一名。2016 年"双 11"期间，深夜 2 分 53 秒，优衣库旗舰店在天猫上的销售额就突破了 1 亿元，成为当年天猫"双 11"当日最快达到过亿元销售额的品牌。上午 11 点多，优衣库的天猫店铺显示"双 11"的活动商品已经售罄，精选商品线下门店和网店同价，5 折起售。这也是优衣库第一年推出"线上线下"同价的零售策略。优衣库北京三里屯店、上海南京西路旗舰店等店铺均排起了长队，消费者想来抢购和"双 11"同价格的商品。

1. 通过线上销售，优衣库先期培育了市场，为实体店的扩张提供数据支持

一方面先期培育了市场，将优衣库的品牌予以传播，因此为优衣库培育了大量的潜在消费者。无论优衣库在哪里开店，都可以迅速积累人气，产生销售，并且减少了热场、促销等经营成本。

另一方面由于优衣库线上销售积累了大量的客户交易数据，通过大数据分析技术，为开店提供了数据支持。通过这些数据的支持，可以大大降低新店的经营风险，优衣库也可据此实现每年新增80～100家线下店面的扩张战略。

2. 优衣库不仅仅局限于线上销售，还采用了多种营销手段，为线下店面提供大量客流

优衣库通过在SNS平台上推广以促销为目的的社交游戏，将线上消费者带到实体店。通过官方微信和官方微博，与消费者建立了深入对话的渠道，充分发挥了主动分享和病毒传播的特性。大力推广App，在用户手机上抢占营销制高点，全力以赴地增加客户的黏性，对客户生命周期进行管理，充分挖掘客户的价值。

例如微信公众号能作为随身搭配宝典，随时随地地直击潮流单品，查询实用穿搭，看最潮最接地气的搭配买家秀。同时，在微信菜单的自助服务功能中可实现商品库存实时查询和线上购买，或找到最近的优衣库门店，省时方便。

此外，优衣库天猫官方旗舰店全品类开通门店自提服务，利用遍布全国的541家门店有效缩短顾客等待物流配送的时间。优衣库在线上推出的一系列服务目标非常清晰，就是让用户通过线上的工具和服务能再次回到实体店实现闭环购买商品，从而打通线上线下的区隔，让用户体验无缝购买的畅快。

3. 充分发挥门店的"橱窗"作用，利用门店带动线上购买

与其他零售企业不同，优衣库欢迎消费者在店内"掏出手机"。当消费者想了解产品的更多信息时，他可以掏出手机扫描二维码；当这款产品断号时，消费者可以通过手机查询其他分店的货源，也可以直接在网上下单购买。从优衣库的销售数据看，门店开得越多的地方，线上销售量会越大，而不是人们通常担心的线上线下互搏。

4. 大力推广App，实现线上线下双向互流

优衣库的App具备位置导航的功能，用户可以通过应用查找距离自己最近的店铺、联络方式、营业时间以及销售商品范围等信息，同时还可以通过导航查找到达店铺的路线。优衣库App具有非常明确的定位，就是为了增加消费者到实体店的消费黏性，向线下引流。在App中提供周边店面的位置指引，把线上用户引向线下店面；优衣库会不定期地通过App向顾客推送特别设计的产品优惠券，其线上App提供的优惠券二维码都是专门设计的，只能在实体店才能扫描使用；在App上提供商品打折信息，采取线上线下错峰接力的方式。优衣库通过App的推广，大大增加了客户的黏性，为线下实体店带来忠诚的用户。

资料来源：赛迪网，https://www.ccidgroup.com/sdgc/6745.htm，根据以上新闻改编。

案例思考

1. 优衣库如何实现从线上到线下的转化？
2. 优衣库如何实现从线下到线上的转化？
3. 优衣库的O2O策略对零售企业有哪些借鉴和启示？

□ **本章小结**

移动互联网技术的发展和手机应用的丰富性加深了移动互联网对生活服务的渗透。本章主要介绍了移动O2O的概念、移动O2O平台的类型（以信息流为核心的O2O平台、以商流和物流为核心的O2O平台、以资金流为核心的O2O平台、以人或人的功能需求为核心的O2O平台）及盈利模式（销售佣金收入、广告收入、数据服务收入、增值服务收入、其他收入），企业开展移动O2O应用的15种入口和四种典型运作模式（从线上到线下、从线下到线上、先线上后线下再线上、先线下后线上再线下）。

□ **本章术语**

O2O　　　　　移动O2O平台　　　到店O2O　　　到家O2O

企业O2O应用　O2O闭环

□ **练习**

1. 下载典型到店O2O应用，体验并使用，分析其对商户和消费者的价值。
2. 下载典型到家O2O应用，体验并使用，分析其对商户和消费者的价值。
3. 查找企业O2O四种典型运作模式的企业案例，分析其开展移动O2O应用的方式。
4. 以某一企业为例，分析其开展移动O2O应用采用的入口。

□ **参考文献**

[1] 叶开.O2O实践：互联网+战略落地的O2O方法[M].北京：机械工业出版社，2015.

[2] 艾瑞咨询.中国本地生活服务O2O行业分析2018[R/OL].（2018-07-13）[2018-10-20].https://www.analysys.cn/article/analysis/detail/1001178.

[3] 艾媒咨询.2016—2017年中国O2O市场发展状况研究报告[R/OL].（2016-12-21）[2018-10-20].http://www.iimedia.cn/47202.html.

[4] 艾瑞咨询.2017年中国本地生活O2O行业研究报告[R/OL].（2017-07-11）[2018-10-20].http://report.iresearch.cn/report/201707/3024.shtml.

[5] 中国互联网信息中心.第41次中国互联网络发展状况统计报告[R/OL].（2018-08-20）[2018-09-10].http://www.cnnic.cn/hlwfzyj/hlwxzbg/.

第 6 章

内容付费模式

本章导读 :: :: ::

在互联网海量信息带来认知盈余的时代里，能够在短时间内精准地满足用户信息需求是获取用户注意力资源的关键所在。基于优质的内容与封闭的生态环境，内容付费平台以筛选高质量的信息满足用户个性化、定制化的内容需求，为用户节省时间与精力成本提供了更为高效的选择。新媒体传播时代，互联网内容付费之风强势来袭。这一章，主要介绍内容付费的基础知识、内容付费的商业模式、典型的知识付费平台。

知识目标 :: :: ::

1. 了解内容付费的概念及发展情况
2. 理解付费内容的分类及特点
3. 理解内容付费的主要商业模式
4. 理解内容付费的主要形式及特点
5. 理解知识付费平台的分类及应用领域

能力目标 :: :: ::

1. 具备利用内容付费平台开展商务活动的能力
2. 具备根据应用场景选择内容付费平台的能力

6.1 内容付费概述

6.1.1 内容付费的概念

1. 概念

内容付费，泛指通过互联网平台将信息（尤指知识）变成产品或服务，以实现商业价值的消费模式。

互联网内容付费是指，以互联网为渠道和平台，发挥互联网内容资源优势，利用多种信息技术手段和表现形式，帮助不同需求的用户随时随地地获取有价值的信息、内容，用户对所获取的信息、内容需支付一定费用。

内容付费，指的是在互联网平台上，通过对想要获取的内容支付一定费用以获得内容使用权的信息分享形式，由于生产者和消费者之间的信息差，因此知识和内容转变为商品与服务并通过互联网平台进行售卖，它本质上是对内容本身收费以盈利的商业模式。

2. 解释

内容付费反映了传统的信息、知识资源在网络时代被市场化、消费化、即时化的过程，它在本质上仍是一种商业行为，只有付费行为的持续发展才能确保互联网能够持续提供免费信息的福利。网络信息技术的发展，极大地拓展了信息生产和传播渠道的可能性，信息消费成为最普遍的大众消费，消费者以直接（如付费订阅）或间接（如为广告增加流量）的方式回报内容生产者，达到供需平衡和价值实现。信息内容之所以能够实现从免费到收费的跨越，关键在于其所提供的信息受到了市场的认可，培育了用户群体，能够有效地占据用户的注意力资源，用户可以为之直接付账或忍受广告的袭扰。

目前，内容付费主要包括视频付费、音乐付费、资料付费和知识付费等形式，其中知识付费的发展尤为引人瞩目。知识付费是内容付费领域的另一个场景细分，其本质是把知识变成产品或服务以实现商业价值。

在内容生产者、消费者、传播渠道、支付模式等方面，内容付费与传统的图书、报刊、电视消费等形式均有所区别。从广义上讲，图书、报刊、电视等传统渠道提供的信息均需付费使用，属于内容付费在互联网之外的原始形式。而在互联网平台上，尽管免费信息占了大部分，但付费信息也早已兴起，如百度文库等资料检索类平台提供的付费下载、小说类网站提供的付费阅读等。到了移动互联网时代，内容付费进入高速发展阶段，形式层出不穷，规模不断扩大，内容生产者队伍也不断壮大。

3. 应用

开放与免费共享是网络社会的突出特点，在网络社会中存在着海量信息与用户有限的时间、有限的注意力资源之间的矛盾，故信息筛选成为一个让人困扰的难题。而内容付费可为用户提供精准、优质的内容服务，帮助用户极大地节约时间，提升信息获取的效率。内容付费是继广告、电子商务之后，互联网又一重要的盈利模式，并成为互联网内容行业重要的发展趋势。

随着知乎、得到、分答、微博、微信等各方进入内容付费的各领域，越来越多的平台用专栏订阅、付费课程、内容赞赏、有偿问答、社群等形式实现内容变现，内容付费时代已然来临。艾媒咨询发布的《2017年中国内容付费专题研究报告》显示，2016年中国内容付费用户规模为 0.98 亿人，预计 2018 年用户人数将达到 2.92 亿人。在互联网各大垂直领域中，专业知识将是内容付费的主要动力之一，2017 年中国内容付费用户倾向的付费领域分布如图 6-1 所示。数据显示，36.3% 的用户倾向于在获取专业资料时付费，21.7% 的用户在文学书籍领域存在付费阅读的意愿。在教育文章、时事新闻领域愿意付费阅读的用户占比分别为 15.6%、13.5%。相对于其他资源，用户对专业资料更具有付费倾向。近年来，音乐、文学、影视等行业通过产品更新及内容维护也积累了大量用户，并获得了一定的市场份额，如今通过内容付费完成行业变现模式的转型，将在一定程度上推动行业内重新洗牌。

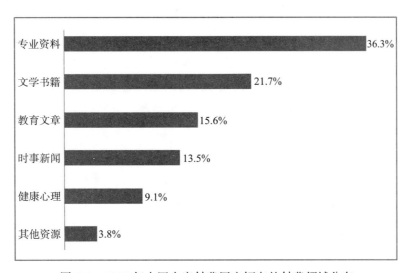

图 6-1　2017 年中国内容付费用户倾向的付费领域分布

4. 拓展

（1）内容付费的发展。2013 年罗辑思维横空出世，它以招募付费会员的形式开启了内容付费的大门；2016 年后，内容付费以极快的速度普及，知乎 Live、36 氪、喜马拉雅 FM、穷游等产品由传统大众的内容分享平台转换为兼具内容共享和付费问答功能的开放式内容聚合平台。同时也出现了一些以打造内容创作者为中心的自主品牌知识店铺工具，如小鹅通、淘淘课等，以实现内容付费。

2016 年 4 月，知乎推出值乎；5 月果壳推出分答，随着王思聪等拥有很多粉丝的公众人物的入驻，在网络上迅速被广泛传播。与此同时，得到 App 和"李翔商业内参"、喜马拉雅 FM 和马东的"好好说话"都获得了很好的效果。

2017 年，内容付费火热依旧。创投媒体 36 氪推出付费专栏"开氪"，微信公众平台上线付费阅读。内容付费将会是互联网发展的趋势。

（2）内容付费发展的条件。

1）从技术角度而言，大数据、人工智能、软件技术、移动支付等技术使得内容创作和付费变得简单快捷；智能手机、4G 网络等技术不断发展，极大地丰富了人们的移动生活，催生了移动经济的繁荣，使得媒体传播形式与渠道更加多样。

2）从用户需求角度而言，当人的基本生活需求已得到满足时，人真正需要的不再是生存需求、安全需求，而是自我实现、自我提升的需求。国民经济发展带来了收入水平的提高、消费观念的变革、版权法律法规意识的进步，网络付费资源的内容整合与质量提升，为互联网环境下付费行为的产生与发展奠定了良好的基础。

（3）内容付费的目的。内容付费用户愿意付费的目的主要体现在以下方面。

1）为体验升级付费。互联网内容形态呈爆发式增长，内容品质大幅提升，用户在互联网内容消费领域的需求也在快速升级，以爱奇艺为代表的视频厂商从关注用户视频体验出发，将用户付费提升到品牌选择和价值表达的新阶段。

2）为知识付费。知识作为"干货型"内容，以得到App为代表，为用户提供节省时间的高效知识服务，提倡碎片化学习方式，让用户在短时间内获得有效的知识。

3）为知识成长付费。知识付费浪潮由电台厂商引领，已成为电台商业变现的重要方向。现阶段电台厂商围绕头部主播做爆款付费产品来促进付费用户的转化，付费产品的设定瞄准了用户娱乐需求中的认知与成长需求。

4）为价值信息付费。优质的专业内容提升了用户的信息获取效率，以钛媒体Pro专业版为代表，其订购用户主要面向投资者和经营者等专业人群，致力于为该人群提供更高效、更专业、更具国际视野的知识服务、数据服务、社群服务等。

5）为垂直信息付费。采用在线付费语音产品模式，即答主给出定价，提问者付费抛出问题，他人也可用低价付费听分享答案。分答初期凭借网络红人的八卦赢得了较高的关注度，聚齐各领域专家，支持用户与专家之间的自由付费问答。

■ **案例　杨铄今：更优质的内容是知识付费时代最好的解药**

近年来，互联网的发展带来知识生产方式和传播模式的改变，知识经济呈现井喷式发展，很多投资机构趋之若鹜。而技术带来的改变只是知识和信息的呈现方式，优质的内容依然稀缺，尤其是随着信息流的爆发导致的传播渠道多样化所带来的内容的分流，好的内容越来越少，优质内容的稀缺直接带来的就是内容付费。

（1）各平台决战优质内容与商业思想。在知识付费的黄金时代，更优质的内容才是制胜的关键。在消费者看来，目前知识付费和在线教育领域最大的问题是产品质量良莠不齐。由于付费内容的质量不能预判，购买后也很难在短期内判断付费产品的质量，因此这就给用户的选择带来困扰。

随着用户对内容质量要求的不断提高，内容创业者仅仅有内容为王的意识还远远不够，如何持续不断地提供高质量的内容对他们而言成了最大的考验。"今今乐道读书会"创建于知识付费元年，在上线初期并没有开始内容收费，而是先默默耕耘了两个月近60期节目，不断地聚拢用户并形成最初的自有用户池，在试水书籍电子商务模式后，才开始音频收费的尝试。"今今乐道读书会"创始人杨铄今认为，只有拥有持续产生内容的能力，才能驱动用户持续购买，形成良性闭环。所以任何投机取巧的方法都是没用的，只有踏实做好自己的内容,成为一个可以持续产生内容的人,内容做得好就会得到用户的转发和推荐,从而带来更多的用户。

(2)服务为先:深入挖掘用户价值。"实用性的内容更加受欢迎了,大而空的课程慢慢落地到垂直可细分的行业和课程中。职业教育、技术服务等开始崛起。"知识付费的投资界人士对此感受颇深,未来综合型、规模化的知识付费新平台将减少,而面向特定领域、场景、用户群的"小而美"的垂直知识付费平台仍有较大的发展空间。

让用户心甘情愿地付费,最终还是要提高产品的质量,让用户有更多的获得感。知识付费1.0时代,内容生产者制作好内容并"卖出去",一个完整的商业流程就走完了。但是当用户不再满足于单向的知识接收,用户发现自己需要更多、更深入的学习时,知识付费又该何去何从? 2018年,"今今乐道读书会"隆重推出线下活动"书香大学",这也是其"合伙人赋能计划"的重要组成部分,旨在帮助全国各城市的战略合伙人搭建起一个"多元化+同理念+共进步"的进取者生态圈,目前,"书香大学"已在北京、上海等一线城市和大连、唐山、杭州、宁波等用户聚集地相继成立,并将完成在全国超过200个城市的布局。

知识付费市场一直被认为是一块巨大的蛋糕,目前的体量还远算不上饱和,这也是为什么喜马拉雅FM、得到、知乎、分答等在知识付费圈占据大量曝光后,还不断有新的垂直领域的平台出现,这些众多的垂直领域也在利用自身积累企图抢下一块领地。杨铄今认为,如何在增量市场上跑得更快并且树立自己的明显优势才是关键,因为在内容品类、知识产品数量等方面这些都是竞争的基础。

资料来源:http://biz.ifeng.com/a/20180726/45084488_0.shtml,根据以上新闻节选改编。

案例思考

1. 内容付费的目的是什么?
2. 为什么更优质的内容是知识付费时代最好的解药?
3. 为什么内容付费是未来趋势呢?

6.1.2 付费内容的分类

1. 定义

互联网付费内容按照内容呈现的形式可分为文图、音频、影音三大类,每个大类中又包含一些小类。

(1)文图类付费内容属于"只看不听"的单元素类内容,主要包括文学、资讯、漫画。
(2)音频类付费内容属于"只听不看"的单元素类内容,主要包括音乐、有声平台。
(3)影音类付费内容属于"视听双体验"的多元素类内容,主要包括游戏、长短视频、直播、在线课程等。

2. 解释

付费内容产品形式的多样化催生了互联网内容产业的繁荣，从喜马拉雅 FM 平台上的经济学课程到腾讯视频上的最新网络电视剧，从今日头条上的新闻资讯到抖音上的百变短视频，互联网内容作品以文字、图片、音频、影音等多种形式呈现，通过广告和用户付费等方式实现盈利。文图、音频、影音三大类形式与不同特色内容相交融，形成完整的内容付费产品图谱。各类产品根据其具体定位的不同，在娱乐性与知识性上也体现出不同的侧重点，如图 6-2 所示。

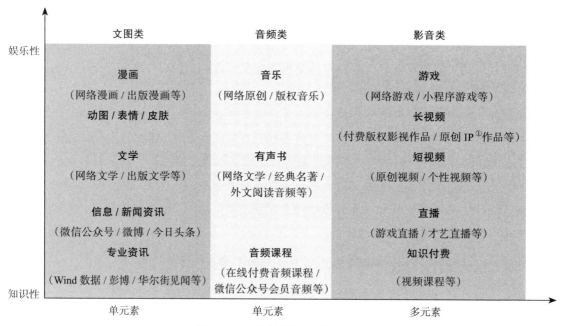

图 6-2　内容付费行业产品图谱

① IP 为知识产权，是英文 Intellectual Property 的缩写。

目前，通过语音方式进行付费传播运营的自媒体正呈现蓬勃发展之势。语音传播比文字传播更加真实、亲切，同时比录制视频耗费的成本更低、时效更强。在当今快节奏的生活环境下，受众的注意力很难长时间集中，语音传播最大的优势就是受众可以边接收信息边做其他事情，无须做出高频次的任务切换，尤为便捷。

3. 应用

互联网内容产业分为文图、音频、影音三大类，每个类别下均有不同特色的子类别，不同子行业呈现不同行业格局与用户画像。

（1）文图类付费内容。文图类付费内容采用资讯免费，网络文学、漫画付费的模式。各子类别的具体分析如下。

1）网络文学：纸电一体化潮流兴起；平台经营差异化；市场增长快，付费率较高；受众较广。以作品型收费和会员型收费为主，出版型作品平台正在崛起。代表平台有掌阅、QQ阅读、咪咕阅读等。

2）信息/新闻资讯：以"文图+视听"模式为基础，差异化程度低；用户集中度高。代表平台有今日头条、腾讯新闻、网易新闻等。

3）特色/专业资讯：瞄准细分市场，平台内容特色分明；用户集中度较低，受众相对较少；以会员型收费方式为主。代表平台有汽车之家、腾讯体育、爱豆等。

4）漫画/彩绘：资源聚集头部平台，付费迅速增长；小众消费，用户集中度高；以传统作品、会员型付费为主。代表平台有知识星球、收费微信群或QQ群等。

（2）音频类付费内容。在音频类付费内容中，音乐发展稳定，知识付费注入活力。各子类别的具体分析如下。

1）音乐。头部平台胜在歌曲数目；各平台积极构建内容生态；以会员和作品型付费为主，不同平台生态建设差异化。代表平台有QQ音乐、酷狗音乐、酷我音乐等。

2）在线音频。知识付费促进内容生产，用户付费前景广阔。代表平台有喜马拉雅FM、蜻蜓FM、荔枝FM等。

（3）影音类付费内容。影音类付费内容平台展开跨类别竞争，抢占用户时间。各子类别的具体分析如下。

1）网络游戏：热门的网络游戏层出不穷，角色扮演、动作类最为热门，用户时间碎片化和4G普及促使游戏消费场景多元化。代表平台有王者荣耀、梦幻西游、乱世王者等。

2）长视频：三大头部平台聚集IP资源，原创内容为平台的独特优势；不同平台差异化经营；通过购买版权或者自制剧向消费者提供长视频产品并进行收费。代表平台有腾讯视频、爱奇艺、优酷视频等。

3）短视频：用户流量爆发式增长；广告收入为核心变现模式；年轻人、女性用户更偏爱；广告变现已初步实现，打赏等付费方式仍在探索。代表平台有快手、抖音等。

4）直播：用户集中度不高且市场竞争激烈，竞争格局洗牌重构；年轻人比例高，男性用户更偏爱。代表平台有花椒直播、YY直播、斗鱼直播等。

5）在线课程/考试学习：线下课程向线上延伸，内容品类更丰富，女性相对更爱学习；以用户直接付费为主。代表平台有作业帮、有道词典、一起作业等。

在互联网付费内容的子行业中，从市场规模方面看，在线教育、动漫、网络漫画市场规模最大；短视频、有声频道等子行业尽管市场规模较小，但增速较快，未来前景可观。从活跃用户数方面看，长视频是平均活跃用户数最高的类别，其次是新闻、音乐、网络游戏；漫画和特色资讯覆盖人群范围相对狭窄，活跃用户数较少。从行业集中度方面看，在线音频、长视频、漫画行业用户集中度最高，用户和内容资源向头部平台聚集；直播行业用户集中度最低，竞争激烈。从用户画像方面看，漫画用户最年轻，女性比例最高；特色资讯的用户呈现出年轻人、女性比例双低的特点。从消费性价比方面看，VIP价格中音乐收费较适中，漫画最昂贵。

4. 拓展

除了按照内容呈现的形式分类外，付费内容的分类还可以按照内容生产的方式、用户能够接受的内容及付费机制进行分类。

（1）按内容生产的方式分类，可以分为定制化付费、量产式付费。

定制化付费：以付费问答为代表，提问者根据自身个性化寻求答案。提问者同样是问答内容的生产方之一，提供了初始主题文本。

量产式付费：主要是问答之外的其他内容形态付费，可规模化的付费内容。

（2）按用户能够接受的内容分类，可以分为感性内容与知性内容。

感性内容：能够满足用户的"眼、耳、鼻、舌、身、意"等诸多欲望。这种欲望的满足，往往能够为用户带来直接的愉悦，但多数缺少后续反刍的乐趣。

知性内容：能够满足用户的思考欲望，在经过反复咀嚼、消化后，用户会得到持久的乐趣。

（3）按付费机制分类，可以分为前置付费、后置付费。

前置付费：基于读者对未来交付内容信息的预期，偏向于理性消费，通常有固定价格。

后置付费：以打赏为主，基于用户对内容的认同程度，消费行为更加随意，付费金额不定。

■ **案例　文学付费：起点中文网**

从 1995 年以论坛原创文学板块形式存在的网络文学雏形开始，网络文学的发展历经 20 余年后形成了相对稳定的产业格局，用户付费也走出持续多年的低付费率状态，普及各个原创网络文学平台，并成为如今网络文学平台最主要的收入来源之一。

付费阅读不仅是对网络文学平台自身盈利模式的开发，付费制度也意味着在网络文学领域粉丝概念的出现和变现，培养核心受众，带动网络文学领域形成围绕 IP 进行版权运营的发展模式。VIP 付费阅读的制度如图 6-3 所示，IP 全版权变现体系如图 6-4 所示。

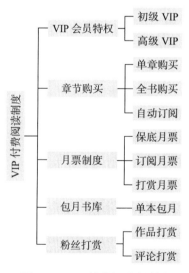

图 6-3　VIP 付费阅读的制度

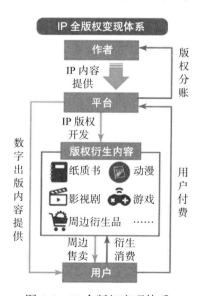

图 6-4　IP 全版权变现体系

腾讯旗下的阅文集团在网络文学类中拥有全面的内容品牌矩阵，包括起点中文网、云起书院、起点女生、红袖添香、潇湘书院等耳熟能详的品牌。起点中文网创建于2002年5月，是国内最大的文学阅读与写作平台之一，是国内领先的原创文学门户网站。起点中文网的付费订阅、打赏、月票制度成为文学付费主流，如图6-5所示，其内容付费模式的主要特点如下。

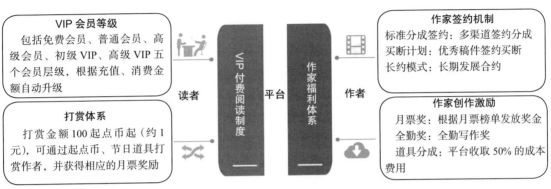

图6-5　起点中文网付费模式

（1）背靠成熟的IP开发运作体系。起点中文网是腾讯旗下阅文集团重要的文学网站之一，背靠腾讯多平台的优质资源，收获贯通文学、音乐、游戏、动漫、影视等的IP开发运作体系。

（2）付费机制多样，培养付费习惯。作为首个具有较为完整的用户付费体系的网络文学网站，起点中文网目前为用户提供了VIP订阅、章节购买、粉丝打赏、月票制度等多种消费方式，不仅提高了用户接受度，也以良好的付费机制培养了用户付费习惯。

（3）对作者权益的积极保障。内容是文学付费模式成立的根本，而对源头作者权益的保障是实现精细化版权开发的核心，起点中文网在版权保护和作家福利体系两方面双管齐下，强化内容生产力和生产意愿，夯实付费模式的发展基础。

资料来源：http://www.sohu.com/a/214253737_720186，根据以上新闻节选改编。

案例思考

1. 付费内容的呈现形式有哪些？各有什么特点？
2. 未来文学付费市场的发展趋势是什么？
3. IP全版权变现体系的构成是什么？
4. 阅读付费的消费方式有哪些？

6.2　内容付费商业模式

内容付费是继广告、电子商务之后，互联网的重要盈利模式，并成为互联网内容行业重要的发展趋势。内容本身是无法定价的，只有将其转换为产品或者服务，帮助人解决问题时，才可以被定价和销售。付费不仅可以提高平台的直接收益，还可以为用户提供免广告、高附加值的内容消费体验。"多元形式＋丰富内容＋分类客户"催生了内容付费方式的多样化，目前内容付费主要有三种商业模式：产品模式、服务模式和社群模式。

6.2.1 产品模式

1. 概念

产品模式又称看病模式，其核心是先生产或购买优质的知识内容，再通过付费订阅的形式销售给用户。这类知识提供商就像药店，他们将知识内容包装成产品放在货架上供人挑选，用户根据自己的需求和产品疗效进行购买。

产品模式典型的付费形式有作品型付费、会员型付费、社群型付费等。

2. 解释

产品模式的核心竞争力在于严格的产品规划与持续的高质量内容输出，可以提供明确的产品预期，令用户充分了解其"疗效"，以便快速决策并购买。由于核心竞争力在于产品的质量，并不依赖知识提供者的自带流量，因此知识提供商可以挖掘"有料"但不知名的内容提供者，如得到专栏作家万维钢、李翔等是其垂直领域的知名专家、作者，他们在开设得到专栏前并不为广大读者所熟知。同时知识提供商对产品研发等环节的深度参与，提高了专栏作家的留存率与收益分成的议价能力。产品模式的特点是标准化的内容产品可以被大批量出售，快速实现规模化。

3. 应用

从付费用户数量和收入来看，以得到和喜马拉雅FM为代表的产品模式内容付费平台的发展最为喜人。不同于传统媒体主要依赖自行生产内容，得到、喜马拉雅FM等内容付费平台更像药厂与药店的集合体，与签约作者或内容生产团队共同研发产品，并负责其包装推广及销售给用户。得到在短短一年的时间里就孵化出4个付费用户超10万人的专栏，年销售额为1.39亿元，而喜马拉雅FM上线付费音频"好好说话"首日销售额便突破500万元。产品模式典型代表平台得到和喜马拉雅FM的比较分析如表6-1所示。

表 6-1 产品模式典型代表平台比较分析

项目	得到	喜马拉雅FM
产品定位	付费订阅产品	音频分享平台
付费数量	付费精品、电子书、音频及20多位知名专家入驻系列专栏订阅	16个付费精品分类，累计知名专家数量850位
付费机制	付费订阅（作品付费＋会员付费）如"李翔商业内参"199元/年	付费订阅（作品付费＋会员付费）如"好好说话"198元/年
付费规模（畅销案例）	知名专家专栏"罗辑思维"有8万名付费用户，营收超1 592万元	付费音频课程"好好说话"有10万名付费用户，营收超1 980万元

(续)

项目	得到	喜马拉雅FM
内容生产	团队自制＋自媒体入驻	联合出品＋主播入驻
服务形式	知识新闻免费，精品付费订阅	在免费的基础上，推出付费精品专区

得到是一种新型知识获取通道，通过邀请业内专家，将专业知识以"语音＋图文"的方式输出成体系的课程，供大家付费有偿视听，以低成本和碎片化方式来获取知识，进行自我成长，顺便降低自身的焦虑感。截至2018年5月，得到的用户数为2 000万人，其核心业务逻辑如图6-6所示。

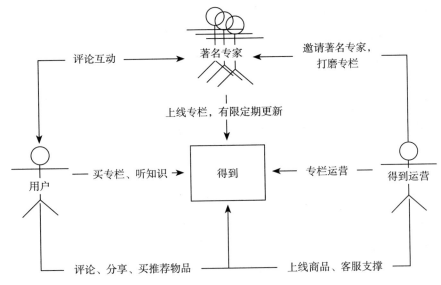

图6-6　得到App核心业务逻辑

4. 拓展

纵观内容付费的火爆市场，内容付费的方式主要有以下几种。

（1）作品型付费。作品型付费最适用于知识版权保护作品的收费，如快看漫画、掌阅等以作者原创作品为单位向消费者出售，喜马拉雅FM平台上的音频课程、爱奇艺平台上的版权电影、电视剧、原创剧等以作品为单位向用户收费。作品型付费具有多消费多支付、少消费少支付的特点，消费量较大的用户往往可通过平台推出的会员型付费减少整体支出。

（2）会员型付费。会员型付费主要是依托自身平台、网络产品以及优质、个性化的内容和所提供的服务等，网友只有通过一定的付费申请注册成为会员，才能得到与之相应的知识和服务。如以腾讯视频、爱奇艺为代表的视频网站，依靠自身和团队制作视频或者以购买视频成片来吸引网友，成为其会员后可享受免广告、海量视频内容等良好服务。

会员型付费往往与作品型付费相结合，为高消费量客户提供更优性价比的内容。如酷我音乐的付费，既可通过办理会员享受会员特权来收听和下载音乐，也可针对单个音乐作品支付固定价格，会员型付费对消费量较高的用户来说性价比会更高。

（3）问答型付费。问答型付费为访谈交流的咨询式付费，个性化较强，价格更高，更适用于知识型产品。

（4）社群型付费。社群型付费与会员型付费基本类似，通过向平台和社群的粉丝收取一定的会员费用，向会员提供一定的会员服务等。但社群型付费的会员对象不是整个平台，而是以个体为中心的群体。目前付费社群社长要着眼于自己精通的领域，很快就能吸引一批有共同爱好和兴趣的人加入，他们并不在乎几百元的付费内容，而是在乎这种方式比较容易形成圈层力量。从长远来看，付费社群将大有可为。

（5）道具型付费。道具型付费最典型的应用场景为网络游戏和社交媒体，是消费者较容易接受并使用的模式。其特点是基于特定虚拟产品，是目前游戏类产品变现最为主要的手段。道具的类型与价格千差万别，不同游戏或社交媒体的道具之间的可比性不强。

（6）打赏型付费。网络平台在其后台开启打赏功能，网友和粉丝主要根据对其产品的用户体验和受众心理诉求及反映等，可以选择支付一定金额来支持自己喜欢的作者。和其他内容付费行为不同，打赏是读者出于对作者提供内容认可的事后自发付费行为。如微信公众号、微博、简书等代表性平台，其中 papi 酱每发一段视频，就能收获成百上千个网友、粉丝的打赏。

（7）电子商务引流。在新媒体发展迅捷的当下，依托微博、微信、网红等网络平台和粉丝效应，通过文字介绍、网红图片、宣传视频来吸引人们的眼球，并加入售卖产品的链接，进而达到让众多网友购买的目的。如一些微信大号通过多种方式积累粉丝数量，其影响力增大后再植入相关广告进行店铺推荐，甚至直接开辟自己的店铺，通过诸多方式实现内容变现。

不同类型的内容付费平台适用的付费形式呈现出多样化的组合，如 IP 作品集中的平台尤其适用于作品型和会员型付费，而游戏和虚拟消费场景主要以道具型付费为主，基于粉丝经济的直播等内容平台因用户黏性强适宜打赏型付费。

■ 案例　得到首推专栏付费订阅形式

2016 年，罗辑思维旗下的平台得到推出"李翔商业内参"，每周更新 6 次，年费 199 元。订阅用户一度超过 8 万人，产生了 1 592 万元订阅收入。"李翔商业内参"每天整理 8～10 个条目，从国内外报纸、书籍、杂志、网络上搜寻有价值的内容，重新改写，提炼要点。作者李翔认为：注意力是我的资源，而付费就是注意力的定价。我们提供有价值的内容，帮你节省注意力，你看我们工作得很辛苦、很努力，是不是应该付费呢？

得到率先开启了付费专栏模式，它联合李翔、李笑来等垂直行业知识专家策划、制作了"李翔商业内参""通往财富之路"等精品音频专栏，199 元 / 年，全年 52 周不间断更新。此外，还有其他企业、机构和自媒体人自行上传和售卖的其他付费音频，定价几元、十几元、二十几元不等。

得到的商业模式是自己找人、找资源策划制作高质量专栏售卖，然后收入分成。此模式不需要太依赖粉丝数多的知名人士、专业人士等资源，尤其不需要一直维护他们，让他们在平台上保持活跃，只要完成专栏策划，建立好团队，制定好工作流程，专栏持续更新即可，而且内容还可以重复售卖。此模式的难点在于平台要有能力、有资源制作出高质量的内容，尤其是其价格相对较高，用户付费了之后，对其用处和价值是有期待的。199元是一年的费用，日平摊下来，还不算多，对于得到App上的高知识水平、高追求的精英用户来说，是很划算的。因此，李笑来的"通往财富之路"有超过12万人订阅。

除了得到推出专栏付费外，喜马拉雅FM联合马东策划制作了"好好说话"专栏，非常畅销。然后36氪推出"开氪"收费专栏，钛媒体、虎嗅也相继推出Pro专业版、会员专享，它们都是通过提供优质内容收费。

虽然内容付费模式同为专栏形式，平台上既有付费内容，也有免费内容，但是得到与其他专栏形式的平台还是有区别的，得到从一开始就是定位收费的，其免费内容不是为了引流，而是为了给付费用户更好的服务体验，就像五星级酒店的免费早餐、健身房等。而喜马拉雅FM、36氪等平台的付费内容是从之前的免费内容中衍生出来的，未来其免费内容仍然是主要的维系用户黏性的手段。

资料来源：http://www.sohu.com/a/130483947_422835，根据以上新闻节选改编。

案例思考
1. 内容付费的方式主要有哪些？各有什么特点？
2. 得到专栏付费形式与其他专栏内容付费形式的区别是什么？

6.2.2 服务模式

1. 概念

服务模式的核心是帮助用户就某问题提供一个具体答案或者解决方案，就像去医院看病，花钱买的是医生对病情的诊断和相应的治疗方案。其核心竞争力在于拥有的各行各业的专家资源，以及对专家资源的管理和控制能力。服务模式的主要付费形式是问答型付费。

2. 解释

服务模式是用户付费可以买到一个具体的解决方案或者答案。例如，用户在产品设计上有困惑时，可以去在行约行家进行咨询，也可去分答找人提问，或者参与知乎Live获得提问机会，总之用户得到的是一个具体问题的答案，就像一个医生给你的病开出的处方，而你要为这个处方付费。这种模式对平台来说，收取的是佣金，对专家来说，收到的是诊费，内容提供者并不需要提前设计准备内容产品，而是根据自身的专业和经验就具体问题做出回答，并收取相应的"问诊费"。

服务模式内容付费平台的核心竞争力在于平台上各个领域的行家、粉丝众多的公众人物、关键意见领袖（KOL）资源以及对资源的管理和控制能力。平台的贡献在于将不好定价的服务模式提供标准定价,并利用互联网技术手段快速匹配回答者和提问者,同时引入偷听等模式使其规模化。服务模式的平台主要是通过向内容提供者提供服务赚取佣金,而赚多少则取决于流量。与电子商务平台一样,在获客成本日益增加的情况下真正能赚到钱的大部分是自带流量的 KOL 和粉丝众多的公众人物。

3. 应用

服务模式的代表是在行、分答、知乎 Live、微博问答、好大夫在线等问答平台。分答、知乎 Live、微博问答三个平台的对比分析如表 6-2 所示。分答的商业模式主要是知识专家入驻平台,自行设置回答问题的费用,然后用户通过支付相应的费用向喜欢或者想咨询的专家发起提问(文字形式),专家收到提问后以语音形式回答。其他用户可以选择支付 1 元偷偷听专家对某个问题的语音回答,这 1 元提问者可以获得 0.5 元的分成。知乎 Live 的主要商业模式是各行业达人入驻平台后,可以自主就某一话题发起一场 Live,然后设置简介、内容大纲、开始时间、参与票价等,用户看到后如果感兴趣就可以支付报名。Live 开始后通过语音直播的形式进行,主讲人可以发布语音、文字、图片等内容,并与用户实时互动。知乎 Live 与分答相比,沟通更有深度、更有价值,用户体验更好,适用对象更广泛,运营成本更低。

表 6-2 常见付费问答平台对比分析

项目	分答	知乎 Live	微博问答
产品定位	知识付费平台	知乎付费咨询平台	博主与粉丝之间的互动新玩法
用户入口	独立 App、微信公众号	知乎 App、微信公众号	微博
内容媒介	语音 + 文字	语音	文字
付费机制	由回答者设定提问金额,围观者花费 1 元围观问题回答	由回答者设定提问金额,围观者花费 1 元围观问题回答,回答者可将回答分享给好友免费听	由回答者设定提问金额,围观者花费 1 元围观问题,超过收费期免费公开
分配机制	回答者收取问题金额;提问者和回答者平分回答付费收听收入;平台收取总收益 10% 的服务费	回答者收取问题金额;提问者和回答者平分回答付费收听收入	回答者收取问题金额;提问者和回答者平分回答付费收听收入;平台收取总收益 10% 的服务费

问答平台的特点主要体现在以下方面:一是大多数问答平台借助微信、微博登录成熟社交平台进行平台搭建,初期通过大量 KOL 作为内容来源快速获取用户,并以"提问——回答——围观"作为核心机制激励用户贡献优质内容以及互动停留,同时鼓励用户在自己的社交关系链中分享,形成更大用户范围内的裂变式传播推广,二是付费问答主要的内容媒介形式是语音和问题,尤其是语音问答多数限定了一分钟以内的问答长度,高度契合并融入移动互联网时代的碎片化潮流;三是立足于用户需求的问答模式与细分行业的结合为付费问答开辟出新的市场空间,付费问答模式将作为提升用户黏性、拓深用户价值的功能植入更多垂直领域。

4. 拓展

(1)问答付费方式的发展阶段。问答付费方式的发展经历了以下三个阶段。

1）免费的信息交流平台阶段。2005年，百度知道正式上线，随后奇虎360、腾讯搜搜等浏览器厂商分别推出奇虎问答、搜搜问问等免费问答交流平台，此阶段问答平台的内容主要来源于用户原创内容（User Generated Content，UGC），以搜索引擎作为分发渠道，采用积分激励机制。

2）社会化互动问答平台阶段。2011年，知乎正式上线，以友好、理性的社区氛围吸引各行业专业人士入驻，成为知识问答社区的代表。随后天涯等社区平台也增加了问答元素，问答平台的问答机制接入社区关系链，互动问答可强化用户黏性。

3）知识共享付费平台阶段。2016年，分答付费平台在短时间内迅速成为网络用户追逐的焦点，值乎、知乎Live、大弓等一批付费问答平台迅速升温。在移动端碎片化内容爆发并产生冗余的背景下，以网络红人为入口的新一代付费问答模式兴起，并以独特的围观分账机制在各类内容平台上复制出现，付费问答形成了个体共享经济的新方式。

（2）问答付费市场发展趋势。问答付费市场的发展趋势如下。

1）用户运营深化。用户的知识焦虑对应的是部分用户行为路径仅停留在初次付费阶段，后续的内容打开和持续购买并未形成，购买的实质并没有完全触及，健康的用户结构和行为模式才能形成稳健的收入流。

2）商业模式优化。在付费问答的商业模式下，部分仅追求利益回报的职业提问者出现，利益的驱动给问答平台的内容质量、问答秩序带来冲击，回归知识分享本质是促进市场良性发展的有效途径。

3）细化服务体系。知识点过于碎片化是付费问答备受诟病的弊端之一，伴随着用户需求的不断升级，付费问答平台有必要通过功能梳理驱动更多结构化、专业化内容输出，完善整体知识服务体系。

4）内容监管力度。付费问答行业尚未形成完善的监管制度，仅依靠平台自审难免过于单薄。随着行业的快速发展，知识版权、内容合规等相应的监管制度也会逐步跟上，确保行业健康发展。

5）内容评估体系。大多数的付费问答平台依然缺乏相应的专家准入门槛标准及用户体验反馈，各平台将在准入机制、评价体系等方面继续完善，以促进付费商业闭环良性运作。

6）巨头与垂直的竞合。社交、资讯等综合平台引入付费问答模式深挖用户价值，同时垂直领域借助付费问答切入用户痛点，巨头平台化与垂直厂商纵深化发展并行，在资源稀缺领域内产生更激烈竞争。

■ 案例　问答付费：分答

分答于2016年5月上线，因为王思聪等拥有大量粉丝的公众人物入驻平台而迅速爆红网络，与值乎一起掀起了内容付费的潮流。分答通过语音传播内容信息，具有独特的媒介优势。此后，不仅专栏类、线上沙龙类等其他内容付费模式相继出现，问答类的就有微博问答、好大夫在线、简单心理等平台出现，育儿平台宝宝树也上线了付费问答功能。2018年2月6日，分答改名为"在行一点"。

作为付费问答领域的领先厂商，分答经过多次改版形成由问答、小讲、社区构成的较为完善的问答平台，分别如图6-7至图6-9所示，以稀缺内容为中心的用户定制内容和私密社区成为分答的核心功能，满足不同用户对于知识、学习的强烈需求，强化用户黏性。

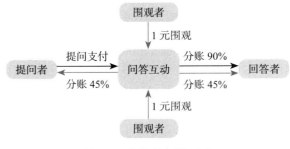

图6-7 分答的问答互动

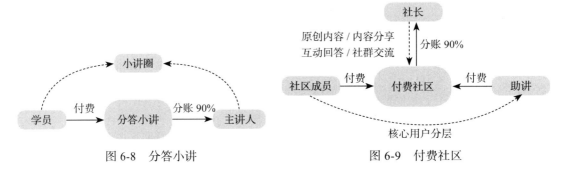

图6-8 分答小讲　　　　图6-9 付费社区

稀缺内容是问答平台的核心要素，基于信息不对称的稀缺内容是用户付费的基础；定制化是问答模式的典型特点，但这样的模式会带来内容生产效率的降低，因此新引入的社区模式，以私密性和用户分层为主，如此既保证了用户付费权益，又提升了社区质量和可靠性，而作为专属社区更有利于拓展用户的二次消费。

资料来源：http://www.sohu.com/a/214253737_720186，根据以上新闻节选改编。

案例思考

1. 问答付费的平台有哪些？各有什么特点？
2. 问答付费平台的发展经历了哪几个阶段？
3. 分答付费平台采用哪些方式来强化用户黏性？
4. 问答付费的发展趋势如何？

6.2.3　社群模式

1. 概念

社群模式是指需要付费才能加入群或者圈子，付费社群出售的是一种社群关系、一种信仰和崇敬，包括一种心理上的安慰。社长和社群核心成员会不定期地基于互动进行内容分享，但多数时候不是为了解决成员的具体问题，也不是精心规划内容产品。

2. 解释

随着信息越来越透明，有思想、有技术的人开始活跃于微博和微信，而社群的概念也慢慢渗透，从免费到收费，从几个人到一群人，从凑热闹到整合资源。社群是一个互相激发的学习群体，它往往是基于一个核心人物如某个互联网知名人物组织起来的。付费社群区别于免费入群，如 QQ 群，验证通过即可加入，少部分需要付费加入，金额在几元到十几元不等。

付费是筛选会员的一种方式，可以挑选有决心、有魄力的会员共同发展。会员的付费能够帮助社长获得价值回报，进而保证社长升级服务，以便更专业、更专心地为会员带来持续的高价值，从而实现良性循环。

知识社群的卖点在于围绕其核心成员的社群关系，成员通过加入其崇敬的意见领袖或知名人物的社交圈子获得自我认可，同时也是粉丝直接接触其喜欢的行家成本最低的方式。

3. 应用

付费社群模式的代表是各种收费的知识社群，例如知识星球、付费微信群等。付费微信群通常是 KOL 自己创建的圈子，不允许群成员拉人进来，成员需向社长缴纳费用才可进入，金额一般在几百元左右，视 KOL 影响力而定。知识星球以信息流付费社区的形式，成为知识付费市场的重要一员；现在知乎、微信等很多自媒体达人，都会邀请粉丝加入自己的知识星球；通过知识星球可以创建高品质社群，功能以知识的沉淀、成员管理、知识变现为核心；从前身小密圈一夜爆红、极速崛起、负面新闻不断，到改制改名，目前知识星球已非常成熟，用户付费加入知识星球，知识星球的开发公司会抽成 5%。

微信群和知识星球二者在功能上各有利弊。微信群在使用便捷度上更有优势，缺点是消息无法沉淀，一旦信息过量，就无法找到想要的信息，将不利于知识的沉淀。知识星球的优势是能够沉淀知识，发布的文章、案例、问答等都可以保存下来；其在社群功能上较微信群更有优势，点赞和赞赏功能也有利于激励群成员的产出。

付费社群背后往往是非专业团队运作，长期稳定输出高质量内容难度大，而预缴费用不可退费制度为消费者带来额外风险。与喜马拉雅 FM 等在线课程不同，知识星球平台并不对星球（社群内）的内容质量进行监督和管理，而社群发起人也不需要预先提交课程目录或知识清单，消费者从社群发起人处得到的仅是口头承诺。如果社群发起人收费后不久停止内容输出，则已经预付款的消费者无法维权。从这个角度看，社群型付费目前尚未形成有效保证内容质量、维护消费者权益的机制，相对其他类型付费模式风险较高，普及程度低。

4. 拓展

（1）内容付费模式主要的优势和局限。内容付费模式主要有产品模式、服务模式和社群模式三种，每种模式都有自己的优势和局限（见表6-3）。

表 6-3　内容付费模式的主要优势和局限

项目	服务模式	产品模式	社群模式
代表平台	分答、知乎 Live	得到 App、喜马拉雅 FM	知识星球、收费微信群或 QQ 群
优势	灵活度高，价格低廉，针对性强	体系化程度高，伴随性强，变现率高，易打造品牌	用户黏性高，社交属性明确，互动性强
局限	受问题限制较为浅层，缺乏深度视角	互动性弱，准入门槛高，对讲师专业性权威要求高	碎片化程度高，权威性不足，监管难度大

（2）会员加入付费社群的决定因素。会员加入付费社群的决定因素主要有以下几种。

1）个人品牌和形象。自媒体人提出收费服务时，产品的核心就是自己，包括专业能力、人格魅力等。付费社群的核心和能量根基在于圈子的组建者或价值提供者，其个人品牌和形象是别人第一要考虑的。如马云要组建一个圈子，无论什么主题都会有人积极参加。

2）产品和服务价值。价值是收费的实力基础，没有价值就没有价格。产品和服务的本质是传递一种价值，能够解决别人的实际问题或者困惑。如果是一个写作社群，则社长提供的核心价值就是教别人写作的技巧和方法，并给予耐心细致的辅导。此外，附属价值在于认识高能量的人，受到正面的影响，站在巨人的肩膀上看世界。把经验和方法传递给别人也是一种稀缺的价值，这也是目前一部分收费自媒体的操作方法。另外，还需要考虑产品价值与客户是否匹配，客户是否需要这样的服务。

3）信任关系。信任关系是情感因素，是决定成交的关键因素，成交建立在信任的基础上。如乔吉拉德销售汽车几十年，前期他是通过不断地与客户接触才能获得客户的信任，到后期别人脑海中已经形成他是销售汽车最专业的人的标签。因为专业，所以信赖；因为信赖，所以成交。可以通过主动建立信任关系和有其他人的信任背书两种方式来建立信任关系。

4）支付费用。需要考虑潜在会员是否拥有相应的支付能力，费用的多少对每个人的重要性难以判断，更多的是取决于受众群体的收入水平。

■ 案例　分答付费社区

分答于 2017 年 5 月 17 日上线付费社区，该功能是分答围绕平台 KOL 社群化、社区化运营的一种尝试。分答先推出了在微博和果壳上拥有大量粉丝的公众人物的"科学家种太阳"的付费社区"职场理性派"，定价 99 元/半年，主打帮助职场新人"用理性派的逻辑学实现职场精进"。

与 KOL 自发运营的付费社区、社群类产品相比，分答付费社区具有以下两个特点。

（1）内容的可预期化，平台信用背书。通过购买页对社区内容、输出频次做详细阐述。如"科学家种太阳"承诺每周更新 2 篇"音频+图文"，并通过互动产生内容，保证每天都会输出。依靠平台强运营推动，由供给者、平台和用户建立三方契约关系，解决了用户在下单时的预期管理，避免进入付费社区后 KOL 无法保证输出的信息不对称问题。

（2）通过用户分层，让核心用户参与内容众包，降低了 KOL 的输出压力。社区中的用户被分成两种角色：普通用户和助讲。普通用户可以提问和参与回答，若内容质量高，将被社长选中成为助讲,实现身份升级。助讲拥有更高的内容权限,如直接发帖、动态可见等,可以协助社长回答问题,积极参与社区互动。这一设计相当于帮助拥有大量粉丝的公众人物筛选出了核心用户来参与内容生产,这既降低了社长本身的内容输出压力,还可以依靠优质用户实现内容分层。此外,社长可以自由定义助讲的名称,如"科学家种太阳"的助讲叫"值日生",增强了核心用户与 KOL 的连接感和归属感。

资料来源:http://tech.sina.com.cn/i/2017-05-17/doc-ifyfeius8046887.shtml,根据以上新闻改编。

案例思考

1. 付费社群有哪些形式?各有什么优势与不足?
2. 会员加入付费社群的决定因素有哪些?
3. 分答付费社区的主要特点是什么?

6.3 典型的知识付费平台

知识付费是内容付费领域的另一个场景细分。知识付费有利于人们高效筛选信息,付费的同时也可激励优质内容的生产。目前知识付费已出现问答、图文、音频、视频、直播等内容形式,覆盖教育、心理、财经、国学等领域,面对数量众多的需求,也分化出更多细分垂直内容。不同类型的知识付费平台其主要的知识付费形式也不一样,知识付费平台按照经营模式可分为工具型知识付费平台和平台型知识付费平台两种主要类型。

6.3.1 工具型知识付费平台

1. 概念

工具型知识付费平台主要作为第三方支持,即第三方技术服务商。目前主要有基于微信平台的 SaaS 型工具产品和"源码销售 + 定制服务"工具产品两种模式,支持嵌入微信公众号、微信群、App 等,可为内容平台或有变现需求的自媒体人提供技术支持。

工具型知识付费平台不提供流量,仅提供技术支持。知识生产者除了需要产生内容外,还需要有市场能力。工具型知识付费平台适用于自己有流量、有粉丝,或者希望打造自己的品牌,且不愿意将自己的流量导入其他平台的机构或个人。

2. 解释

工具型知识付费平台在一定程度上解决了流量依赖平台的问题,仅起到工具的作用,服务创造者。工具型知识付费平台产品不仅知识形态多样,而且可以进行用户管理、付费转化、社群运营等。工具型知识付费平台更适合有粉丝但不是很出名的人、中小型机构,这类产品几乎包含各大知识付费的形式。

SaaS 型工具产品和"源码销售 + 定制服务"工具产品两种模式的区别在于，SaaS 型工具产品模式是租用第三方开发公司的标准版系统，按照时间计算费用，它是一套完整系统，针对用户的标准需求开发完善，相当于租用店铺；其优势是速度快、前期成本低。"源码销售 + 定制服务"工具产品模式在系统源码销售的同时支持定制服务，相当于买店铺，一次性付费，终身使用；其优势是可以充分满足客户方个性化需求，可以拿到源代码进行二次开发，有知识产权，可以掌控服务器和数据安全。

工具型知识付费平台最大的优点是一切内容都围绕创作者/内容运营商展开，用户不归属工具，工具不会从创作者的收入中抽成。这就决定了工具型知识付费产品的使用条件，创作者需要有个人的流量，创作的内容需要具有一定的影响力和吸引力。工具型知识付费平台也成为众多细分领域内容变现需求方的选择。

3. 应用

工具型知识付费平台的典型代表有小鹅通、短书等。小鹅通基于音视频、图文、直播等形态，可以支持主要的内容售卖形式；小鹅通提供了较为完备的电子商务系统、部分营销功能。短书是一款专为内容创作者、内容输出者打造的知识变现工具，以 H5 页面为传播形态，以"图文音频专栏 + 语音 Live 直播 + 视频直播讲解"为内容载体，以知识微店为呈现形式，它几乎涵盖了所有内容付费的变现方式。

小鹅通、短书都是技术支持者，可以帮助作者创建一个完全归属作者的知识店铺，在这个知识店铺中，一切内容都是围绕作者打造的，从根本上杜绝了潜在的利益冲突问题。通过作者的内容形态来选择产品，如果作者的内容是精心准备的、撰写的高质量内容，内容更倾向于一种单向输出，如价值观输出、培训教育等内容，那么采用小鹅通、短书更好。小鹅通、短书的用户付费率会更高，用户通过试看、试读等方式认可内容的质量，就可以付费，并且获得专栏中的高品质精华内容。

4. 拓展

（1）知识付费的供需双方。知识付费的供需双方是知识消费者和知识生产者。知识消费者一般为自我提升者、著名人物的粉丝或者效率至上的追求者，而知识生产者则大多为有学识的人、著名人物、KOL 或各个垂直领域的行家。

对于知识消费者而言，知识付费包括充电学习、节约时间及金钱成本、收获社交货币等。对于知识生产者而言，知识付费简化了内容产业的价值链，将内容创作回归到用户价值导向；帮助优化用户结构，形成知识社群；知识付费同时也鼓励了创作。

（2）知识付费中的知识。目前，对于知识付费边界的界定实际上十分模糊。知识在传统媒体中的构成是有体系的科目内容，但是在知识付费中，这一概念已经被大大拓宽，涵盖一切技能、信息等，可以看作信息付费，即在信息生产者与消费者之间存在信息差，并且可以通过平台进行信息沟通和变现，无论这一知识是否可靠、细致或具体。但这样一来，知识付费又会与内容变现、教育产生交叉，因此我们可以将知识付费作为介于内容变现和线上教育的中间部分。

（3）知识付费用户的特征。《中国新媒体发展报告（2018）》显示，知识付费用户的基本特征为月收入为5 000～8 000元的中等收入人群，地域分布主要集中于一二线城市，年龄分布主要在21～40岁，即80后、90后。这类人群属于职场新人或者企业的中层，正在发展过程中，他们需要知识的储备或者实用的技能，他们愿意付出时间并利用碎片化的时间来吸取新知识，掌握新技能。知识付费用户群体更倾向于音频类的产品。在使用知识付费产品的用户中，41.6%的用户正在使用音频类的知识产品，并且45.4%的用户表示未来倾向于使用音频类的知识付费产品。在2017年付费内容购买指数前十位中，70%为音频类产品，有六类最受欢迎的产品来自综合型的音频分享平台。

■ 案例　小鹅通用"店铺"引领知识付费行业新风尚

小鹅通作为首家内容付费技术服务商，在"2018年第三届中国新媒体千人峰会"暨"中国企业新媒体运营弯弓奖"颁奖典礼上，荣获"2018年中国企业新媒体运营弯弓奖——行业推动奖"。自2016年年底成立以来，小鹅通仅用一年多的时间便取得了产品与注册量双突破的好成绩。

在产品方面，小鹅通为内容创作者搭建的知识店铺已经全面覆盖了内容承载、用户运营、商业变现等，形成了知识变现生态闭环，能够支持音频、视频、图文、直播等多种主流变现形式，还有小社群、付费问答、作业本、活动管理、打卡等功能加强了用户黏性，更有多种打折、优惠券等方式配合课程促销，提升店铺销量。除此之外，小鹅通提供的内容变现形式还包含网页、小程序、App等，同时可轻松嵌入微信公众平台等。小鹅通知识店铺产品与服务工具如表6-4所示。

表6-4　小鹅通知识店铺产品与服务工具一览表

产品与服务	具体功能
内容商品	付费图文、音频和视频；视频录播+直播；语音、PPT、实时视频直播；直播打赏、共享文件、导出音频；单品售卖、系列专栏、付费会员、文字防复制、PC端/移动端支付访问、二维码/短链生成、课程试听/试看
社群运营	小社群、课程打卡、活动管理、作业本、付费问答
营销推广	高级推广员、推广海报、买赠、邀请码、拼团、画线价格、请好友看、优惠券、限时折扣
内容分销	店铺内容分销市场、连接广告代理市场
用户管理	用户访问名单、用户黑名单、消费名单导出、用户评论管理、全员用户店铺通知、个人用户店铺通知、服务号/小程序通知、用户建议/反馈、信息采集
财务管理	收支、订单、提现管理；订单导出、商家助手小程序
数据分析	数据分析、页面统计
店铺设置	主/子账户管理、引导关注公众号、课程搜索；隐藏更新期数、订阅数、播放量/浏览量、直播间人次和打赏提醒
店铺个性化	轮播图、分类导航；首页模板、首页名称、分享语自定义
品牌全渠道	API开放接口、专属知识付费App、专属知识付费小程序

小鹅通诞生一年多来，为 8 000 万名用户提供知识服务，其中付费用户超过 800 万人，2018 年 5 月客户总收益突破 10 亿元。在目前整个知识付费趋于理性的状态下，小鹅通这一高于行业均值的数据，给知识付费行业带了更多的想象空间。

目前，小鹅通注册店铺已经超过 20 万家，不仅汇聚了自媒体、传统媒体、出版社、在线教育机构、线下培训机构以及知识盈余的个人用户，覆盖了母婴亲子、个人提升、读书文化、职场创业、教育培训、财经楼市、情感心理、女性时尚、生活文艺等多个内容方向，而且还汇聚了诸如吴晓波频道、十点读书、咪蒙、张德芬空间、腾讯科技、年糕妈妈、豆瓣时间、网易科技公开课、樊登读书会、华章书院、华尔街见闻、宋鸿兵鸿学院、冯仑风马牛、小能熊学院、半月谈教育等众多知名媒体、内容创业者。

面对如此巨大的知识付费市场，小鹅通将持续为内容创作者提供更加完善的知识变现工具，且将怀着初心愿意用百分之百的精力持续为知识付费行业做贡献。

资料来源：https://tech.china.com/article/20180730/kejiyuan0718172757.html，根据以上新闻节选改编。

案例思考

1. 工具型知识付费平台的特点是什么？适用于哪类人群？
2. 小鹅通产品的优势体现在哪些方面？

6.3.2　平台型知识付费平台

1. 概念

平台型知识付费平台以内容为核心吸引各领域权威入驻，围绕权威而进行内容变现服务，平台利用权威吸引更多的流量，利用平台进行个人品牌宣传以及课程售卖，平台对知名度及流量较高的著名人士带来的效果更多的是宣传作用。

平台型知识付费平台提供工具和流量，自身有积累的粉丝和学员，作为平台连接用户和内容提供者，适用于没有流量、没有粉丝的知识生产者，将市场交给平台来做，内容提供者只需要提供高质量的内容即可，但是平台会分走部分利润。

2. 解释

平台型知识付费平台内部具有巨大的流量，比较适合著名人士使用。如吴晓波等头部大号都会渐渐离开平台，建立属于自己的知识店铺，因为他们本身有流量，为寻求更多的转化和提高用户黏性，让用户交年费，避免同质化竞争。对于粉丝不多的人士和有知识但是没有流量的创作者来说，加入平台可以增加曝光度，吸引外部流量，但是流量依赖平台，用户黏性也归属平台。对粉丝不多的人士来说，有利有弊，自己的流量也可能会被平台的各种各样的内容带走，因为平台会将竞争者的内容都展示在用户面前，所以受欢迎的内容将会吸引更多的用户，而还在成长中的粉丝不多的人士的势力会显得单薄许多。

平台型知识付费平台对于内容创作者初期创作能带来流量，但是社群等问题没办法得到解决，虽然出现了类似小密圈的社群知识付费，但是它还是围绕平台进行的知识付费，粉丝更多的是依靠平台并归属于平台，粉丝不多的人士有可能由于竞争不过头部大号而衰落。

3. 应用

在知识付费市场上占据较大优势、知名度较高的平台型知识付费平台有喜马拉雅 FM、知乎 Live、得到、千聊等，知识付费平台排行榜如图 6-10 所示。

千聊由腾讯众创空间孵化，是一款基于微信公众号的高效的知识变现工具，其口号是"和大咖交流感兴趣的知识"。由于是基于微信平台开发的工具产品，拥有自带的流量优势。专注于知识分享，因此更注重讲师与学员之间的互动，同时也给讲师提供了多种个性化服务，让讲师更好地将知识分享给用户。荔枝微课定位于在线培训直播平台，线上教育平台，更侧重明星方面的引入。目前，荔枝微课是国内明星使用最多的微课直播平台，其内容更生活化、泛娱乐化，通过社区筛选优质内容，自行产生讲师，社区形态更加稳定。

排名	平台
1	得到
2	分答
3	在行
4	百度问咖
5	知乎 live
6	喜马拉雅 FM
7	微博问答
8	千聊
9	值乎
10	豆瓣时间
11	虎嗅 VIP
12	36 氪开氪
13	馒头商学院
14	钛媒体 Pro 专业版
15	混沌研习社

图 6-10 知识付费平台排行榜

资料来源：2017 年《互联网周刊》和 eNet 研究院选择排行。

喜马拉雅 FM 从之前的主打相声评书的音频产品转型到知识订阅付费的产品形态，主打音频的原生优势，迎合了解放双眼的痛点。在产品内容上，邀请热点 IP 入驻，保持了产品内容的新鲜感。得到利用罗振宇个人的品牌效应，带动其他特定领域的高水准学者专家加盟，针对开设的课程，得到团队有专门的知识策划团队，用来打造知识 IP 的课程体系。

从产品内容来看，千聊、荔枝微课偏向于生活类知识技能的输出，产品形态决定了目标用户大部分来源于中青年处于婚育期的女性，涉及的知识比较实用，并且具有碎片化学习的特点，很符合现在互联网时代快速学习的趋势。喜马拉雅 FM、得到则侧重于人文社科类专业知识，其知识更专业、更系统化，能产生长期的用户黏性，增加用户求知感。

千聊、荔枝微课的优势是个性化程度高、针对性强、导向明确；缺点是时间成本高，标准难统一，准入门槛高。得到、喜马拉雅 FM 的优势是体系化程度高，伴随性强，变现率高，易打造品牌；缺点是互动性弱，准入门槛高，对讲师的专业性权威要求高。

4. 拓展

由于真正有价值信息的稀缺，移动付费技术的逐渐成熟，用户精神消费需求的增加，以及为优质内容付费观念的逐渐普及，知识付费产业已成蓬勃之势，中国知识付费产业图谱如图 6-11 所示。

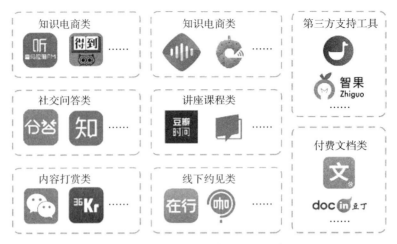

图 6-11 中国知识付费产业图谱

线上的知识付费平台专注于特定领域的深耕，以提升基础型、实践性较强的轻量化内容为主。知识付费平台有较为清晰的用户定位和精准的内容生产模式，同时价格在百元上下浮动，较符合国民消费预期。知识付费平台将更注重打造和扶持付费率高、评价好的产品，利用其与用户个性化需求相符的长尾效应获利。产业呈"腰型"结构分布，头部的前三位占据 35% 的产业规模，腰部的第 4～10 位占据 25% 的产业规模，众多长尾参与者分享其余 40% 的份额。知识付费平台发展至今已基本形成明确的产品定位和较大程度的用户黏性，用户数量以千万计算。

随着公众对知识付费产品新鲜感的降低，用户复购率下降，总使用时长缩水，包括喜马拉雅 FM、知乎 Live 等一线应用在内的整个知识付费行业开始出现营收下降的情况。步入 2018 年，负面评价和质疑知识付费行业的声音不绝于耳，而新世相因"知识分销"而被封杀的事件更是将知识付费推到了舆论的风口浪尖。

■ 案例 喜马拉雅 FM

喜马拉雅 FM 是专业的音频分享平台，汇集了有声小说、有声读物、有声书、儿童睡前故事、相声小品、鬼故事等数亿条音频。目前，喜马拉雅 FM 已有累计用户 4.7 亿个，出版社、作家、播主、粉丝、品牌通过喜马拉雅 FM 平台有机联结在一起。喜马拉雅 FM 将助力打造由出版社电台和作家电台组成的出版社电台集群，通过粉丝效应迅速树立出版社品牌，实现经济效益的转化，并通过网友打赏等方式变现。

喜马拉雅 FM 于 2016 年 12 月 3 日开启了国内首个内容消费节"123 知识狂欢节"，号召重视知识的价值，并在狂欢节前向所有用户派发总价值 2 亿元的知识红包。喜马拉雅 FM 于 2017 年 6 月 6 日打造了内容消费行业首个会员日"66 会员日"，召集 342 万名会员产生知识消费 6 114 万元；马东、乐嘉、王佩瑜等 26 位知名人士陆续进行长达 30 小时的直播狂欢，引发了大量网友的关注与讨论；联合新榜和克劳锐，征集了 100 位行业 KOL 联合向知识付费一周年致敬，同时联合蘑菇街、掌阅、飞猪、唱吧、马蜂窝等近 100 个品牌官方微博，共同发起线上联动海报，从不同的视角阐述知识对人们的重要性。喜马拉雅FM通过2016年的"123知识狂欢节"与2017年的"66会员日"将内容付费打造成了品牌专属节日，不仅让知识付费的意识更加深入人心，而且也使喜马拉雅FM成为引领内容消费的第一平台。

喜马拉雅FM的内容主要来自联合出品和主播入驻，为了巩固内容壁垒，喜马拉雅FM采用独家版权模式，喜马拉雅FM总订阅数量前十名的专栏如表6-5所示。这种内容生产的模式前景尚好，但是其著名作者都属于外部邀请，如马东、湖畔大学和吴晓波等，而非社区原生，在粉丝管理这个维度上，喜马拉雅FM对著名作者的控制力不强。

表6-5 喜马拉雅FM各专栏总订阅数量前十名

类别	栏目名称	作者	价格（喜点）（1喜点=1元）	播放量（万次）
职场心理	马东携奇葩天团亲授"好好说话"	马东、马薇薇、邱晨、胡渐彪、黄执中、周玄毅等	198	5 246.8
亲子教育	舒克贝塔历险记（上部）	郑渊洁	99	2 472.4
有声读物	《麻衣神算子》紫襟故事	骑马钓鱼	0.40/集	2 370.1
亲子教育	余世维家庭教育课	余世维	199	1 715.4
人文历史	蒙曼品最美唐诗	蒙曼	199	1 634.9
有声读物	官神（下）公务员升迁宝典	呵壁问天	0.20/集	1 528
亲子教育	舒克贝塔历险记（下部）	郑渊洁	99	1 430.9
有声读物	《斗破苍穹》20亿网络点击神作	绮梦音坊_暮玖Ayla	0.20/集	1 340.1
职场心理	张德芬修心课：一年心灵自由之旅	张德芬	199	1 316.4
有声读物	《校花的贴身高手》（下）	丸子	0.20/集	1 151.1

注：资料整理截止时间为2017年10月16日22时。

资料来源：根据 http://www.sohu.com/a/214253737_720186，《信息过载视域下的内容付费》（王佳航、余媛，2017.6）等资料改编而成。

案例思考

1. 平台型知识付费平台的特点是什么？适合于哪类人群？
2. 平台型知识付费平台和工具型知识付费平台的主要区别是什么？
3. 喜马拉雅FM的平台类型、内容生产模式、版权模式各有什么特点？
4. 知识付费产业的发展趋势如何？

□ **本章小结**

本章主要介绍了内容付费的概念及应用场景、付费内容的分类（文图、音频、影音）、内容付费的商业模式（产品模式、服务模式和社群模式），以及典型的知识付费平台（工具型知识付费平台、平台型知识付费平台）。

□ **本章术语**

| 内容付费 | 知识付费 | 作品型付费 | 会员型付费 |
| 问答型付费 | 社群型付费 | 道具型付费 | 打赏 |

电商引流　　　　　产品模式　　　　　服务模式　　　　　社群模式
工具型知识付费平台　　　　　平台型知识付费平台

❏ 练习

1. 下载文图类内容付费平台（网络文学、资讯、漫画），体验其内容付费业务并比较其功能。
2. 下载音频类内容付费平台（音乐、有声音频），体验其内容付费业务并比较其功能。
3. 下载影音类内容付费平台（网络游戏、长短视频、直播、在线课程）体验其内容付费业务，并比较其功能。
4. 通过体验相应的内容付费平台，比较产品模式、服务模式和社群模式三种主要商业模式的优势、缺点以及付费形式。
5. 通过体验相应的知识付费平台，比较工具型知识付费平台和平台型知识付费平台的特点。
6. 为线下中小商户利用内容付费平台开展商务活动设计相应的策划方案。

❏ 参考文献

[1] 艾媒咨询. 2017 年中国内容付费专题研究报告 [R/OL].（2017-04-05）[2018-10-10]. http://www.iimedia.cn/50548.html.

[2] 易观咨询. 2017 中国互联网内容付费市场专题分析 [R/OL].（2018-01-02）[2018-10-10]. http://www.sohu.com/a/214253737_720186.

[3] 新浪财经. 2017 年中国互联网内容产业报 [R/OL].（2018-07-08）[2018-10-10]. http://finance.sina.com.cn/chanjing/cyxw/2018-07-08/doc-ihezpzwt2182563.shtml.

[4] 智研咨询. 2017 年我国知识付费行业市场现状分析 [EB/OL].（2017-10-13）[2018-10-10].http://www.chyxx.com/industry/201710/571986.html.

[5] 中国社会科学网. 中国新媒体发展报告（2018）[R/OL].（2017-07-05）[2018-10-10]. http://ex.cssn.cn/zk/zk_zkbg/201707/t20170705_3569552_5.shtml.

[6] 中国互联网信息中心. 第 41 次中国互联网络发展状况统计报告 [R/OL].(2018-08-20)[2018-09-10].http://www.cnnic.cn/hlwfzyj/hlwxzbg/.

PART

典型应用篇

第 7 章

移 动 支 付

本章导读 :: :: ::

随着移动互联网和手机的普及,在中国,出门不带钱包的人越来越多,移动支付正在逐步取代传统的银行卡、现金等支付方式,成为当下货币交易的一种主要方式。中国已成为全球最大的移动支付市场,中国的移动支付成为全球移动支付的引领者。这一章,主要介绍移动支付的基础知识、移动支付的运营模式、移动支付的常见手段、区块链和移动支付。

知识目标 :: :: ::

1. 了解移动支付的概念
2. 掌握移动支付的常见类型
3. 理解近场支付与远程支付的区别
4. 理解移动支付的主要运营模式
5. 理解区块链的概念和应用领域
6. 理解区块链对移动支付的影响

能力目标 :: :: ::

1. 具备利用移动支付开展金融活动的能力
2. 具备为中小企业设计移动支付方案的能力
3. 具备根据应用场景选择移动支付方案的能力

7.1 移动支付的概念

1. 概念

移动支付是随着移动通信技术发展而出现的,随着移动通信技术的快速发展,移动支付的内容和形式不断丰富。根据不同的角度，相关行业、组织对移动支付给出了不同的定义。2002年，国外著名的移动支付联盟组织移动支付论坛对移动支付的定义是：移动支付是指交易双方为了某种货物或者服务，以移动终端设备为载体，通过移动通信网络实现的商业交易。

中国人民银行对移动支付的定义是：移动支付是指单位、个人直接或授权他人通过移动通信终端或设备，如手机、掌上电脑、笔记本电脑等，发出支付指令，实现货币支付与资金转移的行为。

2. 解释

支付是将货币从一个账户转移到另一个账户，支付的过程就是货币在账户之间转移的过程。移动支付将用户、终端设备、无线网络、应用提供商以及金融机构相融合，通过无线网络为用户提供货币支付、转账、缴费等金融业务。移动支付所使用的移动终端可以是手机、PDA、移动PC等，目前，智能手机是主要的移动支付终端，因此也有人将移动支付称为手机支付。

随着移动通信技术的演进，移动支付的终端和技术也发生了突飞猛进的变化，应用的无线网络包括移动通信、无线局域网、近场通信等不同类型。移动通信技术也经历了从第一代模拟移动通信（1G），第二代以GSM为代表的数字移动通信（2G），以CDMA、TD-SCDMA等为代表的3G，到以TD-LTE、FDD-LTE为代表的4G演进的过程。目前，5G技术正在研发，即将进行商业化应用。

移动支付是一种依靠短信、HTTP、WAP、NFC、二维码等无线方式完成支付行为的支付方式。移动支付的方式经历了从短信等传统远程支付到移动互联网支付、NFC近场支付、二维码支付等方式的演变。

付款方包括手机二维码支付、NFC刷卡、智能穿戴设备（如指环、手表）等；收款方，最初的POS外接扫码枪逐渐被淘汰，新的产品不断涌现，如今市场上可以看到如智能POS、二维码图、扫码盒子等各种收款设备。

3. 应用

移动支付具有移动性、实时性、快捷性、便携性等特点。作为一种便捷、快速的支付手段，移动支付能够克服地域、距离、网点、时间的限制，极大地提高交易效率，为商家和消费者提供方便。

移动支付应用的场景包括线上和线下两种。线上应用，主要是为网上购物和服务提供非现金的电子支付方式，将资金从买家的账户划拨到卖家的账户，线上应用种类繁多，例如网上购买商品、话费缴纳、电影票预订、信用卡还款、支付打车费、资金理财、游戏充值、转账等。线下应用，主要是为实体店购物和线下的各种服务提供非现金的支付方式，从刚开始的餐饮、娱乐业消费，逐步扩展到商超、交通、医疗等各个行业，支付宝和微信应用的普及使得目前接受线下移动支付的门店日益增多。

以前提到移动支付，人们想到的就是利用手机在网上买东西付款，现在移动支付在各类应用场景的使用均有显著增多，尤其在便民支付领域发挥更重要的作用。全国 4 000 多万户小商家采用二维码贴纸实现收银数字化。

《2017 移动支付用户调研报告》显示，2017 年，98.1% 的用户表示在生活类场景中经常使用移动支付，如购买吃穿用方面的生活所需品等；其次为票务类，如购买电影票、演出票等，占比为 80.6%；酒店、机票等商旅方面的支出排名第三位，占比为 68.9%；公共事业类缴费排名第四位，占比为 61.5%；在娱乐业务下载场景和投资理财场景通过移动支付进行支付的用户，分别占比为 55.2% 和 40.2%。以上应用场景下的移动支付使用次数较 2016 年有显著提升，可以说，移动支付已广泛应用于日常生活的方方面面。

根据中国银联发布的 2017 年《移动支付安全大调查分析报告》，在中国移动支付的应用场景中，商超及餐饮类线下实体商户消费、网上实物类消费购物比例最高，如图 7-1 所示。

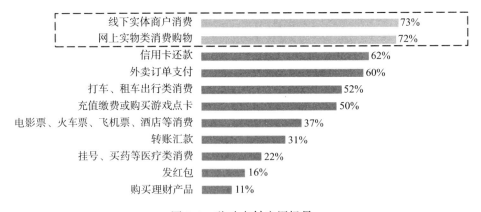

图 7-1　移动支付应用场景

资料来源：2017 年《移动支付安全大调查分析报告》，中国银联。

中国互联网络信息中心 2018 年 1 月 31 日发布的第 41 次《中国互联网络发展状况统计报告》显示，我国手机支付用户规模增长迅速，截至 2017 年 12 月，达到 5.27 亿人，较 2016 年年底增加 5 783 万人。此外，《2017 微信数据报告》显示，截至 2017 年 9 月，微信支付月社交支付次数较上年增长 23%，月线下支付次数较上年增长 280%，微信支付绑卡用户已超过 8 亿人。

4. 拓展

移动支付在智能手机出现之前已经出现，国内最早的移动支付出现在 1999 年。当年，中国移动与中国工商银行（简称工行）、招商银行等金融部门合作，在广东等一些省市开始进行移动支付业务试点。2002 年，银联推出第一代手机支付模式，通过短信互动完成交易，可实现手机话费查询和缴纳等多种服务。早期移动支付的主要形式是短信支付，消费者可以通过发送彩信，购买音乐、手机铃声、壁纸图片；接着，消费者在电子商务网站结账时选择用移动账单付款，可以通过账户密码与短信一次性密码进行支付；后来，用户在网页上登录银行网站或者下载银行 App 进行支付，这些都可以算作移动支付。

现在人们所熟悉的移动支付主要是二维码支付和各种智能手机相关的 NFC 支付。移动支付方式的多样化，为用户提供了更加便捷和安全的支付服务。与移动支付相关的概念包括手机支付、手机钱包等。

手机支付是指通过手机进行的支付，它既包括类似于手机银行这种支付双方互不见面的手机远程支付，也包括支付双方面对面的手机现场支付。

手机钱包是手机与电子钱包的结合。手机既可以通过与智能储值卡的物理融合成为电子钱包，也可以作为移动终端通过使用电子钱包软件成为手机钱包。电子钱包包括智能储值卡式电子钱包和纯软件式电子钱包；储值卡式电子钱包通过在手机终端内置 NFC 芯片，植入用户信息、账户信息或银行卡号等信息，将储值卡或银行卡功能集成到手机卡中，以手机作为储值卡的载体，通过刷手机完成支付；纯软件式电子钱包，主要是支付运营商提供的各种手机钱包软件，例如支付宝钱包、百度钱包、中国移动和包等属于软件式手机钱包。

■ 案例　移动支付应用场景

按照传统的消费习惯，出门不带钱那是万万不能的。而现在，随着手机支付的日渐普及，无现金时代已经悄然来临。如果出门只能随身携带一样东西，相信很多人会选择手机。随着移动支付的兴起，一部手机走天下正在改变着我们的消费方式。

场景 1：农贸市场八成摊位能扫码

"就买几块钱的菜还要扫码，我是搞不懂这些年轻人。"在某菜市场，卖菜的胡大姐拿出印有二维码的纸牌让顾客扫码。在该菜场内，八成以上的摊贩至少提供一种移动支付服务，很少有只收现金的摊贩。"不用不行啊，大家都用手机付钱，我不用就没有生意。顾客就到别人家去买东西了。"卖猪肉的付先生说，用了移动支付后，他发现非常方便，不仅省下了找零的时间，也不怕收到假币了。

在菜市场里，仍然可以看到很多用现金付钱买菜的老年人，他们对于这些新科技不太了解。

场景 2：大型商超扫码支付超五成

某大型超市收银台前，很多结账的市民使用移动支付，只有为数不多的人通过刷卡或现金结账。"年轻人一般喜欢用手机支付，刷卡的主要是中年人，用现金的大多是老年人，层次很明显。"一位收银员说，用手机支付速度快，既节省了现金找零的时间，也节省了刷卡等待的时间。超市一般有三种付款模式，现金、刷卡和扫码，利用移动支付的人应该超过五成。

场景 3：地铁和公交移动支付

公共交通是城市出行最重要的方式，但长期以来，由于对信号、时间的要求，因此一直是移动支付难以步入的领域，国内外的惯例都是自备零钱或使用交通卡。随着技术的突破，2017 年，超过 30 个城市的公交、地铁先后开始支持支付宝支付，不少人感叹"出门带钱包的最后一个理由也没了"。2016 年 5 月，杭州在全国率先实现扫支付宝二维码乘公交，目前已覆盖所有公交车。2017 年 12 月 27 日开始，杭州市民只要在支付宝内领取"杭州地铁乘车码"，就可以在杭州的 72 个地铁站扫支付宝二维码入闸乘车，无须购买实体票。乘客在支付宝首页点击"付钱——乘车码"，找到"杭州地铁乘车码"二维码，在地铁闸机上扫一扫就可入闸。出站时再扫二维码，会自动从支付宝账户扣取乘车全额。

场景 4：移动支付提高公共服务效率

"以前看病缴费要来回跑窗口，大部分时间花在排队上了，现在用支付宝绑了社保卡，一键就可以支付医疗费用，还可以查询消费记录。"来深圳市人民医院陪家人看病的陈先生感慨。据了解，目前深圳市使用医保移动支付绑卡人数超过 160 万人，累计交易金额超过 8 400 万元。

各地公共服务部门通过在支付宝上开设"窗口"，已经能让市民不用出门，在家中也能缴费、办事。2017 年，市民可以在支付宝的城市服务中办理包括社保、交通、民政等 12 大类的 100 多种服务。腾讯联合中国人民大学重阳金融研究院、调研机构益普索共同发布的《2017 智慧生活指数报告》显示，截至 2017 年 7 月底，以微信支付为核心的"智慧生活解决方案"已覆盖购物、餐饮、医疗、旅游、停车、加油等 30 多个行业的数百万家门店。

资料来源：http://www.mpaypass.com.cn/news/201801/18105111.html、http://news.sina.com.cn/o/2017-12-26/doc-ifypxmsr0891954.shtml、http://www.edu.cn/xxh/ji_shu_ju_le_bu/dsj/201802/t20180202_1583720.shtm，根据以上三则新闻改编。

案例思考

1. 移动支付的优势有哪些？
2. 移动支付的应用场景有哪些？
3. 移动支付的普及可能会带来哪些问题？
4. 中国移动支付快速发展的原因有哪些？

7.2 移动支付的类型

1. 概念

按照采用技术的不同，移动支付主要分为远程支付与近场支付两种类型。

远程支付是指通过移动网络和移动终端，利用短信和移动通信网络等，远程连接到后台支付系统，实现各种转账、消费等支付功能。

近场支付是指通过具有近距离无线通信技术的移动终端实现信息交互，进行货币资金转移，实现对商品或服务的现场支付。消费者在购买商品或者服务时，可即时通过手机向商家进行支付，支付的处理在现场，通常在线下进行，主要是使用 NFC、红外、蓝牙、RFID 等近距离通信技术，实现与自动售货机及 POS 机的本地通信。

2. 解释

目前，大多数移动支付表现为远程支付，典型代表如短信支付、扫码支付、微信支付、手机银行支付、语音支付、支付宝支付等。远程支付主要通过移动互联网技术远程连接到支付后台来实现支付。手机短信支付是手机支付的最早应用，将用户手机 SIM 卡与用户本人的银行卡账号建立一种一一对应的关系，用户通过发送短信的方式在系统短信指令的引导下完成交易支付请求，操作简单，可以随时随地进行交易。手机短信支付服务强调了移动缴费和消费。

目前，主流的近场支付方式是基于 NFC 的支付。通过在智能手机或可穿戴设备等移动终端中内置 NFC 模块，与支持 NFC 的收单终端进行近距离信息交互完成各种支付业务，如 Apple Pay。支付的处理在现场，并且在线下进行，不需要使用移动网络，而是使用 NFC 射频通道实现与 POS 收款机或自动售货机等设备的本地通信。移动 NFC 支付是通过移动智能终端设备（智能手机、智能穿戴设备等）进行的 NFC 支付。NFC 支付过程并不像扫码支付一样需要"解锁手机—打开 App—点开扫码 / 二维码"多步骤支付，而是可直接支付，更为方便；NFC 支付直接从手机端（非第三方支付企业）支付，令用户感到更加安全；远程支付与近场支付的主要区别如表 7-1 所示。

表 7-1 远程支付与近场支付的区别

维度	远程支付	近场支付
依托技术	信息通信技术和移动互联网技术	RFID、蓝牙、红外、NFC 等近距离无线通信技术
支付场景	线上交易和线下支付	线下支付
硬件安全级别要求	无特别要求，可使用移动网络本身的 SIM 卡授权	要求较高，需金融机构授权
资金账户	话费、银行账户和支付运营商提供的专门支付账户	使用支付运营商提供的专门支付账户居多，也使用银行账户
典型产品	二维码支付、手机银行等	Apple Pay、银联云闪付等

按照支付账户的性质，移动支付可以分为银行卡支付、第三方支付账户支付、通信代收费账户支付。银行卡支付就是直接采用银行的借记卡或贷记卡账户进行支付的形式，手机银行、银联支付是其中常见的形式。第三方支付账户支付指为用户提供与银行或金融机构支付结算系统接口的通道服务，实现资金转移和支付结算功能的一种支付服务。作为双方交易的支付结算服务的中间商，第三方支付机构需要提供支付服务通道，并通过第三方支付平台实现交易和资金转移结算安排的功能。支付宝支付、微信支付、百度钱包等属于第三方支付账户支付。通信代收费账户支付是移动运营商为其用户提供的一种小额支付账户，用户在互联网上购买电子书、歌曲、视频、软件、游戏等虚拟产品时，通过手机发送短信等方式进行后台认证，并将账单记录在用户的通信费账单中，月底进行合单收取。

3. 应用

扫码支付，通过扫描条形码或者二维码读取支付地址，调用手机钱包软件完成支付和资金的转移。商家可把账号、商品价格等交易信息汇编成一个二维码,并印刷在报纸、杂志、广告、图书等载体上发布。用户通过微信、支付宝等手机客户端扫码,便可实现与商家微信、支付宝账户的支付结算。二维码支付业务包括付款扫码和收款扫码。付款扫码是指付款人通过移动终端读取收款人展示的条码完成支付的行为。收款扫码是指收款人通过读取付款人移动终端展示的条码完成支付的行为。二维码支付商家开通门槛低、方便快捷、成本低,应用场景非常广泛。2011 年支付宝推出二维码支付,2012 年微信跟进推出了二维码支付。二维码支付是目前线下应用较广的移动支付方式,本质是远程支付。

相比于二维码支付,NFC 支付的优势在于无须网络连接,以及省去了手机开锁、打开 App、点击扫码等环节。NFC 手机支付具有安全性高等特点,但是由于对硬件要求高,POS 终端和手机都需要支持 NFC 支付,商家若想使用 NFC 支付就必须购买相应的终端设备。由于用户支付习惯、成本高等原因,因此 NFC 支付市场普及率并不高。Apple Pay,是苹果公司在 2014 推出的一种基于 NFC 的手机支付功能,2014 年 10 月 20 日在美国正式上线。2016 年 2 月 18 日,Apple Pay 业务在中国上线。根据艾瑞咨询的调研,我国移动 NFC 支付使用场景以商超为主,如图 7-2 所示。

图 7-2 2017 年中国移动 NFC 支付用户使用 NFC 支付的主要场景

对于企业和线下商户而言,可以通过二维码、手机、手机刷卡器、智能 POS、收银盒等收银和扫码终端设备开展移动支付收款服务。拉卡拉是目前中国最大的线下便利支付公司。2012 年,拉卡拉推出手机刷卡器,正式进入移动支付领域,目前拉卡拉为商户提供智能 POS、手机收款宝等收单设备及服务,图 7-3 是其面向商户的收款设备之一,可以支持微信、支付宝、银联二维码等收款服务,同时支持银联云闪付、手机 NFC 支付、IC 卡支付等。

4. 拓展

移动支付方式应运而生且种类繁多,除了二维码支付和 NFC 支付外,还包括密码支付、指纹支付、声波支付、光子支付、语音支付、虹膜支付、刷脸支付等。

(1)密码支付。密码支付是移动支付中最为原始的方法,密码主要由数字及英文字母构成,该类型密码的缺点在于用户易忘难记。因此,相关用户会采取生日和门牌号等作为密码,造成了被黑客盗取及破解的潜在危险。

(2)指纹支付。指纹支付是采用指纹进行识别和支付,最典型的是苹果的指纹识别和支付技术，Apple Pay 使用指纹识别"Touch ID"来进行支付确认。2015 年 6 月 8 日，微信 6.2 版本推出了"指纹支付"功能。用户开通该功能后，下单后进入支付流程，根据界面提示将手指置于手机指纹识别区，即可实现"秒付"。整个支付流程，无须输入密码。相比密码支付，该项技术更为安全并且更为方便，避免了忘记密码等情况的发生。

图 7-3　拉卡拉移动支付收款设备

（3）声波支付。声波支付是利用声波的传输，完成两个设备的近场识别。其具体过程是，在第三方支付产品的手机客户端里，内置"声波支付"功能，用户打开此功能后，用手机麦克风对准收款方的麦克风，手机会播放一段"咻咻咻"的声音。声波支付目前主要用于地铁、商场、校园内的自动售货机等设备，手机不需要联网，卖家需要配备声波接收器。

（4）光子支付。光子支付是通过一束光来实现授权、识别及信息传递的支付技术，它能克服电磁捕获及干扰，每次发射的光都是动态变化的。在现场的实际操作中，用户打开手机闪光灯对着 POS 机上的光子支付感应器照一下，其他环节与刷卡支付无异。

光子支付是平安银行 2015 年推出的移动支付技术，光子支付用户先下载平安银行新版口袋银行 App 并绑定平安银行卡，点击口袋银行的支付功能，手机对着 POS 机上的光子支付感应器照一下，然后在 POS 机上输入交易金额和密码，验证、打单，即可完成交易。目前，市面上大多数 POS 机还不支持光子支付，商户如果要配合消费者使用光子支付，还需要在 POS 机上升级加贴一枚硬币大小的光子支付感应器。

光子支付并不需要连接网络，实现光子支付也无须外接任何设备，用户不需要为实现光子支付功能而选配某一款手机，市面上基于 iOS、Android 的主流智能手机，只需要具备闪光灯功能就能支持光子支付。

作为一种新型的移动支付方式，光子支付可以将近百个支付账户绑定在一个"光 ID"上，大大减轻钱包的负重，不必带卡就能轻松切换支付账户。而且由于光子支付不需要连接网络，并且支持大部分主流手机，没有 SIM 卡、操作系统等限制，因此对用户来说既能随时随地可用，又不会产生额外成本。另外，支持大额支付也是光子支付的特点之一。

（5）语音支付。语言支付起步较晚，目前还没有成熟的体系。谷歌测试了一种名叫"Hands Free"的语音支付系统，这套系统整合了手机蓝牙、GPS定位、Wi-Fi等多项技术，当用户结账时只要念出特定语句就可以完成支付。谷歌在美国加利福尼亚州的几家特定餐厅推出了Hands Free支付功能，用户在餐厅中订餐和支付时只需说一声"我用谷歌支付"即可，不用掏出钱包或手机。但是，由于声音相似的比例较高且容易模仿，因此业界对此类支付方式仍处于试验状态。

（6）刷脸支付。刷脸支付系统是一款基于脸部识别系统的支付平台。支付时只需要面对POS机或手机屏幕上的摄像头，系统会自动将消费者面部信息与个人账户相关联，可以在购物后的支付认证阶段通过刷脸取代传统密码。2017年9月1日，支付宝在杭州的肯德基KPRO餐厅上线刷脸支付，成为全球首个将刷脸支付推向商用的试用点。

■ **案例 刷脸支付及应用**

2015年，阿里巴巴董事局主席马云在德国展示了刷脸支付的神奇体验。时隔两年，支付宝推出了刷脸支付在全球范围内的首个商用试点：2017年9月1日起，杭州万象城肯德基KPRO餐厅正式上线支付宝刷脸支付功能。在自助点餐机上选好餐，进入支付页面，选择"支付宝刷脸付"。然后进行人脸识别，大约需要一两秒，再输入与账号绑定的手机号，确认后即可支付。整个支付过程不到10秒就可以完成。如果是首次使用，用户需要先在支付宝App上开通此功能。自2015年起，支付宝率先将人脸识别技术应用于用户登录后，这一项技术先后用于实名认证、找回密码、支付风险校验等场景，而这次是刷脸支付从线上转到线下的首次尝试。

随着人工智能技术的不断发展，人脸识别的应用再也不用等待那么长的时间了。2017年秋，苹果iPhone X发布后，微信火速匹配了Face ID，提供了iPhone X刷脸支付功能。

这家社交巨头对人脸识别应用的野心不仅于此。除了智能手机以外，微信还将人脸识别布局到其他领域，比如腾讯总部的刷脸进门，再比如微信支付与绫致时装集团在全国首次推出的人脸智慧时尚店。

目前，在深圳九方购物中心的Jack & Jones和广州白云万达广场VERO MODA两家人脸智慧时尚店内，消费者试衣、付款均可通过刷脸完成。具体有如下几个步骤。

（1）刷脸，绑定绫致会员小程序并开通微信支付，成为人脸识别会员。腾讯的优图团队则负责将用户和会员体系内采集的数据图片进行比对验证，以准确识别你是否为会员。

（2）在店内的智慧试衣间，通过"刷脸"试衣。微信支付和腾讯社交广告团队将以用户画像和腾讯精准算法，结合绫致商品库，为会员用户提供个性化的服饰搭配推荐。

（3）支付，会员用户在人脸智慧收银台进行刷脸认证身份，即可完成微信支付。

无论是支付宝的刷脸吃饭，还是微信的刷脸买衣，它们都展示了无感支付的美好未来。刷脸支付的落地，意味着继现金、银行卡、手机支付之后，又多了一种新的支付方式，消费者有了更多的选择。即使忘带钱包、手机没电，也能进行支付。此外，这也意味着人机交互进入了一个新的阶段：用户与机器的交互手段从最早的电脑、手机，到现在可以脱离设备的束缚，靠人本身就能完成。

资料来源：http://finance.ifeng.com/a/20170901/15636934_0.shtml、http://www.sohu.com/a/212834676_115161，根据以上两则新闻改编。

案例思考

1. 移动支付未来的发展趋势是什么？
2. 刷脸支付可能存在哪些问题？

7.3 移动支付的运营模式

移动支付产业链的参与者主要包括银行、卡组织、移动运营商、移动支付平台、第三方支付商、商家、设备及解决方案提供商、用户等。目前，移动支付主要有四种运营模式：以移动运营商为主导的运营模式、以银行为主导的运营模式、以卡组织为主导的运营模式、以第三方支付为主导的运营模式。

7.3.1 以移动运营商为主导的运营模式

1. 概念

移动运营商作为移动支付平台的运营主体，会以用户的手机话费账户或专门的小额账户作为移动支付账户，用户所发生的移动支付交易费用全部从用户的话费账户或小额账户中扣减。

2. 解释

以移动运营商为主导的运营模式主要通过运营商来推动整个手机支付产业链的发展。在移动运营商主导的模式中，账户类型一般有两类：一是银行卡账户，二是移动运营商自有的预付卡账户。其主要收益来源：特约商户提供的支付交易佣金，移动运营商、商业银行、卡组织、收单机构按照所协商的分润方式进行分润；移动运营商还可通过出售 NFC 手机、出租 SIM 卡空间等方式获取收益。

在数据增值业务时代，中国移动拥有垄断的支付通道，辉煌一时的"移动梦网"成就了腾讯和众多互联网企业变现的路径，它曾是移动支付业务的鼻祖。随着智能手机的普及和信息技术的更新换代，该业务市场份额已日渐萎缩。当前，面对诸多竞争对手的挑战，运营商主要依托行业合作发展 NFC 手机支付。

3. 应用

全球范围内大部分移动运营商均开展 NFC 支付业务，如日本的 NTT DoCoMo、KDDI、软银，韩国的 SKT，法国的 Orange，英国的沃达丰，德国的电信，西班牙的 Telefónica 及中国的三大电信运营商等。

从市场发展来看，仅日本 NTT DoCoMo 的 iD 和韩国的 SKT 获得了较好的发展。目前，国内的三大运营商分别推出了和包、沃支付、翼支付，主要业务为话费、流量等通信业务的充值，另外还包括便利店、商场、公交、地铁等场所线下消费。

4. 拓展

日本是全球移动支付发展最早的国家，日本移动支付目前形成了以运营商为主导的体系。日本在开始推广移动支付的 2004 年，移动互联网用户已经高达 7 515 万人，占日本总人口的 70%，渗透率在全球领先。日本金融管制放松使其他行业可以参与银行业，零售商、运营商等都可以发行信用卡，银行对支付体系的统治力较弱。移动运营商直接控制手机终端，掌握海量手机用户。日本三大运营商 NTT DoCoMo、KDDI 以及软银在功能机时代对手机的掌控力很强，通过手机钱包以及入股银行的方式，日本运营商主导了移动支付产业链。NTT DoCoMo 从 2001 年开始策划推出电子钱包业务，2004 年 7 月正式推出手机钱包，通过整合交通卡、商户储值卡，NTT DoCoMo 的支付业务发展迅速，其整合了包括 Suica 在内的多家 IC 支付卡，并先后入股三井住友银行和瑞穗银行来直接涉足支付业务。NTT DoCoMo 移动支付业务发展迅速，目前用户数已经达到 3 500 万人，支持的商铺总数达到 95 000 户，截至 2015 年 iD 借记卡的开卡量已达 2 100 万张，而其发行的信用卡 DCMX 发卡量已达 1 600 万张。

NTT DoCoMo 通过构建开放的支付体系来快速发展。用户不仅可以使用 iD、DCMX 等运营商自己提供的银行卡，也可以选择其他银行卡。公司在整个移动支付产业链中充当着运营商和银行的"双重"角色，这使交易处理环节简化，从而能够降低交易处理成本。NTT DoCoMo 通过收取交易佣金来获取收入，以 2.5% 的交易佣金来计算，如果用户使用其发行的 iD 借记卡或者 DCMX 信用卡，公司不仅可以得到品牌费用和收单费，还能得到发卡行的费用。公司能够独享移动支付的佣金收入。

■ **案例　国内三大运营商的移动支付产品**

翼支付是中国电信的移动支付产品，用户在中国电信开通翼支付账户并储值后，即可在中国电信联盟商家和合作商户中使用。翼支付不仅能够进行远程支付，还可进行近场支付。远程支付通过网站、短信、语音等方式进行（远程支付可以不需要手机）；近场支付通过办理翼支付卡来完成，使用的是无线射频技术。

沃支付是中国联通的移动支付产品，沃支付包括手机客户端（主要进行远程支付，如团购）、手机钱包（主要是近场支付，如刷手机购物、乘车）、手机刷卡器"沃刷"（远程与近场支付均可）。沃支付使用 NFC 功能来完成近场支付。

作为中国移动通信集团旗下唯一的支付公司，和包支付现已获得中国人民银行颁发的互联网支付、预付卡发行和受理、移动电话支付、银行卡收单等支付业务许可证；获得中国证券监督管理委员会批准开展基金销售支付结算业务。2016年，和包用户数量达到2.09亿户，交易规模达到11 448亿元，营运收入累计达到18.6亿元，月均活跃用户数达到1 144万户。中国移动和包业务是将用户日常生活中使用的各种卡片应用（如银行卡、公交卡、校园/企业一卡通、会员卡等）装载在具有NFC功能的手机中，让用户随时随地能够刷手机消费，实现手机变钱包的功能。在有银联闪付或和包业务合作标识的现场商家进行消费时，消费者持NFC手机靠近对应业务受理终端轻轻一刷即可完成支付。

案例思考

1. 运营商发展移动支付的优势有哪些？
2. 运营商发展移动支付存在的问题有哪些？

7.3.2 以银行为主导的运营模式

1. 概念

银行作为移动支付的运营主体，用户通过银行卡账户进行移动支付，或者将银行账户与手机账户绑定。银行为用户提供交易平台和付款途径，移动运营商只为银行和用户提供信息通道，而不参与支付过程。

2. 解释

以银行为主导的运营模式的特点是移动支付业务不能实现跨行互联互通，各银行只能为自己的用户提供服务。相比第三方支付，银行的优势在于安全，没有资金沉淀在虚拟账户中带来的风险。

银行的移动支付产品更加偏向于功能性，工具化性质较重，强金融、弱场景的属性导致其难以出现业务发展的爆发点。

目前，银行在移动支付领域的主要产品是手机银行。手机银行是指传统银行的移动端平台，除了账户管理、转账汇款、交易明细查询等传统业务外，手机银行还提供网点查询、移动支付、投资理财、网上充值、生活服务、无卡取现等功能。

3. 应用

根据人民银行发布的《2016年支付体系运行总体情况》报告，2016年银行业金融机构发生移动支付业务257.10亿笔，金额达到157.55万亿元，同比分别增长85.82%和45.59%。2016年，非银行支付机构累计发生网络支付业务1 637.02亿笔，金额达到97.27万亿元，同比分别增长97.53%和100.65%。商业银行同第三方支付机构在支付领域的竞争更加激烈。

2016年8月，中国支付清算协会下发《条码支付业务规范（试行）》，同年12月，银联正式发布二维码支付安全规范和应用规范，为商业银行发展跨行通用的二维码支付奠定了产品规范基础，主要商业银行陆续启动了二维码支付产品的建设并相继发布了相关产品。随着监管层对二维码支付的放开，各家银行纷纷加强移动支付通道的建设，推出扫码支付产品，以期增加用户的使用黏性。如，工商银行率先推出了工银二维码支付，农业银行推出 K 码支付，交通银行推出了"云闪付""立码付"，建设银行推出支付品牌"龙支付"等。

与第三方支付机构相比，商业银行的二维码支付在产品功能上类似，支持 B2C 支付收单以及 C2C 的转账付款，同时覆盖正扫及反扫模式，商户侧完全复用现有的线下 POS 商户收单清算网络，实现了商业银行之间二维码支付的跨行通用。

4. 拓展

支付账户是开展支付业务的核心。一般可用的支付账户包括银行账户、第三方支付账户、积分账户、离线钱包账户和运营商的通信账户。

（1）银行账户。银行账户包括借记卡、信用卡、存折等账户，拥有庞大的资金，是支付业务最重要的资金来源，任何做支付业务的服务商都难以绕开银行账户。

（2）第三方支付账户。支付服务提供商为摆脱银行账户资金调度灵活性方面的制约，建立了自己的电子货币账户体系（如支付宝等）。这类电子货币账户上的资金一般与人民币等值，具有全业务的支付能力，由于支付服务商可完全掌控自建的电子货币账户上的资金，有利于其提供灵活的支付业务模式；资金可通过银行转账到电子货币账户，有的电子货币账户甚至可以再转回银行，本质上已类似银行账户。为了加强对资金的管理，有效地控制和监督资金的运行，第三方支付机构需要在银行建立存管账户，分为存款账户和支出账户，其中将收到客户的充值资金全额存入存管账户的存款账户，存款账户不能直接对外支付，只能向支出账户划款。支出账户只能根据第三方支付机构与特约商户的协议，向特约商户账户结算；第三方支付机构根据协议向商户收取应得的手续费。

第三方支付账户不同于银行账户。第三方支付账户最初是支付机构为方便客户网上支付和解决电子商务交易中买卖双方信任度不高而为其开立的账户，与银行账户明显不同。一是提供账户服务的主体不同，支付账户由支付机构为客户开立，主要用于电子商务交易的收付款结算。银行账户由银行业金融机构为客户开立，账户资金除了用于支付结算外，还具有保值、增值等目的。支付账户余额的本质是预付价值，类似于预付费卡中的余额，该余额资金虽然所有权归属于客户，却未以客户本人名义存放在银行中，而是支付机构以其自身名义存放在银行中。

（3）积分账户。运营商或各服务提供商（如航空公司、连锁超市等）为使用了其业务或购买了其商品的用户赠送积分，拥有积分的用户也同时拥有运营商或服务提供商的某种权益，如可获取某些类型的商品、换取礼品、联盟商家购物时抵扣一定的金额等。因此，积分从某种意义上来讲也可当成一种外部支付账户。其特点是不能直接当现金使用，只能在特定的应用范围内使用，通常需要配合适当的营销策略。

（4）离线钱包账户。该账户不与后台账务系统实时交互，是直接记录在某种载体上（如集成 RFID 芯片的手机或其他移动终端）的电子货币。其特点是能充分利用庞大的移动终端用户群，以及移动终端随身携带的特性，快速发展支付用户；支付过程中不需要与后台系统实时交互，适用于乘坐公交、商店购物、购买电影票、买彩票等小额近距离支付业务。

（5）运营商的通信账户（如固定电话、手机、宽带上网账户等）。通信账户代收费是电信运营商特有的电子支付模式，可充分运用运营商庞大的用户群以及已经建立的缴费渠道，为其他支付应用提供代收费服务，并从中获取收益。

■ 案例　中国工商银行二维码支付

首先，需要下载"工银融e联"App，完成注册和登录。融e联 App 是工行打造的移动金融应用，有工行手机银行的客户可以直接登录，其他的工行持卡人可以通过手机号、卡号和用户名来注册登录。登录后在"我"主页面中可以找到"钱包"选项，点击之后需要添加银行卡。

进入"开通一键支付"界面后会出现持卡人在工行的卡号，输入卡密码和手机验证码之后，会提示持卡人设置支付密码，值得注意的是开通一键支付即默认开通了二维码支付小额免密的功能，设置密码主要针对大额的支付场景。设置完成后即跳出二维码支付界面，至此二维码支付开通基本完成。

除了付款扫码之外，持卡人也可以开通收款扫码。点击收款选项之后会出现"设置收款账户"，系统会自动调用持卡人的储蓄账户，如有多个则可以进行选择。收款账户适用于好友转账、当面收款和 AA 收款，好友间转账可以瞬间到账，同时没有手续费。

在支付场景的搭建上，工行也逐渐加大力度。目前工行二维码部分商户有满减优惠，除了之前的麦当劳、万宁等商家外，在北京地区，护国寺小吃、庆丰包子铺、云海肴、中石油北京地区自营加油站也有较大力度的优惠。工银二维码支付与微信、支付宝等共用同一个扫码终端，并没有使用专用扫码设备。

二维码支付便捷好用，已经深入消费的方方面面。由于第三方支付有独立的钱包账户体系，因此在收款账户上与银行系二维码支付有本质的区别。但是目前，第三方支付机构相继对提现加收手续费，支付账户内的资金不再能免费回到个人银行账户中。银行系二维码支付在这一方面具备天然优势，个人付款、收款均无手续费，且个人间交易资金实时到账。另外，银行需要不断培养消费者的消费习惯，没有了第三方支付的社交和电商基因，如何在一开始就赢得消费者的青睐既是问题也是挑战。

每家银行推出一个二维码应用，彼此之间互不相通。基于银联标准的二维码支付，将随着更多家银行上线该业务，通用于不同银行的手机银行客户端之间跨行互扫，这样一来未来银行系二维码的应用范围将更加广泛。

资料来源：http://www.mpaypass.com.cn/news/201611/29090128.html，根据以上新闻改编。

案例思考

1. 银行二维码支付产品的优势有哪些？

2. 银行二维码支付产品的不足有哪些？

3. 银行二维码支付产品与第三方二维码支付的不同有哪些？

7.3.3 以卡组织为主导的运营模式

1. 概念

卡组织是指维护跨行交易清算系统、规范监督支付市场行为，实现银行卡跨银行、跨地区和跨境使用的组织机构，通常是由联盟形式组成，类似于银行卡协会。卡组织是支付的品牌运营方，银行卡账户作为主要的支付账户，以支付转接清算通道和线下POS受理网络为核心竞争力，面向用户，整合产业链的上下游相关资源，提供支付服务。

2. 解释

该模式主要参与方及其职责与传统银行卡交易模式基本一致，收益来源主要是特约商户提供的支付交易佣金，且该佣金的定价规则与传统的POS收单业务类似。分润也与传统的银行卡交易佣金分润方式类似，按照卡组织定义的分润规则，由商业银行、卡组织和收单机构进行分润。

银联是目前中国唯一的银行卡组织和唯一的人民币支付卡交易清算供应商。2002年，中国人民银行批准设立中国银联，自此各商业银行银行卡通过银联实现了跨行交易清算，消费者可以跨银行、跨地区以及跨境使用银行卡，联网开放奠定了银行卡支付结算市场的生态格局，为银行卡在社会经济生活的应用中打开了空间。

3. 应用

从2013年推出"银联钱包"App开始，中国银联一直在尝试移动端的布局，2015年年底推出"云闪付"移动支付新品牌，2016年年底发布银联二维码支付标准，2017年5月推出银联云闪付二维码产品。银联云闪付是银联专为移动互联网打造的统一品牌，围绕云闪付，银联建立了完整的产品体系，为四方模式生态系统下的发卡、收单、商户以及持卡人提供全方位的服务。2017年12月11日，中国银联携手商业银行、支付机构等产业各方共同发布银行业统一"云闪付"App。云闪付是银联移动支付新品牌，旗下各产品使用了NFC、HCE和二维码等技术，可实现手机等移动设备在具有银联"Quick Pass"标识的场景中进行线上、线下支付，同时也支持远程在线支付。

"云闪付"App全面支持各类银行账户，将原先散落在各个机构的支付服务工具集成，提供二维码扫码、手机NFC支付、收款转账、远程支付等各类支付功能，成为各银行移动支付的统一入口。从功能上看，从银联二维码扫码支付到各类手机Pay开通申请，从信用卡全流程服务到二三类账户开户，从个人实时转账到各类场景消费支付，只要通过手机可以操作的支付功能都已陆续在"云闪付"App内实现。

用户打开"云闪付"App，在"我的卡包"里绑定并选择一张银联卡，点击"开通手机闪付"选项即可快速开通，支持 Huawei Pay、Apple Pay、Samsung Pay、Mi Pay 等各类手机支付。使用时只需将手机靠近 POS 机或闸机、自助终端等"一挥即付"，无须点亮手机或打开 App。

除了 NFC 支付外，银联也推出了二维码支付。用户打开"云闪付"App，绑定银联卡后点开"扫一扫"功能，扫描商户、自助终端等二维码即可完成支付（主扫模式），还可展示"付款码"供商户、自助终端等扫描后完成支付（被扫模式）。银联二维码支付还支持人到人付款，即付款人扫描收款人通过"云闪付"App 展示的付款码直接完成资金付款。

4. 拓展

卡组织负责银行间的清算业务，银行卡清算业务就是在银行卡跨行交易时，负责对多家银行或特许从事金融业务机构（非金融支付机构）之间的往来资金进行清算，并协助完成资金划拨。世界六大银行卡组织分别为：维萨（VISA）、万事达（MasterCard）、美国运通（America Express）、日本 JCB（Japan Credit Bureau）、大来（Dinners Club）和中国银联。

维萨是目前世界上最大的信用卡国际组织。维萨是一个开放的银行卡组织，是由 200 多个国家的 22 000 多家会员银行和其他金融机构参与的非股份、非营利的国际性组织。维萨国际组织并不直接向持卡人发卡，也不与特约商户直接发生业务关系，而是为会员提供一个经营框架，在框架范围内，会员可根据既定的章程和规则向持卡人与特约商户提供在全球范围内的维萨产品与服务项目，自行决定经营模式、经营规则及收费标准。

万事达是维萨的战略合作伙伴，也是一个开放的银行卡组织，它本身并不发卡，而是由其会员银行发行带有 MasterCard 标志的银行卡，它们的组织结构、运作机理非常相似。

美国运通是全球信用卡领域中最大的一家独立经营信用卡业务的跨国公司，也是一家封闭的银行卡组织，同时做发卡业务和收单业务。

日本 JCB 信用卡是 JCB 信用卡公司推出的信用卡品牌。JCB 公司是日本最大的信用卡公司，也是唯一一家独立于美国信用卡体系的信用卡集团。

大来是一家封闭的、独立的银行卡组织，它的运作机理与美国运通很相似。

中国银联的全称是中国银联股份有限公司。中国银联是经国务院同意，中国人民银行批准设立的中国银行卡联合组织，成立于 2002 年 3 月，总部设于上海。它是经中国人民银行批准的、由 80 多家国内金融机构共同发起设立的股份制金融机构。

■ 案例 银联的移动支付

支付宝和财付通两家在移动支付市场的占比已超过了九成。中国银联在移动支付上的起步时间并不比支付宝、财付通晚。在 21 世纪初手机开始普及时，中国的电信运营商就开始探索近场支付。2008 年，中国移动在厦门推出手机 SIM 卡、公交卡、银行卡、企业管理卡四卡合一的手机卡，基于 RFID 技术的手机公交卡产品，可以说是最早的移动支付雏形。

中国银联在2006年也推出一套基于金融IC卡芯片的移动支付方案。但电信运营商和金融业各自提出一套NFC标准，双方相持不下，直到2012年才确立了金融业系统的标准为国标。此后，中国银联成为NFC的主要推动者，但要推动银行、电信运营商、手机服务商等产业链上下游的主体携手共进，并不容易。

支付宝和微信都选择了将二维码作为移动支付的入口，只需要手机扫码即可完成支付。2014年，在腾讯和阿里巴巴分别投资的打车软件滴滴与快的的竞争中，司机拿出二维码，乘客扫码支付，迅速为二维码支付打开了应用场景。

银联坚持用NFC的方式，该方式需要专业设备才能完成感应和支付。从安全性和用户体验来看，NFC优于二维码，但是NFC不仅要求商户安装具备非接触支付能力的设备，同时还要求用户的手机具备NFC近场支付功能。

Apple Pay通过与中国银联的合作登陆中国，线下支付主要通过印有银联云闪付标识的终端进行。目前，Apple Pay在中国支持81家银行发行的银联卡，Apple Pay占据了90%的NFC支付领域的市场份额。根据中国银联的数据，截至2017年5月，全国具备非接触支付能力的POS受理终端占比近七成，其中经常发生非接触交易的活跃终端超过1 000万台。相比之下，使用NFC支付的消费者实在是太少。2016年下半年开始，各主要银行陆续推出二维码支付。2017年5月底，中国银联终于联合国内40多家银行宣布正式推出银联标准二维码，实现银联二维码支付互联互通，随后在2017年6月2日至8日展开了"银联钱包6.2折优惠活动"。

作为目前中国境内唯一的银行卡组织，银联一直在强调成员机构要共同维护"四方模式"，即消费者进行刷卡消费后，由发卡行、收单行、商户和卡组织四方参与，发卡行、收单行、银联按7：2：1的比例进行手续费利润分成。

随着第三方支付机构发展壮大，第三方支付机构绕开银联与银行直连，银联应得的10%的手续费由第三方支付机构和发卡行商议分配，这种"三方模式"变相切走了银联的蛋糕。这一做法在2017年以"网联平台"的出现而告一段落。

2017年3月底，非银行支付机构网络支付清算平台——网联清算有限公司正式成立，网联执行网上跨行清算，打破了第三方支付机构与银行的直连模式，同时接手备付金的统一托管。此前，备付金可以被第三方支付机构分散存放在多家银行内，并且可以通过交易的时间差为支付机构带来"隐形收益"，监管存在盲区。

随着支付成为基础生产要素，加上中国的"无现金社会"实践，使得中国的移动支付在海外受到追捧。2017年7月15日，国际芯片卡及支付技术标准组织（EMVCo）在其官网上正式面向全球发布二维码模式技术规范1.0版，中国银联担任了二维码标准工作组组长。

资料来源：http://www.infzm.com/content/126403，根据以上新闻改编。

案例思考

1. 银联移动支付产品的优势有哪些？

2. 银联推广移动支付面临的挑战有哪些?
3. NFC 支付与二维码支付各有哪些优势与不足?

7.3.4 以第三方支付为主导的运营模式

1. 概念

第三方支付是指非金融机构作为收款人、付款人的支付中介所提供的网络支付、预付卡、银行卡收单及其他支付业务。第三方支付机构主导的模式是一些具有实力的第三方支付机构通过与不同的银行进行签约的方式提供交易平台，而整个交易也在第三方支付平台的介入下责任明晰，分工明确，如图 7-4 所示。在移动支付流程中，第三方支付提供支付结算服务。第三方支付独立于移动运营商和银行，利用移动通信网络资源和金融机构的各种支付卡，实现支付的身份认证和支付确认。通过第三方的交易平台，用户可以实现跨银行的移动支付服务。

图 7-4　第三方支付流程

资料来源：艾瑞咨询，《2017 年中国第三方移动支付市场监测报告》。

2. 解释

银行作为资金的供给方，保障资金的按时给付；运营商作为信息的传输渠道，向第三方机构以及银行发出指令；第三方平台则充当中介保障交易的顺利完成。

第三方支付主要的盈利方式是服务收益（接入费、服务费、交易佣金）、沉淀资金的利息，另外是拥有用户个人信息及交易记录，可以渗透到精准营销和征信领域。

在第三方支付发展起来之前，并未产生第一方和第二方支付的概念。第一方支付就是现金支付；第二方支付是依托于银行的支付，如银行汇票、银行卡支付等。作为两种传统的支付方式，它们在国内有着悠久的发展历史。不过由于现金支付以及银行卡支付在实际使用过程中会面临地域、距离、网点、时间的限制，在有着更加便捷快速的选择之后，这两种支付方式被使用得越来越少。现金支付逐渐成为第三方支付的辅助支付手段，依托于银行的支付则转向了巨额交易的场景。

2017 年 1 月 13 日下午，中国人民银行发布了一项支付领域的新规定《中国人民银行办公厅关于实施支付机构客户备付金集中存管有关事项的通知》，明确了第三方支付机构在交易过程中产生的客户备付金，今后将统一交存至指定账户，由央行监管，支付机构不得挪用、占用客户备付金。

2017年8月4日,央行支付结算司向有关金融机构下发了《中国人民银行支付结算司关于将非银行支付机构网络支付业务由直连模式迁移至网联平台处理的通知》(简称《通知》)。《通知》称,自2018年6月30日起,支付机构受理的涉及银行账户的网络支付业务全部通过网联平台处理。同时,各银行和支付机构应于2017年10月15日前完成接入网联平台与业务迁移相关准备工作。网联系统平台的全称是非银行支付机构网络支付清算平台(简称网联),网联的主要职能是为支付宝、财付通这类非银行的第三方支付机构搭建一个共有的转接清算平台,也就是说,以后第三方支付机构要想在线上接入各家银行,必须通过网联接入,不再允许直接对接银行。网联成立后,第三方支付的模式如图7-5所示。

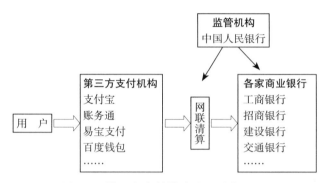

图7-5 第三方支付模式(网联成立后)

3. 应用

随着移动设备的普及和移动互联网技术的提升,以支付宝和微信支付为代表的第三方移动支付以其便利性、快捷性优势覆盖了用户生活的各个场景,涵盖网络购物、转账汇款、公共缴费、手机话费、公共交通、商场购物、个人理财等诸多领域,并带动了线下商业的移动互联网化。移动支付的消费场景成为流量入口,移动支付将转变为商业基础设施。

随着第三方支付在消费、金融、个人应用等领域的渗透,对线上、线下场景的充分布局,实现了对银行、现金支付功能的全覆盖,如图7-6所示,在功能覆盖的基础上,第三方支付在用户体验上更优,极大地推动了货币的电子化进程。

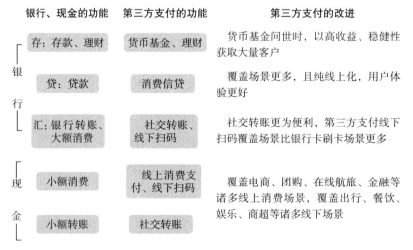

图7-6 第三方支付对银行和现金支付功能的覆盖

以微信支付为例,微信为企业移动支付提供了公众号支付、App 支付、扫码支付、刷卡支付、微信买单等多种解决方案,如图 7-7 所示。公众号支付是指用户在微信中打开商户的 H5 页面,商户在 H5 页面通过调用微信支付提供的 JSAPI 接口调起微信支付模块来完成支付,适用于在公众号、朋友圈、聊天窗口等微信内完成支付的场景;App 支付是指商户通过在移动端应用 App 中集成开放 SDK 调起微信支付模块来完成支付,适用于在移动端 App 中集成微信支付功能的场景;扫码支付是指商户系统按微信支付协议生成支付二维码,用户再用微信"扫一扫"来完成支付,适用于 PC 网站支付、实体店单品等场景;刷卡支付是指用户展示微信钱包内的"刷卡条码/二维码"给商户系统扫描后直接完成支付,适用于线下面对面收银的场景,如超市、便利店等。微信买单是一款可自助开通、免开发的微信支付收款产品。微信买单为中小商户、多门店商户提供了双重模式收款、店员管理、收款通知、简易对账等功能,帮助商家更好地经营店铺,适用于无开发能力的商户。

公众号支付
在微信内的商家页面上完成公众号支付

App 支付
在 App 中,调起微信进行 App 支付

扫码支付
扫描二维码(包括 PC 网站)进行扫码支付

刷卡支付
用户展示条码,商户扫描完成刷卡支付

微信买单
自助开通,无须开发,一分钟上线微信支付

图 7-7 企业接入微信支付的几种方式

在传统的现代商业社会中,用户与商户之间是陌生人关系,双方在交易完成之后并不会产生任何其他交集。而通过线下商业支付,用户可以通过移动支付平台,关注店铺公众号、加入商家用户群等方式与商家直接接触。在社交场景下,商户可进一步了解用户实际需求,改善自身产品,宣传店内产品,或是为忠诚客户推出定制化的产品及服务。

4. 拓展

比达咨询数据中心监测数据显示,2016 年中国第三方互联网支付交易规模达到 17.3 万亿元,增长率为 62.2%;第三方移动支付交易规模为 38.6 万亿元,增长率为 216.4%。我国第三方支付公司主要包括支付宝、财付通(微信)、拉卡拉、易宝支付、百度钱包、联动优势、快钱、平安付、京东钱包等。在 2016 年第三方移动支付交易规模市场份额中,支付宝以 52.3% 的份额居于首位,财富通以 33.7% 的份额位列第二位。

支付宝由于其有电商业务和金融业务的支撑,以及线下场景的开拓,使其遥遥领先;在金融方面,支付宝早已不只是一个支付工具。背靠蚂蚁金服提供的信用、理财、保险、消费信贷等"多维"服务,支付宝形成了一站式的金融服务体系。

财付通依托微信支付及其社交优势,连接各行各业,如打车、餐饮、理财等,使其得到快速增长。

微信支付以绑定银行卡的快捷支付为基础，向用户提供支付服务。

易宝支付，依托在航旅行业的优势，全面发展金融业务，如网络借贷、金融超市、众筹等，还有其与购物场景的合作，使其得到快速发展。

百度钱包由手机百度、百度糯米、百度地图、91助手等用户过亿App的入口流量打通，使其在电影票、餐饮等O2O领域得到发展。

我国第三方移动支付的类型及典型代表，如表7-2所示。

表7-2　第三方移动支付类型

维度	类别	定义	区别	典型代表
机构主体	非独立第三方	支付机构拥有自身场景或战略联盟，主要为该平台提供支付服务	独立性	支付宝
	独立第三方	本身没有电子商务平台，也不参与商品销售，只提供支付服务		易宝支付
支付过程	远程支付	利用手机等设备在线远程购买商品或服务	空间及技术	
	近场支付	利用近距离通信技术实现信息交互，完成支付		Apple Pay等NFC支付
	宏支付	交易金额较大的支付行为	安全级别	银联
	微支付	在互联网上进行的一些小额资金支付		微信支付
	即时支付	支付服务提供商将交易资金从买家账户即时划拨到卖家账户	结算模式	财付通
	担保支付	负责资金的划拨，同时为买卖双方提供信用担保		支付宝
支付业务	面向行业	面向航旅、酒店、专车、餐饮等行业应用	面向对象	易宝支付
	面向消费者	移动端软件下载、视频点播、话费公共事业缴费业务、手机购物支付等		支付宝

资料来源：比达咨询，《2016年中国第三方移动支付市场发展报告》。

■ 案例　微信与支付宝的移动支付战争

"刷微信还是支付宝？"如今，这句话经常在很多城市的早餐摊、菜市场、连锁超市、快捷酒店甚至五星级宾馆里听到，很多消费者已经习惯了使用更为便捷的移动支付。在过去的4年中，中国移动支付年交易量增长高达30多倍——从1.3万亿元增长到了35.33万亿元，国内移动支付市场仍然保持高速的增长，市场规模将进一步扩大。在不断增长的数字背后，需要特别关注的一点是国内移动支付领域已经产生了以支付宝和微信（财付通）为代表的两极战争（两者合计超过市场总量的90%）。

然而，在不断争夺的过程中，移动支付的市场份额渐渐地发生了微小的，但能高度引发业内重视的变化，那就是支付宝的霸主地位正在被撼动，其市场份额也从60%以上逐渐被蚕食到50%多一点儿。微信支付团队发布的最新数据显示，截至2017年9月，微信支付月线下支付次数较去年增长280%，月社交支付次数较去年增长23%。

不难看出，微信支付的线下支付增长迅猛，与支付宝的差距正在进一步缩小。业内人士普遍认为，支付宝与微信支付双方之间的争夺将变得越来越激烈。与此同时，除了在国内市场持续争夺之外，它们在海外战场也在加紧布局，两极战争愈演愈烈。

二维码和红包，可以说是近几年来最"伟大"的发明之一，它们让移动支付直接普及到上至 80 岁的老人，下至几岁的小孩儿。至于 POS 机，还没来得及普及，就被移动支付抢占了市场。

支付宝与财付通之间的市场拼争，就发生在不同用户的使用习惯中。随着财付通和支付宝向消费者逐渐渗透，双方的份额出现了一些变化。根据易观咨询的《移动支付市场交易规模报告》，支付宝从 2016 年第四季度的 54.1% 下降到 2017 年第二季度的 53.7%；财付通从 2016 年第四季度的 37.02% 升至 2017 年第二季度的 37.12%。

虽然财付通只有微增，支付宝也只是微降，但对于它们双方来说都是不能忽视的变化。数字变化的背后其实是用户争夺方式的变化，腾讯一直在不遗余力地拓展财付通的支付场景。目前，12306 也开通了微信支付功能。

在硝烟还没消散的"双 11"战场，同样引发了年内最大规模的移动支付拼夺。血拼一天之后，11 月 12 日很多消费者开始在朋友圈晒出 2017 年"双 11"的账单，"东城区剁手力排名第 6""朝阳区剁手力排名第 1"……就在这样一张张账单背后，最大受益者是支付宝。仅在 11 月 11 日这一天，通过支付宝完成的支付金额就高达 1 682 亿元。

虽然"双 11"是淘宝网的主场，但京东以及其他平台的销售额也不容小觑。严格来说，2017 年是京东参战"双 11"的第二年，交易额就达到了 1 271 亿元，而淘宝网用了 9 年时间做到 1 682 亿元。京东交易额背后使用更多的是微信支付，虽然规模不及支付宝，但财付通不只是京东的支付通道，2017 年"双 11"《王者荣耀》也做了促销活动，交易额很可观。

虽然目前移动支付的整体格局未变，但支付宝的领先优势正在逐步缩减。三年前，支付宝还占据了国内移动支付的近八成份额，如今却只有 50% 左右。

事实上，随着国内移动支付格局相对趋于稳定，市场上可待挖掘的空间也变得越来越小。以支付宝和财付通为代表的第三方移动支付平台正在积极拓展海外市场。

资料来源：《微信与支付宝的移动支付斗法 为何到了关键节点》，http://news.163.com/shuangchuang/17/1121/09/D3OOPTEA000197V8.html，根据以上新闻改编。

案例思考

1. 微信与支付宝在发展移动支付方面各自的优势是什么？
2. 微信支付的应用场景有哪些？
3. 支付宝的应用场景有哪些？
4. 中国第三方移动支付未来市场发展的格局是什么？

7.4 区块链与移动支付

1. 概念

狭义来讲，区块链是一种按照时间顺序将数据区块以顺序相连的方式组合成的一种链式数据结构，并以密码学方式保证的不可篡改和不可伪造的分布式账本。

广义来讲，区块链技术是利用块链式数据结构来验证与存储数据、利用分布式节点共识算法来生成和更新数据、利用密码学的方式保证数据传输和访问的安全、利用由自动化脚本代码组成的智能合约来编程和操作数据的一种全新的分布式基础架构与计算范式。

在 2016 年 10 月中国工信部发布的《中国区块链技术和应用发展白皮书》里，区块链被定义为分布式数据存储、点对点传输、共识机制、加密算法等计算机技术的新型应用模式。

2. 解释

这种技术最初起源于中本聪在 2008 年发表的奠基性论文《比特币：一种点对点的电子现金系统》。2009 年 1 月 3 日，中本聪用个人电脑挖出了 50 个比特币，区块链技术也随之问世。中本聪认为，现有的法定货币受到政府的控制和监管。虽然有国家的信用背书，但仍然是一个中心化体系，在某种意义上，法定货币是不稳定的，可以任意被控制。于是，中本聪就提出了一种新型的货币概念：比特币，一种 P2P（用户对用户的网络服务模式）形式的数字货币。

区块链是比特币的底层技术和基础架构。区块链在本质上是一个去中心化的数据库，是由一串按照密码学方法产生的数据块或数据包即区块（Block）组成，对每个区块数据信息都自动加盖时间戳，从而计算出一个数据加密数值，即哈希值（Hash）。每个区块都包含上一个区块的哈希值，从创始区块（Genesis Block）开始链接（Chain）到当前区域，从而形成区块链。总体来说，它是一个公开的记录系统，上面记录了谁拥有什么以及谁交易过什么。交易记录是通过密码被安全保护的，时间一过，交易记录会被封存在数据库里，然后数据块会进行加密连接并安全封存。由于区块链是公开的记录系统，存储着该网络上的所有交易记录，而且它可以复制到网络中的每台电脑上，因此它非常安全，几乎无法被篡改。

区块链是一种去中心化的、共享和加密的分布式账本技术，IBM 中国认为它有三个非常显著的特点：去中心化、可追溯、不可篡改。

区块链的去中心化特征，可以简单地理解为没有固定的中心化机构存在（比如银行、支付宝等），所有的数据主体都将通过预先设定的程序自动运行。以银行转账为例，目前我们转账都是中心化的，银行是一个中心化账本，例如 A 账号里有 400 元，B 账号里有 100 元。当 A 要转 100 元给 B 时，A 要通过银行提交转账申请，银行验证通过后，就从 A 账号上扣除 100 元，B 账号增加 100 元。计算后 A 账号扣除 100 元后余额为 300 元，B 账号加上 100 元后余额为 200 元。区块链上转账的步骤则是：A 要转账给 B 100 元，A 就会在网络上把要转账的这个信息告诉大家，大家会去查看 A 的账户上是否有足够的钱完成这个转账，如果验证通过后，大家就把这个信息都记录到自己的电脑上的区块链中，且每个人记入的信息都是同步一致的，这样 A 就顺利地将 100 元转移到了 B 的账户上。

基于去中心化的特征，即使区块链遭受了严重的黑客攻击，只要黑客控制的节点数不超过全球节点总数的一半，系统就依然能正常运行，数据也不会被篡改。这是基于区块链的分布式数据存储，因为没有某一个中心进行集中的管理，使得在区块链系统中，即使是某一个节点受到攻击或篡改，并不会影响到整个网络的健康运作。

不同于传统的中心化模型，区块链是一种典型的去中心化模型。每个电脑主机都是一个节点，而且它们之间都是平等的，系统中各个节点可以直接交互，没有中心节点的概念。同时，任意两个节点的交易信息都向全网加密，所有节点都以加密区块存储方式，按时间序列单独记录，进而形成一种全新的去中心化模式。

3. 应用

区块链技术起源于比特币，其金融属性使其在金融领域中有广泛的应用。区块链具有去中心化、可追溯和不可篡改的特点，没有第三方支付机构加入，缩短了支付周期，降低了费用，增加了交易的透明度。如果采用区块链技术，使用分布式核算，而非由第三方中心管理，所有交易都实时记录在类似于全球共享的电子表格平台上，只要不是全球断网断电，每一位用户都能凭密码查询交易状态，资金实时清算，效率大大提升。

从 2016 年起，以招商银行、民生银行为代表的传统金融机构和以蚂蚁金服、京东金融和百度金融为代表的金融科技企业开始探索区块链技术的金融应用场景，主要分布在跨境金融、资产证券化、保险、票据、供应链金融等领域。2016 年 10 月，中国工信部发布的《中国区块链技术和应用发展白皮书》提到，区块链典型的应用包括金融服务、供应链管理、文化娱乐、智能制造、社会公益、教育就业六个场景。根据麦肯锡发布的区块链效用路线图，区块链未来将改变电子商务、全球支付、汇款、P2P 借贷、微金融、托管支付、数字权益等 18 个领域（它们分别对应数字货币、记录保全、证券、智能合约四大领域）；futurethinkers.org 上登载的一份研究报告则认为，即将被区块链技术改变的领域包括：银行业和支付手段、网络安全、供应链管理、预测、物联网、保险业、共享乘车、云存储、慈善业、投票、政府部门、医疗、能源、在线音乐、零售、房地产、众筹等 18 个行业以及"你所在的任何与交易系统和数据打交道的行业"。区块链独特的性质使得它不仅有潜力优化现有市场，也有能力重构市场和创造新市场。高盛公司总结了 5 个例子，展示了区块链在不同领域的应用场景（见表 7-3）。

表 7-3 区块链典型的应用

领域	区块链的应用
共享住宿	简化身份和声誉管理。区块链可以安全地储存和整合用户的在线交易信息，并检查身份验证和支付认证的历史记录，使得各方更容易建立信任。这样的信息可以优化交易流程，增强历史记录质量
智能电网	为去中心化能源市场赋予交易能力。区块链可以连接本地的能源生产者（比如有太阳能板的邻居）与该地区的消费者，使得分布式的实时能源交易市场成为可能。一个区块链驱动的市场也能增强电网安全性，刺激智能电网科技的应用
房地产产权保险	提高效率、减少风险。用区块链记录房产信息，产权保险业者可以更轻松地获得清算一项产权所需的信息。账本的抗干扰性可以帮助减少新兴市场的房地产欺诈问题
现金证券（股权、再回购协议、杠杆贷款）	缩短结算时间，节约对账成本。使用基于区块链的系统可以显著缩短交易的结算时间，甚至可以从几天缩减到数小时。这也可以帮助减少全流程的资本需求、运营成本和托管费用
反洗钱合规性	增加透明度和效率。用区块链储存账户和支付信息可以增强数据质量，减少被错误划归"可疑"交易的数量

资料来源：高盛咨询公司，《区块链：从理论走向实践》，2018 年 1 月。

4. 拓展

在我国"十三五"规划中，首次将区块链、人工智能等技术，列为"十三五"期间的"重大任务和重点工程"，并积极鼓励企业开展区块链技术的创新研究。区块链技术在未来将会应用在更多的行业之中，除了以比特币为代表的数字货币外，更广泛的交易、金融、医疗、教育、版权保护等领域都将借助区块链实现颠覆式变革。

目前，国内外的区块链技术都处于初创和研究阶段。比较受关注和热议的区块链落地应用，大致集中在以下三个领域：数字货币、智能合约和智能资产。

比特币采用区块链技术，但是区块链并不等同于比特币。比特币是基于区块链技术开发的数字货币中的一种，除了比特币外，其他较为常见的数字货币还有瑞波币、Litecoin、Dogecoin、Dashcoin 等。其中，比特币是最具代表性的一种数字货币。

区块链技术起源于比特币，比特币区块链是区块链 1.0 时代，它不支持任何应用开发，仅仅只是一个账本系统；到了 2014 年，以太坊创始人致力于用新的区块链支持大家做开发，这是区块链 2.0 时代。

区块链改变移动支付的方式有以下几个方面：提高安全性，促进 P2P 借贷，取消第三方中介，降低支付费用等。

移动支付需要克服的最大障碍就是安全问题。在移动支付快速发展的背后，安全问题日益突出。无论移动支付采用何种技术来实现，其安全性都是影响支付业务能否持续发展的关键因素。移动支付的安全性涉及用户信息的保密、用户资金和支付信息的安全等问题。区块链就有解决这一问题的能力，因为区块链技术不仅可以用于打造超级的安全性，同时还可以阻止诈骗行为，如欺诈、重复支付、哄抬物价等。因为以区块链技术为支持的交易是基于一个防篡改的账本，想要闯入用户账户会非常困难。通过取消第三方机构的介入，区块链可以允许移动用户向世界上任何人进行转账而不需要支付高额的服务和交易费用。有一些公司，如 Abra 和 Coins.ph 公司已经实现了这一点。

P2P 借贷在支付行业现在呈火爆趋势。事实上，P2P 借贷因为便利、利率低、投资回报率稳定的特点，已成为增长最快的金融技术行业。通过使用区块链技术，借款人可以直接获得贷款而不需要传统银行或金融机构的介入。另外，区块链技术可以使你在通过应用程序借钱给朋友的时候更加安全和方便。

世界银行估计，全球的平均汇款成本占 7.5%，而商业银行超过了 10%。如果能够降低到 5%，那么全球的消费者每年将可以节省 160 亿美元。通过取消第三方机构的介入，区块链可以允许移动用户向世界上的任何人进行转账而不需要支付高额的服务和交易费用。

■ **案例　星巴克把区块链纳入支付技术战略**

星巴克是 1971 年在美国成立的一家连锁咖啡公司，也是全球最大的咖啡连锁店，其总部坐落在美国华盛顿州西雅图市。

早在 2009 年，星巴克就推出了自己的移动支付功能。2009 年，iPhone 推出两年后，星巴克在北美推出了自己的 App，消费者可以通过绑定星享卡、扫描二维码完成支付。2011年，星巴克将信用卡和 PayPal 加入了支付选项，支付变得更便捷。2014 年 12 月，星巴克推出手机下单—支付—当面取餐的服务；2015 年 3 月，该服务被推广到全美。通过 App，你可以提前购买饮品，选择奶糖口味并完成支付，10～20 分钟后，你就可以到选好的店铺直接拿走你的咖啡，直接将路程和店内排队的时间相抵，节约双方的时间成本。星巴克继 2017 年在移动应用 My Starbucks 里推出了一项新的语音助手功能以后，有消息称星巴克将长期布局区块链技术与数字货币。有人认为可能会用上他们创造的移动支付数字平台，提升消费用户应用体验。2008 年星享卡推出，2014 年圣诞节在北美卖出了 16 亿张，也就是 41% 的北美消费者用星享卡进行消费。在星享卡普及的基础上，消费者也逐渐开始使用更加方便的 App，顺理成章地养成了用 App 移动支付的习惯。

2018 年 1 月，星巴克董事长霍华德·舒尔茨表示，星巴克计划将区块链技术和数字货币纳入其长期支付技术战略，并希望"扩大数字客户关系"。然而，舒尔茨并不认为比特币将在这一战略中发挥作用，他说，他不相信最初的加密货币将"在今天或将来成为一种货币"。他澄清说，星巴克并没有开发一种数字货币，也没有宣布对区块链或加密货币进行投资，而是希望利用自己的知名度为这些技术提供可信度。

舒尔茨在该公司的季度投资者电话会议上发表了上述言论，该电话会议的内容随后被 Diginomica 报道。根据这份报告，他说："我相信我们正在进入一个新的时代，区块链技术将提高数字货币的重要水平，它将拥有一个消费者应用程序。"他补充说："星巴克的独特定位是利用这些变化。我们认为我们有能力为追求这个目标的公司提供一些东西，因为我们能够创造一个可以接受的可信的合法地点，并有可能利用我们创建的移动支付数字平台。"

舒尔茨提到的平台是 2015 年推出的星巴克移动支付 App，它可以让顾客在 App 中付费和订购，同时还能得到相应的奖励。移动支付占星巴克美国业务的近 1/3，因此舒尔茨说，星巴克正在考虑在美国实施无现金商店。

资料来源：根据 http://www.cbdio.com/BigData/2018-01/29/content_5670745.htm 和 https://www.huxiu.com/article/158805/1.html 等新闻改编而成。

案例思考

1. 星巴克移动支付发展的路径是什么？
2. 区块链对移动支付会产生哪些影响？

□ 本章小结

本章主要介绍了移动支付的概念及应用场景、移动支付的类型（远程支付和近场支付）、移动支付的运营模式（以移动运营商为主导的运营模式、以银行为主导的运营模式、以卡组织为主导的运营模式、以第三方支付为主导的运营模式），以及发展中的区块链及对移动支付的影响。

☐ 本章术语

移动支付	近场支付	远程支付	二维码支付
NFC 支付	手机钱包	手机银行	区块链

以移动运营商为主导的运营模式　　以银行为主导的运营模式

以卡组织为主导的运营模式　　以第三方支付为主导的运营模式

☐ 练习

1. 下载工商银行、招商银行等商业银行的手机银行 App，体验其移动支付业务，比较其功能。
2. 下载中国电信、中国移动或者中国联通的电子钱包，体验其移动支付业务，比较其功能。
3. 使用微信、支付宝、百度钱包等第三方平台完成移动支付，比较各自的优点、不足、安全性和使用场景。
4. 使用具有 NFC 功能的手机，在线下通过 NFC 完成支付，体验 NFC 支付，分析其优点、不足、安全性和使用场景。
5. 通过一款购物类移动 App 进行购物支付，查看其提供的支付方式，分析比较每一种支付方式的特点。
6. 为线下中小型商户设计两种以上的移动支付方案。

☐ 参考文献

[1] 中国移动支付清算协会.2017年移动支付用户调研报告[R/OL].（2017-12-31）[2018-10-20].http://www.sohu.com/a/213850355_481887.

[2] 中国银联.2017移动互联网支付安全调查报告（2018-01-17）[2018-10-20].http://www.cebnet.com.cn/20180117/102458780.html.

[3] 中国互联网信息中心.第41次中国互联网络发展状况统计报告[R/OL].（2018-08-20）[2018-09-10].http://www.cnnic.cn/hlwfzyj/hlwxzbg/.

[4] 艾瑞咨询.2017年中国第三方移动支付市场监测报告[R/OL].（2017-08-14）[2018-09 10].http://www.iresearch.com.cn/report/3035.html.

[5] 比达咨询.2017年第3季度中国第三方移动支付市场研究报告[R/OL].（2017-11-09）[2018-09-10].http://www.bigdata-research.cn/content/201711/617.html.

第 8 章

移动营销

本章导读 :: :: ::

随着用户从 PC 端迁移到移动端,移动互联网成为企业开展营销活动的重要渠道,移动营销具有精准性、个性化、及时性、方便性等特点。本章介绍了移动营销的基础知识,以及企业开展移动营销的常用工具和方法,包括微信营销、微博营销、二维码营销等。

知识目标 :: :: ::

1. 了解移动营销的概念和特征
2. 理解微信营销的特点
3. 掌握微信营销的常用工具
4. 理解微博营销的常见手段
5. 了解二维码的主要功能
6. 掌握二维码营销的策略

能力目标 :: :: ::

1. 具备微信营销策划与实施的能力
2. 具备微博营销策划与实施的能力
3. 具备二维码营销策划与实施的能力
4. 具备综合利用各种工具和方法开展移动营销的能力

8.1 移动营销概述

1. 概念

移动营销,也称移动互联网营销,是指通过移动互联网技术和手机、平板电脑等移动终端,基于移动互联网技术,向目标受众传递个性化即时信息,通过与消费者的信息互动达到市场营销目标的行为。

美国移动营销协会(2009)提出"移动营销是指基于定位的、经由移动设备或网络进行的,通过个性化定制与消费者相关的互动的形式,使企业与消费者能沟通交流的一系列(营销)实践活动"。该定义认为基于消费者当前的背景环境及地理定位,移动营销具备进行品牌传播、营销交流和商业活动的潜力。

2. 解释

市场营销是在创造、沟通、传播和交换产品的过程中,为顾客、客户、合作伙伴以及整个社会带来经济价值的活动、过程和体系,而移动营销是市场营销的一部分,是借助移动互联网手段、工具和方法实现市场营销目的的营销体系。移动营销的目标在于建立品牌、改变品牌形象、促进销售、提升品牌忠诚度、创建用户数据库、传播移动口碑。

(1)移动营销的特征。移动营销的特征,可以用"4I模型"来概括,即分众识别(Individual Identification)、即时信息(Instant Message)、互动沟通(Interactive Communication)和我的个性化(I)。

分众识别,移动营销是基于手机进行一对一的沟通。由于每一部手机及其使用者的身份都具有唯一对应的关系,并且可以利用技术手段进行识别,所以能与消费者建立确切的互动关系,能够确认消费者是谁、在哪里等问题。这体现了移动营销的精准性特点。

即时信息,移动营销传递信息的即时性,为企业获得动态反馈和互动跟踪提供了可能。移动设备相对于PC而言,具备便携性、随时性等特点,这些特点使得企业营销人员可以及时快捷地将信息传递给消费者,当企业对消费者的消费习惯有所觉察时,可以在消费者最有可能产生购买行为的时间发布产品信息。这体现了移动营销的及时性、随时性和快捷性特点。

互动沟通,移动营销"一对一"的互动特性,可以使企业与消费者之间形成一种互动、互求、互需的关系。这种互动特性可以甄别关系营销的深度和层次,针对不同需求识别出不同的受众,使企业的营销资源有的放矢。这体现了移动营销互动性和交互性强的特点。在移动环境下,互动更应考虑连接性(与更多资源的连接)、娱乐性和个人沟通(与个人进行更个性化的沟通)。

我的个性化,手机的属性是个性化、私人化、功能复合化和时尚化的,人们对于个性化的需求比以往任何时候都更加强烈。利用手机进行移动营销也具有强烈的个性化色彩,所传递的信息也具有鲜明的个性化。这体现了移动营销的个性化特点。

(2)移动营销与传统营销的区别。从移动营销的特征可知,移动营销较传统营销,其能根据特定的地点和时间更精确地定位目标用户,能利用消费者数据库更好地衡量和追踪消费者的反应,并与之进行双向互动,沟通与传播的成本也较低。此外,移动设备与PC不同,它们的键盘及屏幕尺寸都比较小,且提供摄像头、扫描器和全球定位系统等,同时它们都使用无线网络，具有便携和可移动等特点，这些因素都使得移动营销与传统营销有许多不同，具体区别如表 8-1 所示。

表 8-1 移动营销与传统营销的区别

区别	传统大众营销	传统互联网营销	移动营销
用户年龄	各年龄层	以中青年群体为主	以年轻群体为主
传播平台	传统媒体用户	有限的 PC 端用户	全面的移动端用户
传播方向	单向传播	以单向传播为主	双向互动
传播成本	高	低	低
传播类型	各种格式的文本、音频与视频	各种格式的文本、音频与视频	受限于传播速度及视觉空间大小的文本、音频及视频
营销设计	丰富翔实	丰富翔实	简约清晰
营销终端	固定媒体	PC 单屏	多屏交互
营销路径	泛化传播	水平撒网	立体真实
营销效果	品牌展示	品牌展示及促销	即时参与

资料来源：黄丽娟，夏筱萌. 移动营销研究述评与展望 [J]. 外国经济与管理，2015，37（10）：58-68.

首先，传统大众媒体只向其用户单向传递信息，传统互联网则对有限的 PC 用户进行传播，且以单向传播为主，而移动营销的传递对象为广大的移动设备用户，且企业可与消费者进行随时随地的双向互动。另外，受限于屏幕尺寸及带宽，以及移动营销传播的信息受到更严格的限制，消费者不会在移动端阅读过于详细的内容及需要较长决策时间的产品或服务信息（Shankar and Balasubramanian，2009），这就导致两者在营销设计上的不同，移动端的用户更偏向于阅读设计简约、流程简单的信息。

其次，传统 PC 端营销被固锁在设备附近，这种近似静态的单屏交互方式，使得企业的营销操作及用户扩展受到时间、地点、界面和使用方式的极大限制。由于移动设备的便携、便利与高效，移动终端可以出现多机共存的局面，手机、平板电脑、可穿戴设备等都能成为移动营销的进入接口，多设备互动将成为移动营销用户的主要行为特征之一。而且，传统互联网营销通常实行线上水平撒网的营销模式，而移动互联网具备的定位优势，让移动端使得线上线下同步的立体场景营销成为现实。相比之下，传统大众营销的传播则因过于泛化而无法创造基于情境的价值。

再次，移动终端以其便捷性和分布广泛性，使得营销信息能够全面送达移动用户，且移动设备与技术也使用户随时随地的反馈成为可能（Shankar et al.，2010），这不仅有利于企业实时对广告传播效果进行分析，而且能满足不同类型的用户在不同场景中的个性化需求。另外，传统营销大部分以品牌展示为主，辅之以促销宣传、活动扩散等；而对于移动营销来说，能否促成用户对营销活动的即时参与，成为衡量营销效果的一个主要标准。

最后，由于用户对移动终端的接触频率比对 PC 的接触频率高，因此广告主可以掌握大量的用户行为数据，并针对这些数据进行消费偏好分析，从而发布更有效的推广信息，促进精准营销活动的开展。另外，消费者也可以根据需求自主定制个性化的广告，并对需求进行即时更新，这能使广告的有效性得到进一步提升（Figge，2004）。移动营销体现的到人（通过运营商号码、设备号和使用行为对应)、到位(具体位置和移动轨迹)、随时随地、全互动、强注意以及 O2O,都比传统营销有明显的优势。

3. 应用

移动营销的手段、方式随着技术的发展也在不断变化,新的营销手段和方式层出不穷,移动营销的理论体系也在不断发展中,本书从平台、方式和技术等方面对移动营销的主要应用形式进行了简要归纳,如表 8-2 所示。

表 8-2　移动营销的应用

类型	形式
移动营销的主要平台	自建平台:网站手机版、企业 App、微店等 社交媒体平台:官方微博、微信公众号等 其他平台:电商平台 App、本地生活服务平台 App、搜索引擎、短视频 App、直播平台等
移动营销的常见方式	短信营销、二维码营销、微信营销、微博营销等
移动营销的主要技术	NFC 技术、二维码技术、蓝牙技术、LBS 技术、H5 技术等

平台是企业开展移动营销的主要渠道,主要包括网站手机版、自建 App、自建微店等形式,应用微博、微信、今日头条、直播等社交媒体平台,以及应用商店、第三方电商平台、生活服务平台、搜索引擎等平台开展营销。对移动营销平台的选择取决于企业的营销内容、对象和场景,主要形式包括基础的短信营销、基于搜索引擎的移动搜索营销、基于微信微博等的移动社交媒体营销、App 营销、二维码营销等,涉及 NFC 技术、二维码技术、蓝牙技术、LBS 技术、H5 技术等,跨平台正成为重要的营销方式。

早期的移动营销以短信、彩信和彩铃等方式为主,顾名思义,短信营销就是以发送短信的方式来达到营销目的的营销手段。1992 年,世界上第一条短信发送成功,1998 年,移动、联通等运营商先后大范围地拓展短信业务,为国内企业的短信营销拉开了帷幕。短信相对于报刊、广播、电视等传统媒体,具有鲜明的特点和优势:覆盖面广,用户众多;操作简单,抵达率高;发布快速,准确率高;成本低廉,即时性强,短信营销被大量应用。但是因为垃圾短信的泛滥及短信诈骗层出不穷,严重影响了短信营销的效果。而微信等社交媒体的广泛渗透也使得短信的使用人数急剧下降。

二维码是连接线上和线下的入口之一,因其操作简单、成本低廉、应用范围广成为企业开展移动营销的基本工具之一。

越来越多的企业为移动终端开发专用网站。通常,移动终端的专用网站可以分为两类:WAP 版网站和触屏版网站。WAP 版网站通常较为简洁、简单,并适合使用手机键盘操作。随着大屏幕智能手机的普及,手机触屏版网站成为主流并逐渐取代 WAP 版网站。触屏版网站主要针对高端智能手机或平板电脑,支持苹果、安卓等所有操作系统,支持所有主流手机浏览器的访问,可以给用户呈现较好的视觉效果。

近年来,借助微信、微博等移动社交媒体进行营销的方式颇受企业青睐,微信和微博注册简单、操作便捷、运营成本低、针对性强、互动性强,适合各类企业对目标客户进行精准化营销。目前,微信营销模式包括微信朋友圈营销、公众号营销、微商城营销等多种方式。微博营销是企业通过更新自己的微博向网友传播企业、产品信息,树立良好的企业和产品形象,从而达到营销的目的。App 一般特指智能终端的第三方应用程序。App 营销即通过 App 应用程序进行商业信息的推广和宣传。

4. 拓展

自 1964 年市场营销组合概念被提出后,市场营销理论也经历了从 4P 到 4C、4R、4D 的发展,如图 8-1 所示。20 世纪 60 年代,美国营销学学者密歇根州立大学教授杰罗姆·麦肯锡提出了著名的 4P 理论:产品(Product)、价格(Price)、促销(Promotion)、渠道(Place)四要素。该理论认为一次成功和完整的营销活动,就是将适当的产品或服务,以适当的价格,通过适当的渠道和促销手段,投放到特定市场的行为过程。4P 理论以生产者和企业为导向,是营销中的基础框架和经典理论。

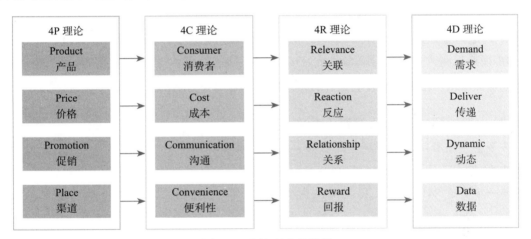

图 8-1 营销理论的发展

1990 年,美国学者劳特朋(Lauteborn)教授从消费者角度出发,提出了与传统营销的 4P 理论相对应的 4C 理论,从产品到如何实现消费者(Consumer)需求的满足,从价格到综合权衡消费者购买所愿意支付的成本(Cost),从促销的单向信息传递到实现与消费者的双向交流与沟通(Communication),从产品流动到实现消费者购买的便利性(Convenience)。

20 世纪 90 年代中期,顺应营销实践的发展,美国学者唐·舒尔茨提出 4R 理论:关联(Relevance),与消费者建立关联,提高其满意度和忠诚度,减少消费者流失;反应(Reaction),提高市场反应速度,倾听和满足消费者的需求;关系(Relationship),重视关系,建立长期和稳固的关系;回报(Reward),重视营销回报。4R 理论认为,随着市场的发展,企业需要从更高层次上以更有效的方式在企业与消费者之间建立起有别于传统的新型的主动性关系。

在移动互联网经济时代,在互联网的影响下,信息沟通的认知和行为逐渐改变,例如媒体的多元化、信息的碎片化、活动的社群化、行为的网络化和社交化。相对传统营销时代,信息的不对称被逐渐打破,消费者的话语权在回归,消费意识在觉醒,营销理念从以企业为中心向以消费者为中心转变,从规模经济向社区经济转变,从使用和消费向创造与分享转变,国内学者赵占波(2014)提出了以消费者需求为中心、以互联网思维为灵魂的 4D 理论,即需求(Demand)、传递(Deliver)、动态(Dynamic)、数据(Data)。

需求,指企业首先需要了解消费者需要什么,然后不仅需要大力宣传符合消费者需求的产品和服务,还得用超出消费者最高期望的方式去实现。传递,在对顾客进行营销策略选择时,企业应优先考虑将产品的各项价值如何更加便利地传递给消费者,而非只考虑企业自身生产、销售的方便程度。动态,随着新技术的兴起,尤其是社交网络的出现,企业与消费者的对话已经不再是一对一、点对点的静态沟通机制,转而演变成多对多、立体化的动态沟通机制。数据,在互联网普及的当下,社会化应用以及云计算使得网民的网络痕迹能够被追踪、分析等。人们的地理位置、年龄、社交活跃度、购物记录、性格特征等都可以通过网络数据获得。维度众多、动态变化的数据为企业分析消费者的行为和特征提供了基础,也为开展精准和个性化营销奠定了基础。

4P 理论为企业开展营销提供了基础框架,4C 理论强化了以消费者需求为中心的营销组合,4R 理论强调建立企业与顾客的长久互动关系,4D 理论突出了移动互联网时代营销的新变化。以上营销理论为企业开展移动营销提供了理念指导和基础框架。

■ 案例　移动端助力 ofo 上演奇迹大逆转

共享单车是移动互联网现象级产品,2016 年下半年共享单车行业开始爆发,月活跃用户数从 54 万人迅速增长到接近 7 000 万人。自 2016 年 7 月以来,摩拜一家独大,用户活跃渗透率一度高达 84%。进入 2017 年,在短短 4 个月内,市场上涌入 20 余款共享单车产品。ofo 虽然也在快速发展,但用户活跃渗透率依旧不到 25%。在市场占有率及用户规模上快速赶超摩拜,成为 2017 年 ofo 存活的关键。

(1)营销目标。ofo 主要目标受众多为 30 岁以下喜欢看视频、听音乐的年轻男性;一线城市为主,二三线城市为重点争抢市场,共享单车用户中使用小米手机的最多,占比为 20.2%,小米、OPPO、华为、vivo 终端用户排名前四位,占比近 60%。根据主要的目标受众,ofo 将其营销目标定为快速赶超摩拜,抢占二三线市场,精准触达目标用户;短时间内让更多用户下载并使用 App 成为 2017 年 ofo 刻不容缓的挑战。

(2)策略与创意。精准有效地触达目标客户,"让广告在对的时间以对的形式出现在对的人眼前"。

信息流是 2017 年增长最快的广告形式,随着手机厂商进入系统及应用开发,手机用户 7×24 小时的生活、应用数据被系统收集,精准性使 2017 年信息流爆发式增长。2016 手机出货量为 5.6 亿部,小米、华为、OPPO、vivo 四款手机占 80%,除了占据一线城市外,对二三四线城市全覆盖,由此通过内容和终端可快速有效地触达二三线共享单车目标用户。另外,利用明星代言、话题炒作、红包福利等品牌宣传手段号召用户下载使用,以及利用厂商生态和信息流的效果营销直接达成 App 下载使用。

（3）执行过程与媒体表现。通过明星效应、社会化媒体话题、利益刺激等品牌活动，ofo 号召用户下载、使用、分享小黄车 App。2017 年 4 月，ofo 选取在目标用户群中热度最高的明星鹿晗作为代言明星，以及选择学生、白领等目标人群，打造高使用率 App，覆盖式强曝光号召用户下载使用小黄车 App；同年 5 月，配合代言人品牌传播，选取明星大咖举办"ofo 腿"，社会化媒体抢占话题引发全民热议；与此同时，红包刺激用户拉动好友使用，促进使用黏性。

打通小米、OPPO、vivo、华为四大手机用户资源，与手机媒体深度合作，利用手机媒体覆盖将近 60% 的全国手机用户的巨大流量，以及手机媒体收集到的应用习惯及生活习惯的数据，精准挑选 ofo 潜在目标用户，从男女、年龄、地域属性到兴趣爱好、用户环境、用户行为、用户状态、自定义等多方面制定出用户定向体系，并根据 App 内的历史浏览／搜索信息、跨屏／跨媒体浏览交互数据、广告曝光／点击的投放互动数据、App 联盟的用户使用偏好属性等方面采集的用户兴趣，以及搜索引擎的搜索数据、LBS 行动轨迹的数据得出用户的使用意图，精准有效地推送不同的 ofo 广告内容。推广期间，只要你是小米、OPPO、vivo、华为的手机用户，在其内置的各大应用程序中都能看到 ofo 的传播信息，最大概率成为 ofo 的用户。

（4）营销效果与市场反馈。根据厂商移动终端对用户数据的分析和用户使用场景的情况，例如当你听音乐或看视频的时候，推送较为活泼轻松的内容；当你看新闻时，OPPO 联合一点资讯产品推送关于 ofo 的实时新闻；小米日历在假期会有 Big Day 提醒和小米天气结合当天的天气信息推荐出行情况；手机桌面搜索增加 ofo 共享单车搜索词，加强曝光；制定 ofo 鹿晗代言的手机主题，从而触达目标用户。同时投放小米、vivo、OPPO 等应用商店的开屏广告，周末参加福利社活动，搜索霸屏等非标资源，只要进入应用商店就有可能成为 ofo 的用户。

信息流以不同的形式展现，搜索通过关键词分析、用户浏览行为、用户关注点、用户兴趣，基于大数据生成 ofo 人物画像和意图分析；社交、视频、新闻分别基于分析用户属性和社交关系、用户浏览行为数据和搜索分析、生成画像，利用资讯类、社交类、搜索类、视频类等多种形式，让信息流强势曝光。此外，在北上广一线城市精准定向，二三线重点城市试运营。2017 年年初，"ofo 城市策略"以重点城市为试点，逐渐开拓二三线城市，信息流做到精准定位城市，逐渐覆盖。基于种子用户画像、社交关系链，匹配最相似的同类消费人群，进一步引发更大客户量级的增长。

2017 年，摩拜的渗透率一直下降，ofo 实现跨越式增长。2017 年 5 月，ofo 的用户规模反超摩拜，用户量达到 3 770 万人，日活跃用户量高达 704.2 万人。在用户规模和用户活跃渗透率上，2017 年 5 月 ofo 实现反超。

资料来源：金鼠标网，《移动端助力 ofo 上演奇迹大逆转》，http://www.goldenmouse.cn/html/case/anlilei/zhengheyingxiaolei/shuzimeitizhe/2018/0124/6310.html。

案例思考

1. 在此次营销活动中，ofo 用到哪些移动营销手段？
2. 在此次营销活动中，数据起到了哪些作用？
3. 在此次营销活动中，通过哪些方式向目标用户传递广告和信息？

8.2 微信营销

1. 概念

微信是腾讯公司于 2011 年 1 月 21 日推出的一个为智能终端提供即时通信服务的免费应用程序，支持通过手机网络发送语音短信、视频、图片和文字，可以单聊及群聊，还能根据地理位置找到附近的人。微信提供公众平台、朋友圈、消息推送、支付、扫一扫、摇一摇等功能。根据腾讯 2018 年一季报数据，微信及 WeChat 合并月活跃用户达到 10.4 亿人，超过 2017 年年底我国 7.53 亿人的手机网民规模，微信已实现对国内移动互联网用户的大面积覆盖。2017 年，微信登录人数已达 7.02 亿人，较 2016 年增长 17%，日均发送微信次数为 380 亿次。微信是用户使用时长最多的移动应用，是移动互联网的超级入口，微信已深入渗透到日常生活和商业之中。

微信营销是伴随着微信的广泛使用产生的一种网络营销方式，是基于微信的生态体系开展的营销活动，包括销售、公共关系维护、品牌形象塑造、客户服务等一系列活动。微信构建了涵盖用户社交、金融、娱乐、生活服务、资讯、电子商务等多元生活场景。得益于微信的用户规模和生态的多样性，微信营销目前成为移动营销的重要途径。

2. 解释

微信营销具有形式多样化、针对性强、精准度高、互动性强、传播速度快等特点。

（1）形式多样化。微信营销的基本方法主要是通过微信为用户提供的功能来实现的，微信为用户提供了语音聊天、朋友圈、微信群、订阅号、服务号、支付、摇一摇、扫一扫、附近的人、摇一摇周边等丰富的功能，通过微信开放平台，还可以接入第三方应用。从内容上看，通过微信渠道，不但可以发文字，还可以发图片、语音、视频，以及形式丰富的 H5 页面。微信多元化的功能给企业开展营销赋予了丰富的形式和多种可能性。

（2）针对性强。微信营销的针对性是极强的，这是因为微信中的好友添加必须通过对方的确认。订阅号、服务号等都需要用户关注后才可以看到其推送的信息，公众号是针对关注用户的营销，信息到达率较高。朋友圈定向广告是基于用户行为数据的精准投放，微信群是基于熟人关系或半熟人关系的社群。

（3）精准度高。微信拥有庞大的用户群，借助移动终端、天然的社交和位置定位等优势，每条信息都是可以推送的，能够让每个个体都有机会接收到这条信息，继而帮助商家实现点对点精准化营销。微信号是与用户手机号关联在一起的，也就是说用户注册微信号时必须提供手机号，这也就意味着微信用户的信息更加真实可靠，用户在关注微信公众号时，商家可以获取到用户的性别、年龄、区域等属性，这样就能够根据用户属性精准投放广告内容。

（4）互动性强。微信是一个基于社交关系的互动社交平台，用户可以通过它进行交流沟通，商家通过用户的信息反馈了解用户的需求及产品推广情况，用户也可以通过留言的方式将遇到的问题及时反馈给商家。微信的点对点产品形态注定了其能够通过互动的形式将普通关系发展成强关系，从而产生更大的价值。可以说"微信"本身的互动性决定了微信营销的互动性。

（5）传播速度快。微信有着近10亿个活跃用户，是用户使用时长和频率最高的应用程序，庞大的用户量给商家带来了极大的营销价值和用户基础。微信是社会化的关系网络，"用户关系"是这个网络的纽带，用户关系通常是真实的人际关系。微信强大的社交属性和移动属性，增强了微信传播的便利性。用户可以迅速而方便地将信息和内容分享到朋友圈，分享给好友或分享到微信群等，基于用户的社交关系，可以实现信息的快速传播。

3. 应用

微信营销的基本方法主要是通过微信为用户提供的功能来实现的，微信向用户提供了朋友圈、漂流瓶、订阅号、服务号、摇一摇、微信群等丰富的工具，赋予了移动营销多样的可能性，企业或个人可以通过微信所提供的这些平台工具进行口碑营销、点对点精准营销、关系营销、互动营销、内容营销、LBS服务等多种方式的营销。

（1）朋友圈。朋友圈为用户提供了信息分享平台，用户可在朋友圈中分享文字、图片、短视频，或通过其他软件将文章或音乐等内容分享到朋友圈。朋友圈营销主要包括用户自发分享和转载以及朋友圈定向广告两种形式。

朋友圈提供了基于社交关系的信息传播渠道，具有传播成本低、传播速度快、精准度高和个性化等特点，适合做口碑营销。对于感兴趣的内容，用户会通过文字、图片、视频等信息在朋友圈进行转载和分享。创作有创意的内容、制造话题，通过朋友圈的分享和转发，实现裂变，已成为微信营销中最常见的手法之一。从本质上看，朋友圈营销，是对朋友圈中的"朋友"进行的营销，这种"朋友"可以理解成为拥有某种相同或相近爱好、兴趣或特质的"圈子"中的人，因此微信朋友圈营销的本质可以理解成是针对朋友圈中熟人圈子展开的营销，是一种关系营销。

2015年年初，可口可乐、宝马、vivo三家公司通过微信朋友圈进行了朋友圈广告的首次投放，如图8-2所示。宝马朋友圈广告配合"人世间最远的距离，是你收到宝马，而我只有可口可乐"等话题引爆朋友圈，为宝马带来近4 600万次的曝光量、20万个粉丝，并引发舆论热议。朋友圈广告，可以根据用户的性别、年龄、地域、爱好等数据面向目标用户群体精准投放，具有针对性强、高曝光率、精准度高、转化率高等特点。

（2）微信公众平台。通过微信公众平台，个人和企业都可以注册微信公众号，并实现与特定群体进行文字、图片、语音的全方位沟通、互动。微信公众平台为每个企业和个人创造了建造自己品牌的机会。微信公众号的营销价值在于信息入口、客户服务、品牌宣传、用户调研、打通线上线下、电子商务等。

微信订阅号是微信公众平台账号的一种，企业和个人均可注册，注册成功后，可在其订阅号下推送图文、文本、图片、视频等形式的内容，用户关注微信账号后就会收到公众账号推送的消息。微信订阅号作为一种常见的营销形式，订阅号内容的好坏、推广运营技巧的好坏都将成为订阅号营销能否取得效果的重要因素。用户在关注微信公众号时，企业可以获取用户的性别、年龄、区域等属性，这样就能够根据用户属性投放内容，建立在许可式主动订阅的基础上，每个用户都是店家的潜在客户，推送的内容更易被接受。图8-3是中国电子商务研究中心订阅号，主要为用户推送电子商务类资讯和研究内容。

图 8-2　宝马朋友圈广告

微信服务号为企业和组织提供更强大的业务服务与用户管理能力，主要偏向服务类交互，适用于媒体、企业、政府或其他组织。服务号1个月内可发送4条群发消息。通过服务号，企业可以很好地和微信粉丝用户进行交流，成为企业服务客户的一个窗口，比如用户可以在微信服务号界面中进行业务咨询、投诉及售后报修等。企业利用微信服务号为客户提供服务，是通过关注用户，进而有针对性地提供服务，满足用户特定的或个性化的需求，从而提高用户满意度和建立用户忠诚度，其营销的核心是服务。

图 8-3　电子商务研究中心订阅号

公众号是企业开展微信营销的重要途径，企业公众号从一个企业发声渠道逐渐演变成企业品牌传播、客户维护和电子商务运营的综合渠道。"公众号＋朋友圈/微信群"组合，更是将公众号的价值进一步放大。

（3）微信群。微信群可以把有共同兴趣爱好或目标的人组成一个圈子，并且能快速实现组员之间的交流、互动，极大地节省交流和沟通成本。随着微信的普及，利用微信群维护客户关系，开展营销，促进转化成交也成为非常常见的做法。

（4）扫一扫与二维码。目前，微信为用户提供了二维码/条码扫码、街景扫描、封面扫描、中英文翻译扫描等功能。二维码/条码扫码是用户通过扫描二维码或者条形码来获取网址链接或商品价格的功能；封面扫描是用户通过扫描书籍、CD、电影海报等一些商品的封面来获取相应的商品信息的功能；街景扫描是用户通过扫描附近的建筑、街道来获取其所在地的位置、娱乐、商务、生活等服务信息的功能；中英文翻译扫描是用户利用摄像头对需要翻译的中文或英文进行扫描翻译的功能。

用户可以通过扫描识别二维码身份来添加朋友，关注企业账号；企业可以设定自己的品牌或公众号的二维码，用折扣和优惠来吸引用户关注，开拓O2O的营销模式。

（5）附近的人。微信推出附近的人，其目的是方便用户交友，它会根据用户的地理位置找到附近同样开启这项功能的人。除了显示附近用户的姓名等基本信息外，还会显示用户签名档的内容。商家也可以利用这个免费的广告位为自己做宣传。商家可以利用LBS定位功能，在社区、商圈、学校等特定地区举办促销活动，推送优惠信息。很多位置不佳的店铺可以使用"附近的人"这个功能，吸引附近的用户进入自家的店铺进行消费。例如，2012年，海口K5便利店利用微信找朋友的功能，向在附近活动的微信用户发布最新优惠券、礼品赠送、打折活动信息来吸引众多消费者过来消费，对新店进行推广。

通过地理位置定位，用户可以方便地查询附近的餐饮、购物、休闲娱乐等商户信息，同时还能下载商家提供的电子优惠券，查看消费者点评，购买团购券，以及通过手机签到获取商家优惠等。

（6）微信摇一摇。微信摇一摇是指腾讯公司推出的微信内的一个随机交友应用程序，通过摇手机或点击按钮模拟摇一摇，可以匹配到同一时段触发该功能的微信用户，从而增加用户间的互动和微信黏度，用户还可以通过摇动手机查询正在播放的歌曲或电视节目的相关信息。摇一摇为商家提供了一个广告曝光的平台。

2015年，微信首次与央视春晚合作，通过微信摇一摇来摇红包的方式与观看春晚的观众互动。2015年6月，微信联合全国百家购物中心和百货商场展开了全场寻宝活动。通过微信摇一摇周边，可以在商超摇到购物券等产品。2015年9月，微信与众安、飞常准、联航合作，通过微信摇一摇，可以直接摇到延误险，用户通过摇一摇购买延误险，简单快速且有趣。

（7）摇一摇周边。摇一摇周边是微信基于低功耗蓝牙技术iBeacon的O2O入口级应用，作为微信在线下的全新功能，为线下商户提供近距离连接用户的能力，并支持线下商户向周边用户提供个性化营销、互动及信息推荐等服务。

商家能够在iBeacon设备的信号覆盖范围内为用户提供基于其高精度位置、时间等的个性化服务，从而连接用户与线下空间。商户可根据不同行业场景向周边用户提供如摇红包、摇优惠、摇关注、摇签到、摇投票、摇导航、摇互动、摇支付等个性化营销、互动及信息推荐等服务。

在手机蓝牙打开的状态下，用户在微信中打开摇一摇，如果处于iBeacon设备的信号范围内,手机的微信界面会自动出现"周边"页卡,此时用户使用摇一摇就会获得周边的优惠与服务等信息。

例如,在 2015 年春节期间,周大福通过微信"摇一摇周边"给顾客派送优惠券和礼品,如图 8-4 所示,活动期间,周大福的优惠券领取数量达 24 694 张,使用数量达 20 562 张,整体使用转化率超过 80%,远远高于其他活动的平均转化率,带动销售 21 000 多单,拉动消费上亿元。

又比如,长沙金满地商业街,针对金满地商业街引流、提升单店商品销售转化、促进用户沉淀进行多次消费等问题,商业街 2016 年接入了微信摇一摇周边,基于顾客地理位置适时推送到店体验、优惠互动

图 8-4 周大福摇一摇活动海报

信息服务,吸引顾客到店铺消费,提升优惠券使用率,顾客在场内摇出商户资讯,其功能模块可包含优惠券、礼品兑换券、商户介绍、一键关注公众号等,顾客可自主选择所需服务。通过摇奖发放卡券、礼品和用户互动,提升用户体验。结合微信摇一摇周边进行的线下活动,2016 年 6 月 9 日,2 153 余人次参与活动,15 043 次互动,6 月 9 日至 19 日,公众号粉丝直接增加近万人。

(8)漂流瓶。漂流瓶用于随机推送信息,可以推送文字信息、图片信息和语音信息等。用这一功能的用户,只要通过扔瓶子、捡瓶子,就能方便快捷地和陌生人打招呼,企业也可以利用漂流瓶进行营销。漂流瓶营销具有趣味性、随机性、简单易用等优点,但是也存在针对性不强的缺点。

微信官方已经对漂流瓶的参数进行了更改和设置,当商家和微信官方合作后,商家在某一时间段内抛出的推广活动漂流瓶数量会猛增,这样就会增加微信用户捡到漂流瓶的概率,从而达到广告营销的效果。

例如,奇瑞汽车开通了"奇瑞汽车"官方微信,只要关注了奇瑞的官方微信就可以了解到奇瑞汽车最新的型号、价格、图片和视频等。在微信运营之初,奇瑞汽车用奖品机制来吸引粉丝,在活动期间只要捡到了奇瑞汽车扔出的漂流瓶并且回复和成为奇瑞官方微信号的粉丝就有机会得到奖品。

4. 拓展

除了朋友圈营销、公众号营销等常见营销方式外,微信还可以提供微信卡券、微信小店、小程序、微信开放平台等丰富的功能和接口。

(1)微信卡券。商家在自己的微信公众号运营后台可以自助申请开通微信"卡券功能",

微信客户端将这个功能命名为"卡包"。微信卡券享有微信固定二级入口，可便捷收纳代金券、折扣券、团购券、礼品券、优惠券、机票、电影票、门票、会员卡等各类卡券。结合SNS、LBS等功能，可以在多渠道投放，进而拉新留存，沉淀用户。通过实现电子卡券的创建、投放、领取、使用，并配套数据对账、门店管理等功能，连接商家与用户，构建O2O消费闭环。

（2）微信小店。2014年5月29日，微信公众平台正式推出了"微信小店"，2017年11月，微信小店升级为小店小程序。微信小店是基于微信公众平台打造的原生电子商务模式，包括添加商品、商品管理、订单管理、货架管理、维权等功能，开发者可使用接口批量添加商品，快速开店。通过认证的公众号即可快速创建微信小店小程序。用户可以在小店小程序里一次性完成购买流程，包括购买、查看物流和商家沟通等操作。从微信小店开通以来，很多淘宝店家、实体店家、传统电商在微信上开设了微信小店，并取得了一定的营销效果。

（3）小程序。自2017年年初正式发布以来，凭借无须安装、触手可及、用完即走的优点以及小程序自带的社群属性，小程序在微信生态内迅速成长。根据腾讯2018年一季报，截至2018年3月微信小程序月活跃用户已经超过4亿人，上线小程序数量高达58万个，主要涉及零售、电子商务、生活服务、政务民生等200多个领域，小程序在微信中的渗透率已达到43.9%，显示出较强的成长性。

《2017年中国微信经济影响力报告》数据显示，2017年12月底，微信小程序开发者超过100万人、第三方开发平台超过2 300万个；同时小程序广泛连接线上线下各场景，促进高频消费频次行业发展，2018年3月用户访问量最多的小程序类型主要为游戏、电子商务、餐饮、出行、教育。

小程序以"线下扫码""转发至微信群""微信内下拉搜索"等形式作为进入方式，先天具备较强的社交特点，在其使用过程中易产生流量转换、推广、消费。对于第三方App、平台、网站以及公众号而言，小程序不仅增加了应用场景和新的变现渠道，小程序在微信体系内社交化的反复传播增强了产品的曝光和消费机会。

（4）微信开放平台。微信开放平台是微信为开发者提供的一个接口开发平台，开发者可通过微信开放平台提供的接口接入第三方应用。目前，微信平台为开发者提供了移动应用开发、网站应用开发、公众账号开发、第三方平台开发四种开发类型。对于公众账号开发，开发者可利用微信公众号提供的多种接口进行服务开发，增加公众号的功能，以此来方便微信用户的操作。

微信开放平台为第三方移动程序提供接口，使用户可将第三方移动程序的内容发布给好友或分享至朋友圈，第三方移动程序的内容借助微信平台获得更广泛的传播，从而形成了一种主流的线上线下微信互动营销方式。

■ **案例　三元，每一步换算轻能量**

随着生活品质的升级，都市白领日渐重视健康和运动，酸奶等健康食材受到广泛欢迎，运动不再只是健身房的大汗淋漓，随时随地的"轻运动"已成为白领最普遍的运动现状。三元是来自北京的老牌牛奶制造商，推出"轻能"酸奶品牌主打轻脂益身，与运动有着天然的关联，三元希望能够在重点销售区域贴近都市人群，提高品牌影响力。

（1）营销目标。三元希望通过一些技术性的创新尝试，捕捉用户的日常行为，并将其转化为品牌的商业机会，从而更好地与目标人群展开深入沟通，在品牌与运动之间建立直接关联，为三元轻能塑造具有区隔席的品牌差异化定位。

（2）策略与创意。本次营销以微信本地朋友圈为载体，打通微信运动和微信支付环节，直接将用户的日常行为转化为商业机会。

微信运动作为最大的运动数据记录平台，积累了海量用户的运动数据，三元将用户的线上运动数据直接变现，成为用于购买产品的品牌抵用金，从而在三元轻能和运动之间建立起直接关联。

（3）执行过程/媒体表现。打造一则创意视频H5投放微信朋友圈，外显视频模拟微信运动场景制造悬念，如图8-5所示。以挑战神秘人为线索，号召用户超越昨天的自己。互动收尾接入微信运动数据，将用

图 8-5　三元朋友圈广告

户30天内积累的运动步数联动变现为品牌抵用金，调用微信支付接口，直接进行产品购买，如图8-6所示。

图 8-6　三元微信视频广告

（4）营销效果与市场反馈。三元在微信视频朋友圈三天广告投放期内获得总曝光次数为 977.2 万次。从朋友圈外显视频到完整视频播放的转化率达到 11%，远高于行业平均水平 4%。活动期间共有 18.3 万名用户参与广告点击互动 26.6 万次，视频跳出率仅为 21.49%，远低于行业平均水平 80%。2 小时内达成产品购买 1 008 瓶，用户共计兑换步数 16 088 800 步，约合 8 044.4 千米。

资料来源：金鼠标网，《三元，每一步换算轻能量》，http://www.goldenmouse.cn/html/case/anlilei/yidongyingxiaolei/weixinyingxiao/2018/0129/6937.html?1517222156。

案例思考

1. 此次营销活动运用了微信哪些功能？
2. 此次营销活动运用了哪些手段促进用户购买？

8.3 微博营销

1. 概念

微博营销指企业以微博作为营销平台，利用更新自己的微博，联合其他微博设计与网友互动，或者发布大家感兴趣的话题，让网友主动关注等方式传播企业的产品信息，从而达到树立良好企业形象的目的。移动端的微博营销则是基于移动端微博平台进行的微博营销，是由于移动产品的兴起而衍生出来的一种新型营销方式。

微博营销方式注重准确的定位、价值的传递、内容的互动、系统的布局，微博的迅速发展也使得其营销效果尤为显著。

2. 解释

微博，微型博客的简称，即一句话博客，是一个基于用户关系进行信息分享、传播以及获取的平台。新浪微博是目前国内使用人数最多的微博平台，截至 2018 年 6 月 30 日，新浪微博月活跃用户高达 4.31 亿人，平均日活跃用户为 1.9 亿人。新浪微博最初只支持 140 字以内的文字发布，现在已经发展到支持长文字、多图片、短视频、长图文发布。

微博是社会化媒体中用户极其活跃的社交平台之一，它因内容短小、发送信息方便彻底改变了媒体和信息传播的方式。微博的信息传播路径主要包括粉丝路径和转发路径两种。在粉丝路径中，只要发布者发布信息，关注者就有可能接收到这个信息。在转发路径中，如果关注者觉得自己接收到的信息有转发的价值并选择转发，那么这个信息就会成为关注者的微博，他的粉丝也能随之接收到这个信息，以此类推，将这个信息以裂变的形式传递出去。由此可见，微博的传播方式不再是过去的一对一或者一对多的模式，而是演变为一对一、一对多同时可以发生的裂变模式，这些都使得微博具备极高的营销价值。

微博账号主要分为个人微博和企业微博两种类型。个人微博是新浪微博中使用人数最多的部分,这些人可以分为普通人、明星、不同领域的专家、企业创始人、高管等,个人可以通过微博建立个人品牌。图 8-7 为锤子科技罗永浩的微博。

企业微博是企业对外公开展示品牌的媒体品牌,也是很多粉丝了解企业动态的窗口。企业可利用微博展示企业品牌形象及产品独特之处、企业文化等;与目标消费者建立情感,听取消费者对产品的意见及建议;在客户服务上,提供企业前沿资讯、服务及新产品信息,便于与消费者进行一对一的沟通;及时发现消费者对企业及产品的不满,并快速应对。通过微博组织市场活动,打破地域及人数限制,实现互动营销。很多企业开立了自己的官方微博,有些企业的微博还形成了矩阵式经营——企业领导人微博、高管微博、官方微博、产品微博,相互呼应,图 8-8 是锤子科技的微博,包括官方微博、客服、产品、坚果手机等不同类型,形成了微博矩阵。

图 8-7　企业高管微博账号

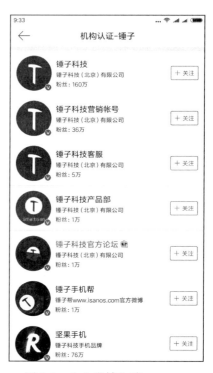

图 8-8　企业微博矩阵

对于企业和个人来说,微博的营销价值可通过以下四点来实现,它们分别是品牌传播、客户关系管理、市场调查与产品开发推广、危机公关。

3. 应用

企业可以通过建立官方微博、用官方微博发布内容、发起微博活动、发起微博讨论话题、借助名人微博等方式开展营销。

(1)微博内容营销。内容是开展微博营销的关键,在微博上,企业的官方账号可以通过发布新奇有趣的内容、组织丰富的活动、发起活动或话题讨论等来吸引用户,并且积极和粉丝互动，达到营销的目的。微博的内容分两种：一种是针对热点话题的借势发挥，另一种是结合自己的定位做的每日更新。

杜蕾斯的微博营销已成为比较经典的案例。杜蕾斯官方微博于2011年1月底开通，目前粉丝数量接近300万人，发布内容2万多条。官方微博是杜蕾斯与粉丝/消费者/潜在消费者互动、交流的场所，也是广告宣传、品牌展示、热点借势的地方。杜蕾斯很多现象级的刷屏文案，大多是依赖微博媒介传播开的。结合产品特点的独特定位、构思精彩的文案、有趣的内容、借势热点事件、积极与粉丝互动是杜蕾斯微博营销成功的关键因素。

（2）微博话题。话题是微博上的热点、个人兴趣、网友讨论等内容的专题聚合页面，是微博中最重要的一种兴趣主页。微博用户可以进入话题参与讨论，同时话题页面也会自动收录含有该话题词的相关微博。企业发起有趣、互动性强的微博话题可以吸引用户参与讨论，加精话题会被推送到关注话题粉丝的信息流中，看到并参与互动的用户，又形成了话题的二次传播。

对于日常运营中经常发的某类内容，可以单独设置一个话题，相当于官方微博的一个"固定栏目"。这样可以增加此类内容的辨识度，吸引感兴趣的用户进入话题页查看内容及互动。对于电子商务类企业，可以将买家的晒单微博聚合在一个话题里，潜在买家可以在话题里看到商品晒单和评价，提升信任度，增加转化成单率。热点事件、节日等，都会有相关话题，企业可以借势热点话题增加微博互动和曝光。

（3）发起微博活动。微博活动是个人或者企业在微博营销中非常重要的一种手段和方法，主要是通过现金、虚拟货币或者实物的奖励来吸引用户参与活动，从而达到账号推广、增加粉丝、引导消费的目的。目前，微博支持的活动类型有有奖转发、幸运转盘、有奖征集、免费试用、预约抢购等。企业可以根据活动的目的进行选择。

1）有奖转发。发起者设置1条转发内容作为活动微博，并通过一定数量的奖品激励用户参与转发。有奖转发可在短时间内增加曝光率，有效增加粉丝数，推广品牌，引导消费。有奖转发也是目前采用最多的活动形式，只要粉丝转发并评论或转发并@好友就有机会中奖。但增加的粉丝不易转化为忠实用户，易流失。图8-9是小米微博上发布的有奖转发活动。

图8-9 小米微博抽奖活动

2）幸运转盘。幸运转盘礼品较多，立即开奖，活动参与度高，花费较大。幸运转盘可以很快地增加粉丝数量，也可以提高企业的知名度。

3）有奖征集。通过征集某一问题解决方法吸引参与，常见的有奖征集主题有广告语、段子、祝福语、创意点子等。调动用户兴趣来参与,并通过获得奖品可能性的系列性"诱导",从而吸引用户参与。

4)免费试用。推广自己的产品,引导消费,引导舆论导向。

5)预约抢购。用于推广企业产品,引导消费,提高微博知名度。

(4)微博名人。明星、网络红人、名人等人的微博具有非常庞大的粉丝量和较大的影响力。根据产品的特性和目标群体定位,锁定一些相关领域或目标客户与覆盖粉丝匹配度高的重要的关键意见领袖,利用或者聘请关键意见领袖去讨论、传播企业相关信息,可以扩大信息覆盖面,提升营销效果。

4. 拓展

微博营销和微信营销同样属于社会化媒体营销。微信是社会化的关系网络,是强关系弱媒体平台,用户关系建立在社交需求之上,用户关系通常是真实的人际关系,关系质量较强,多为双向关系,用户关系是这个网络的纽带。

微博是社会化的信息网络,是强媒体弱关系平台,用户关系主要建立在共同感兴趣的话题上,信息关系是这个网络的纽带,社交关系较弱,媒体属性强,影响范围更广,适合热点和娱乐性质的短内容的传播。两者的区别,如表8-3所示。

表8-3 微博和微信的区别

比较维度	微信	微博
平台特征	强关系弱媒体平台	强媒体弱关系平台
产品形态	对话、交流与沟通	快速表达、信息的浏览与传播
传播属性	私密闭环式传播,用户发布的信息只能在自己关注的圈子或被关注的圈子中传播	开放的扩散传播,面向所有粉丝广泛覆盖
人群属性	精准的人群覆盖,关注者的用户黏性高	基于兴趣的关注,用户黏性偏低
用户关系	微信朋友圈是亲朋好友等熟人或半熟人社交关系	基于兴趣、爱好、观点等形成的微弱关系
时间同步性	实时提醒功能,使它的传播为同时	通过智能排序、热门微博、搜索等功能实现差时传播的效果
推广策略	强调线上线下的全线联动	微博范围内的聚变式覆盖
营销侧重点	注重交流,强调与用户的互动	注重传播,强调传播链条和覆盖面
营销手段	都强调内容精练、趣味性,具备传播的价值,可进行口碑营销、内容营销和热点营销	

不管是微博营销还是微信营销,都强调内容精练、趣味性,具备传播的价值,可进行口碑营销、内容营销和热点营销。

■ 案例　vivo X9s 新机上市微博营销

vivo新品 X9s / X9s Plus 上市,需要在上市当日实现裂变式传播,火速引爆市场反响。同时需要在上市后的短时间内实现层级扩散、快速传播和大曝光,将产品的卖点及优势通过广告语快速传达给用户。

(1)营销目标。借力微博平台强传播与强曝光的特性为新品发布造势。

(2)策略与创意。伴随新机发布节奏,在微博上打造"vivo月"。

(3)执行过程/媒体表现。

1)官方力推话题,气氛先嗨起来。2018年7月3日,X9s/X9s Plus全新发布,相关话题横空出世,登录微博热搜榜实时榜单、发现页实时热搜。网友点击后,品牌专区跃然眼前,新品信息顺利传达,如图8-10所示。

与此同时,@微博时尚、@微博小秘书、@新浪娱乐等一众微博官方大号为品牌背书,邀请网友共同见证vivo X9s发布,力推声量持续攀升。

2)微博BIG DAY,打造发布狂欢。2018年7月6日,vivo发布新机!微博资源三位一体发力,覆盖用户日常刷博路径,打造BIG DAY线上狂欢。点开微博,动态开机映入眼帘。品牌微博通过粉丝精准触达目标群体,吸睛又吸粉。发现页Banner也被vivo视觉霸占,10个Icon全部惊艳变身蓝色,共同拼出"vivo x9s 2000w双摄照亮你的美",新机核心信息完美送达全网。"倪妮助力X9s品鉴会"同步登上热门话题、推荐话题,引发众多网友围观。品牌话题页更是成为大家讨论新机的大本营。

3)明星互动,话题持续炒热。快乐大本营20周年,照亮你的青春。2018年7月13日,快乐家族成员集体以"X9s照亮你的青春"为话题词发微博,秀出定制版X9s

图8-10 vivo登上微博热搜榜

青春礼盒,带领网友集体进入怀旧模式。吴磊、娜扎、倪妮都在微博上为快乐大本营送上"2 000万份诚挚的祝福"。

极限挑战第三季强势回归,罗志祥和孙红雷参与活动。展示极限挑战定制版X9s的微博同样引起粉丝争相转发,话题实现涟漪式传播。

4)新机全面开售,微博精准引流。2018年7月20日,vivo X9s全面开售。品牌官方微博直接引流至官网和天猫。微博强势资源再次火力全开,X9s顺势成为全网爆点。

宁泽涛、吴倩、一只鸡腿子、苑子文、王义博……20多位明星在微博上晒出高颜值自拍照,直观地向网友展示vivo X9s的超凡拍照效果。"看来我要换手机了""和宁泽涛用同款手机真是太幸福了",粉丝表现出很强烈的兴趣,明星粉、品牌粉身份无缝转换。

(4)营销效果与市场反馈。最终,"vivo2000万双摄X9s"主话题阅读量突破8.3亿次。在X9s发布推广期间,vivo品牌微指数连续出现多个高峰,成功攫取全网注意力,实现流量声量双丰收。

资料来源:金鼠标网,《vivo X9s新机上市微博营销》,http://www.goldenmouse.cn/html/case/anlilei/shehuihua yingxiaolei/2018/0126/6588.html。

案例思考

1.企业官方微博在此次营销活动中起到什么作用?

2. 明星的微博在此次营销活动中起到什么作用？
3. 在产品的不同阶段，vivo 用了什么营销手段和策略？
4. 微博的信息传播具有什么特点？

8.4 二维码营销

1. 概念

二维码或二维条码，最早起源于日本，原本是 Denso Wave 公司为了追踪汽车零部件而设计的一种条码。它是用特定的几何图形按一定规律在二维平面上分布的黑白相间的图形，用以记录数据。用户只需要拿出相应设备（如手机 App 中的"扫一扫"功能，或者专业的二维码扫描工具）就可以对二维码进行识别，然后进行相应操作。二维码营销是指通过引导用户扫描二维码，获取产品和企业信息、商家推广促销活动信息、支付购买入口等，促进消费者购买的营销模式。

2. 解释

相对一维码而言，二维码具有信息容量大、可靠性高、防伪性强等优点。根据二维码印刷后内容是否可更改，其分为静态码和活码。静态码是指传统的二维码，直接对字符串进行编码，展示固定内容，没有用到云端技术。活码是对一个已分配的短网址进行编码，扫描后跳转到这个网址。这样将内容存储在云端，可随时更新，可跟踪扫描统计，可存放图片、视频、大量文字内容，同时图案简单易扫。二维码的特点归纳起来有以下几点。

整合性，二维码打破了单一媒体的局限性，跨媒体的整合营销可以通过二维码来实现，解决了信息传播的深度问题，获得了品牌传播的最大效果。

互动性，二维码把平面媒体、手机终端和互联网的优势集中到一起，增强用户体验，解决了用户的反馈交互以及需要不同渠道之间的衔接来完成交易等问题，容易促成交易的直接达成。

精准性，基于移动终端的特性，二维码可以精确地跟踪和分析每个媒体和访问者的记录，包括手机机型、使用时长、浏览次数以及用户的地理位置等，便于企业更加有效地投放广告。

低成本，对于中小企业而言，二维码营销是一种相对低廉的传播方式，可以轻松实现线上线下的融合。特别是结合近两年出现的 O2O 概念，二维码逐渐形成了电商企业和中小商户连接线上及线下的新路径。

3. 应用

作为连接线上和线下的入口，二维码因其使用简单、制作容易、操作便捷、成本低而被广泛地运用到营销中。二维码营销是一种物美价廉的信息传达方式，因为二维码的应用范围几乎没有限制。二维码可以印刷在报纸、杂志、广告、图书、包装以及个人名片上，目前主流的移动应用都具有扫一扫功能，用户通过手机扫描二维码或输入二维码下面的号码即可实现快速手机上网，随时随地下载图文、音乐、视频，获取优惠券，参与抽奖，了解企业产品信息。

二维码的主要功能包括信息存储、线下引流、支付入口和防伪等，具体包括以下几个方面。

- 信息获取：名片、地图、Wi-Fi 密码、资料、企业介绍等。
- 网站跳转：跳转到微博、手机网站、网站、微信公众号等。
- 广告推送：用户扫码，直接浏览商家推送的视频、音频广告及活动信息。
- 手机电商：用户扫码，手机直接下单购物。
- 防伪溯源：用户扫码，即可查看生产地；同时后台可以获取最终消费地。
- 优惠促销：用户扫码，下载电子优惠券，抽奖。
- 会员管理：用户在手机上获取电子会员信息、VIP 服务。
- 手机支付：扫描商品二维码，通过银行或第三方支付提供的手机端通道完成支付。

例如，用户扫描伊利安慕希酸奶二维码，可以在手机上查看安慕希酸奶的介绍，包括重量、用料、用法、保质期和贮藏方法等信息；通过二维码扫描提供的在线咨询服务，消费者在买到产品后有任何问题可以直接通过手机与伊利的客服联系，方便快捷；消费者在查看产品信息的同时，还可以参加伊利的有奖调查，完成后即可获得安慕希的 10 元代金券；介绍完产品后，还有各大电商平台的官网链接。

二维码营销的核心功能就是将企业的视频、文字、图片、促销活动、链接等植入一个二维码内，再选择投放到名片、报刊、展会名录、宣传单、公交站牌、网站、地铁墙壁、公交等载体上。

4. 拓展

掌握二维码营销的策略对企业的发展至关重要，要引导消费者扫描二维码，首先要设计和制作二维码，说明二维码的内容及扫描诱因，提高二维码的扫描率，增强用户的体验度，并获取用户数据。

（1）设计和制作二维码。二维码制作非常容易，通过互联网搜索"二维码制作"或"二维码生成器"，会出现很多工具，如草料二维码。利用草料二维码，可以生成文本、网址、文件、图片、音视频、名片等不同内容的二维码。

除了常规的黑白二维码外，还可以设计不同形状和类型的创意二维码。二维码作为一个宣传广告，有时不会直接告诉大众它携带的内容，只有在对二维码进行扫码解读后，才能揭开二维码的神秘面纱。有很多商家利用二维码的这一特性，在二维码的外观和形式上进行特殊处理，使其更能吸引顾客的注意。

（2）说明二维码的内容。在二维码营销活动中最忌讳的就是只放一个二维码，却没向消费者说明二维码的具体内容。二维码营销的基础目的是引导用户进入，让消费者看到你希望其看到的内容，因此利用二维码开展营销的关键在于如何吸引用户扫描二维码，即为用户提供扫码的诱因。除了要清楚地告诉消费者扫描二维码后会得到什么外，还要提供足够多的实质性的具体诱饵，实质性的诱饵会推动消费者进行扫描，例如提供优惠、售后服务、抽奖活动、有趣的内容、获得赠品、成为会员等。

（3）选择投放渠道，提高二维码扫描率。二维码发布推广渠道主要分为线上和线下。二维码线上营销主要通过 App、微信、微博、论坛等途径进行信息传播。二维码在线下可以放置的范围也非常广泛，比如宣传彩页、产品包装、宣传海报、名片、门口等地方，制作费用不高。还可以在电视、视频、广告上巧妙地嵌入二维码，突破时空限制，实现信息延伸，又能形成观众互动，扩大传播效果。现在很多企业的名片、宣传彩页、宣传册、网站首页附带有各种各样的二维码，既不影响美观，又达到了宣传的目的。

对于企业来说，想要做好二维码营销，就必须选好二维码投放平台，以提高二维码的扫描率。一个好的投放平台的营销效果会比企业随意选择多个平台的效果要好得多。

（4）增强用户体验。二维码本质上只是一个入口，如何设计出真正有效的内容和互动活动才是重点。如果企业要应用二维码，就应该利用二维码引发消费者的互动，增强用户的体验度，并且强化消费者购买这个产品的欲望。企业可以利用各种二维码互动活动，满足用户的消费体验。

（5）获取数据并开展精准营销。成效高的二维码营销策略会借助于智能手机设备与手机通信的个性化与数据化特征，通过营销活动收集顾客的行为、反馈等各种信息，为精准营销提供更广阔的空间。在移动互联网时代，借助智能手机，二维码可以精确地跟踪每一位用户的记录。手机二维码可以在不同区域设置不同的二维码，企业和商家可以由此判断不同地区的市场状况，并制定不同的营销策略。

■ 案例　韩后"一物一码"的二维码营销

韩后是国内美妆产品品牌，倡导天然、年轻、时尚的护肤理念，致力于为女性塑造生态美肌。其市场覆盖全国，主要市场集中在一二线城市。

每年 9 月 19 日前后，韩后都会推出一系列的大型促销活动，以"搞好自己"为宣传点，其中 9 月 19 日是韩后爱购节促销力度最大的一天。以往通过奖卡来获取消费者的数据，成本很高，而且用户数据还很难收集。2017 年，韩后通过米多系统的一物一码，给每一盒产品赋予一个唯一的二维码，消费者扫码获得红包时，数据会在米多系统留存，米多系统对用户进行标签分组管理，将用户数据区分为导购员和终端消费者，解决了用户数据获取问题，降低了获客成本，效果显著。

在二维码营销管理上，通过米多智能营销 2.0 可灵活地按照地区和产品来设定活动、按照活动时间来设定奖励、按照用户分组来参与活动等。商家通过米多系统智能营销，降低了消费者和导购员的营销成本，掌握了数量庞大的导购员和线下门店信息。

通过一物一码，把产品转变为一个一个与消费者形成关系的触点，韩后获取了用户数据，增加了粉丝量和销量，节省了营销费用。累计生码量超过 750 万次，日均扫码量 5 万次，年扫码营销红包成本预计为 300 万元，获取了 30 多万条导购员数据，每个导购员平均扫码数为 15 次，重复扫码率达 65%。公众号粉丝已积累 60 多万个，公众号文章的阅读量由原先的单篇 2 000 左右次阅读，提升到超过 13 000 次阅读，阅读量提升了将近 7 倍。

资料来源：金鼠标网，http://www.goldenmouse.cn/html/case/anlilei/chengxuhuagoumailei/2018/0123/6213.html。

案例思考

1. 二维码在营销中有什么作用？
2. 如何吸引用户扫描二维码？

□ 本章小结

本章主要介绍了移动营销的概念和特征，分析了移动营销和传统营销的区别，以及市场营销理论从 4P 到 4C、4R、4D 的发展过程，而且还介绍了移动营销的常见营销方式，包括微信营销、微博营销和二维码营销。在微信营销中，主要介绍了微信营销的特点，以及朋友圈、公众号、摇一摇、摇一摇周边、附近的人等不同工具的营销作用；在微博营销中，主要介绍了微博内容、微博话题、发起活动等营销手段，进一步分析了微博营销和微信营销的区别；在二维码营销中，介绍了二维码的应用范围，分析了二维码营销策略。

□ 本章术语

移动营销	4P	4C	4R
4D	4I	微信营销	订阅号
服务号	微博营销	企业微博	二维码营销

□ 练习

1. 你经常关注的微信公众号有哪些，其内容有什么特点？
2. 你经常关注的微博账号有哪些，都有哪些类型，其内容有什么特点？
3. 打开新浪微博，进入热门微博排行榜，思考哪些内容更容易被大量传播？
4. 搜集并拍摄至少 10 张生活中的二维码照片，并说明每一张照片中二维码的应用方式和场景。
5. 利用免费二维码生成器，设计并生成文本、网址、名片、图片、微信等不同形式的二维码。
6. 根据近期热点话题和时间，给某企业策划一个微信营销活动。
7. 根据近期热点话题和时间，给某企业策划一个微博营销活动。

□ 参考文献

[1] 黄丽娟，夏筱萌. 移动营销研究述评与展望 [J]. 外国经济与管理，2015，37（10）：58-68.

[2] 黄以卫，金永生，刘冰.移动营销及营销模式的发展研究[J].信息系统工程，2016（05）：130-132.

[3] 赵占波.移动互联营销：从4P时代到4D时代[M].北京：机械工业出版社，2015.

[4] 苏高.赢在移动端：微博、微信、微视频、微电影、QQ、二维码微营销全攻略[M].北京：人民邮电出版社，2015.

[5] 段建，安刚.移动互联网营销[M].北京：中国铁道出版社，2016.

[6] 微盟研究院.2015年微信营销研究报告[R/OL].（2015-12-24）[2018-10-11].http://www.199it.com/archives/421147.html.

[7] 艾媒咨询集团.2015—2016年中国移动营销发展研究报告[R/OL].（2016-03-01）[2018-10-11].http://www.iimedia.cn/40972.html.

第 9 章

典型行业应用

本章导读 :: :: ::

随着智能手机的不断普及,移动互联网迅速向社会各个行业和领域渗透。移动设备的便携性、移动网络的泛在性突破了人们获取信息的时间和空间限制,移动互联网对传统产业的渗透,不仅提高了传统产业的效率,也加速了产业间的融合,带动了许多新应用的产生。移动商务的应用具有泛在性,对移动商务应用的需求在各个行业都存在。本章以教育、医疗、金融、办公、政务等典型行业和领域为例,介绍了移动商务的典型行业应用概况。

知识目标 :: :: ::

1. 了解移动教育的概念和应用概况
2. 了解移动医疗的概念和应用概况
3. 了解移动金融的概念和应用概况
4. 了解移动办公的概念和应用概况

能力目标 :: :: ::

1. 具备对移动商务典型行业应用进行分析的能力
2. 具备对移动商务典型领域应用进行分析的能力

9.1 移动教育

1. 概念

移动教育包括两个方面:一是移动学习者,即学习者不在传统的教室或计算机前进行学习;二是移动设备,即使用移动设备进行学习。移动教育是一种需要技术支撑的、用户可以在任何时间和地点获得的学习途径。

2. 解释

互联网和移动互联网创造了跨时空的生活、工作与学习方式。随着互联网和信息技术的快速发展，人们获取知识的方式和途径发生了巨大的变化。移动教育是通过应用信息科技与互联网技术进行内容传播及快速学习的方法，突破了时间和空间的限制，使得知识获取渠道更加灵活与多样化。移动教育的核心在于"任何时间""任何地点"的学习。移动教育是指在移动的学习场所或利用移动的学习工具所实施的教育，是依托目前比较成熟的无线移动网络、国际互联网以及多媒体技术，学生和教师使用移动设备（如手机等）通过移动教学服务器实现交互式教学活动。

在现有的技术条件下，轻量化、碎片化、结构化的学习需求更容易在移动端上实现，如家校沟通、费用支付等学习辅助需求；而越是接近于学习的核心环节，知识越复杂、越具有系统性，也就越难以承载在移动端上。从这个角度来看，学前启蒙和语言学习领域因知识难度小（轻量）、知识间的联系相对不紧密（碎片）、更易实现结构化，因此天然具有很强的移动属性。

目前，有些企业已意识到了这一点，致力于把知识拆解成最小单元再做重组，降低学习的难度，以期优化用户在移动端的学习体验。总体来看，受知识本身难以结构化和人类大脑学习节奏的限制，移动教育产品现阶段并不适合进行复杂、系统的学习。

3. 应用

随着互联网的发展，在线教育技术的不断成熟，在线教育的形式和内容也趋于多样化，其便利程度也在不断提高，越来越多的用户已经开始慢慢习惯这种新型的学习方式。比达咨询数据显示，2017 年中国在线教育用户规模已达 12 198.9 万人，同比增长 18.0%；2018 年中国在线教育用户规模大约达到 14 236.1 万人，同比增长 16.7%。

移动教育的形式已经渗透到教育行业的各个细分领域。总体来看，目前市场上热门的产品多为优质内容型（知识/资讯、真人课程）或实用工具型（搜题答疑、词典、口语练习），且均以手机 App 为载体，如图 9-1 所示。

我国移动在线教育应用主要领域涉及学前启蒙、K12 应试、高等教育、职业培训、语言学习、素质教育，范围涉及从早教到成人教育等多个领域，覆盖面十分广泛。

在四大身份主体（学习者、教师、家长、教学机构）之间，移动教育领域内的专家摸索出五种基本产品形态：内容型、工具型、平台型、社区型和管理型。其中内容型产品是最为传统和主流的产品，核心功能为知识输送，如课程、材料等，也孕育出了目前相对成熟（可盈利）的商业模式：B2C 直播教学；工具型产品以实用为特点，例如词典、题库、课程表等，获客迅速但后续盈利转化存在挑战，典型企业如作业帮、小猿搜题、有道词典等；平台型产品的核心功能为匹配，如 O2O 平台（匹配师生），B2B2C 平台（学习者和学习材料）；社区型产品的核心功能为连接,如家园共育平台、班级圈、家长圈等;管理型产品的核心功能为优化管理,如校园信息化产品。

2017 年中国移动教育的主要细分领域及热门产品类型

领域	学前启蒙	K12 应试	高等教育	职业培训	语言学习	素质教育
内涵	婴幼童智力启蒙及行为训练（6 岁以前）	中小学生提分辅导（6～18 岁）	专科及以上学历教育,含留学	职业考试辅导及技能训练	语言能力提升训练（全年龄段）	兴趣素质培养（全年龄段）
当前热门产品	**内容型** 育儿知识/资讯 **社区型** 家园共育	**工具型** 搜题答疑 **服务型** 教育信息化	**内容型** 和 **工具型** 考研 托福雅思 课程表	**内容型** 会计考试 IT 培训 医考 公考	**工具型** 词典 口语练习	**内容型** 少儿编程 美术

图 9-1　移动教育主要细分领域

资料来源:艾瑞咨询研究院自主研究及绘制。

4.拓展

经历了漫长的面对面课堂教育形式之后,得益于通信能力的提高,第一代远程教育——函授教育得以出现。随着 20 世纪 80 年代大众传媒的日益发达和 90 年代互联网技术的成熟,广播电视教育和网络教育进一步打破了教育对时空的限制。21 世纪以来,移动互联网时代催生了基于手机、平板电脑等个人电子设备的移动教育。纵观教育形式的历史演变进程,在线教育与远程教育已经成为相当成熟的发展方向,人们追求更加随时随地、轻量化、碎片化的教育。但新教育形式的出现并未取代过往的教育形式,多种教育形式并存于当前的教育体系中,共同构成了多元化、多层次的教育生态。

■ 案例　粉笔 App

粉笔 App 是一款具备创新能力和盈利能力的移动教育产品,针对公务员、教师、司法等职业考试提供在线的练习工具和辅导服务,服务低价、轻便、智能,团队教育背景契合、经验丰富,总体来看,在传统面授职业考试培训市场中具备独特优势。

粉笔 App 源于猿题库,从 2013 年开始,猿题库就推出了公考备考产品,之后逐渐专注于 K12 市场,而且把职业培训相关业务都拆分到"粉笔"品牌中;2017 年 7 月,粉笔进行品牌升级,把旗下的粉笔公考、粉笔教师、粉笔司考三个 App 整合到粉笔 App 中,满足用户多种备考需求,至此,粉笔的业务定位愈加清晰。在纯线上模式收获了一定的业绩和口碑之后,于 2017 年 4 月推出地面班,正式投入竞争激烈的线下市场中。

粉笔 App 涵盖的考试培训范围包括公务员行政职业能力测验(简称行测)、事业单位招录考试、教师资格证考试、教师招聘考试、国家司法考试，并按地域特色和考试等级做了区分，方便用户选择，如图 9-2 所示。粉笔 App 提供的功能可分为两大类：题库和直播课，其中题库部分包括智能练习、数据报告、历年真题、智能组卷等各项功能点，打草稿、查看答题卡等细节设计也十分人性化，呈现出较高的自助性和易用性。整个 App 页面简洁，功能全面，在提升用户体验上的做法值得借鉴。

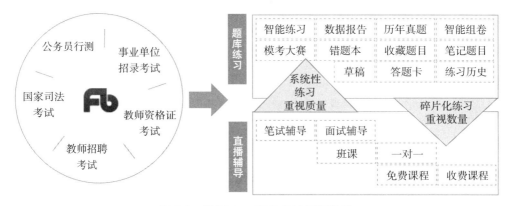

图 9-2　粉笔 App 职业考试培训体系

资料来源：艾瑞咨询，《2017 年中国移动教育行业研究报告》

9.2　移动医疗

1. 概念

移动医疗，国际医疗卫生会员组织给出的定义为，通过使用移动通信技术，例如 PDA、移动电话和卫星通信来提供医疗服务和信息，具体到移动互联网领域，则以基于安卓和 iOS 等移动终端系统的医疗健康类 App 应用为主。

2. 解释

随着移动通信技术的快速发展和手机、可穿戴设备的广泛使用，出现了大量功能强大、使用便捷的移动应用工具。在医疗领域，移动医疗 App 成为近几年发展迅猛的应用软件，备受人们关注。医疗健康产业是指以预防疾病、促进健康为核心的综合行业，主要包括医疗、康复、医药、医疗器械等相关内容。移动医疗的参与者包括医疗卫生服务机构、患者及普通消费者、医疗从业人员、医药企业及电商、医疗等相关保险企业等。移动医疗在原有产业链的基础上增加了以移动互联网为特色的主体，包括移动医疗 App 开发商、系统软硬件供应商、可穿戴设备供应商、移动运营商等。

移动医疗将医疗技术与医疗资源合理配置，既为患者带来了快捷、高品质的医疗服务体验，也为医务工作者简化了工作过程，提高了工作效率，传统的医疗模式正在被改变。移动医疗，改变了过去人们只能前往医院"看病"的传统生活方式。现在无论是在家里还是在路上，人们都能够随时听取医生的建议，或者获得各种与健康相关的资讯。因为移动通信技术的加入，医疗服务不仅将节省之前大量用于挂号、排队等候乃至搭乘交通工具前往医院的时间和成本，而且会更高效地引导人们养成良好的生活习惯，变治病为防病。

3. 应用

移动医疗的应用范围十分广泛，服务对象主要包括医院和大众。在医院内部可以用于药品管理、病人护理情况和病情追踪、病人信息采集等。对大众的应用可以包括诊断、教育、远程监控、医护人员与病人相互交流、远程采集数据分析病情等。

根据应用的不同功能，可将移动医疗分为健康管理类、寻医问诊类（如春雨医生、好大夫、微医等）、医联平台类、医生工具类和医药电商类，如表9-1所示。

表 9-1 移动医疗的分类及功能

类别	功能
健康管理类	为用户提供健康管理服务，包括健身、经期管理、孕期管理、慢性病管理等，服务内容以数据记录、健康提醒、知识传播为主
寻医问诊类	用户可通过此类应用进行自诊或在线问诊，足不出户地与医生交流
医联平台类	用户可通过此类应用享受在线挂号、提前预约、查看化验单等服务，提高就医效率，避免不必要的排队等候时间
医生工具类	为医生等专业人士提供药品信息、临床指南、医学资讯等服务，提高医务工作者的工作效率，减少差错
医药电商类	用户可通过此类软件购买药品、查询药品信息、查找附近药店等

资料来源：戴佳慧，侯艳红.移动医疗运营模式及商业路径分析[J].卫生经济研究，2018（09）：39-43.

目前，移动医疗入口主要分为以患者为代表的个人用户、以医生为代表的专业人士、以医院为代表的医疗机构和以医药企业为代表的医药电商四种。

健康管理类 App 主要面向以患者为代表的个人用户，为用户提供健康管理服务，包括经期、孕期、慢性病管理等，用户可使用 App 记录健康数据，设置健康提醒，获得健康资讯。

寻医问诊类 App 可为用户提供自诊、在线问诊服务，医生工具类 App 能为医生等专业人士提供药品信息、临床指南、医学资讯等服务。这两类 App 的用户虽然不同，但核心资源皆为医生等专业人士。

医联平台类 App 的服务内容包括在线挂号、提前预约、查看化验单等，旨在减少排队等待时间，提高用户就医效率。该类 App 的关键是有效对接医疗机构，通过开通与医院、卫生院、疗养院、诊所等机构的便捷通道，在减少患者等候时间的同时降低医疗成本，改善就医环境。医联平台类 App 用户主要是患者。

医药电商类 App 主要有药品购买、药品信息查询、附近药店查找等功能，这类 App 成功的关键是提供专业、安全、便捷、高效的药事服务。

目前，我国典型的医疗类 App 及服务内容，如表9-2所示。目前，移动医疗健康服务平台主要有向消费者收费、向保险企业收费、向药企收费、向医生收费、向医院收费等多种盈利模式。①消费者，具体收费包括硬件销售；在收集用户运动、睡眠、饮食数据的基础上，衍生服务销售等。②医生，为医生精准适配患者对象，医生需要支付费用以使用移动医疗平台。③医院,为医院提供移动的通信解决方案,比如通过携带移动设备,让医生和护士随时随地发送、接收信息,通话并设置提醒等。④保险企业,"手机+云端"的特定病种管理平台让患者用手机方便地记录和存储个性化数据,能够帮助保险企业节省成本和制定产品开发策略。⑤药企,主打产品为药品和临床治疗数据库,为药企提供精准的广告和问卷调查服务。

表 9-2　典型移动医疗 App 及服务内容

应用名称	服务名称
春雨医生	快速提问,用户可描述症状并得到解答 空中医院,帮助用户快速找到医生,用户可以通过图文、电话、视频等方式咨询
好大夫在线	在线咨询、预约医生、便捷问诊、个性化院后管理等 电话咨询
5U 家族医生	电话咨询家庭医生,可上传病情并预约就医 购买了好孕妈咪卡、健康宝宝卡、健康一生卡的会员用户可享受 24 小时咨询服务
掌上药店	用药指导和管理:用户可搜索附近药店、查询药品信息、向药师咨询用药注意事项、设定用药提醒、获取健康资讯等
杏树林	以医学专业人士为入口,推出了三款辅助应用:病历夹、医口袋、医学文献
WellDoc	推出糖尿病管理应用 BlueStar,分析患者血糖含量和所用药物等数据,对糖尿病患者进行管理和指导
Epocrates	为医生提供临床参与,帮助临床决策。医生可通过 E-pocrates 查阅大量品牌药、仿制药、OTC 药的处方和信息
丁香园	广告投放、网络学术营销、市场调研、丁香通服务、丁香人才服务、会议服务和医院品牌服务

资料来源:戴佳慧,侯艳红.移动医疗运营模式及商业路径分析[J].卫生经济研究,2018(09):39-43.

4. 拓展

随着移动医疗开发者的增加以及参与者的持续应用,移动医疗的规模呈不断上升趋势,移动医疗 App 已超过 16 万个,全球移动通信系统协会曾预测,2017 年全球移动医疗市场将带来 230 亿美元的收益。自 2011 年起,以春雨医生、好大夫在线等企业为代表的移动医疗企业开始相继建立或转型发力移动端系统的医疗健康类 App。2012 年,随着手机和 3G、4G 网络的普及,我国经济的发展正式进入了移动互联网时代。移动医疗借势而起,在随后的两年也进入了黄金发展期。2014 年是公认的移动医疗发展元年,这一年,医疗信息化建设提速,BAT 纷纷加紧布局移动医疗,各种移动健康服务应用软件让人应接不暇。根据相关统计数据,截至 2014 年第一季度末,在 iOS 和 Android 两大平台上,通过审核的移动医疗应用已达到 10 万种以上。

移动医疗在欧美一些发达国家应用得非常普遍,不仅提供信息化服务,甚至远程医疗技术也逐渐成熟,通过手机等智能移动终端设备进行远程医疗已经变得很常见。其主要应用在这几个方面:为医务工作者和患者提供信息化服务、监测和监控、诊断支持与远程医疗等。

■ **案例　春雨医生**

春雨医生,创立于 2011 年 7 月,春雨医生是一个移动医疗健康应用,提供用户自诊、健康咨询、医患互动交流服务，目前平台拥有 49 万名公立二甲以上医院的专业医生。春雨医生一方面通过调动医生资源，推动问诊成为网上看病入口；另一方面通过问诊开放平台整合线上、线下全流程的各项医疗服务，促进在线问诊及延伸服务的市场布局。

春雨医生免费为用户提供了图文、语音、电话等多种方式进行健康咨询，并由二甲、三甲公立医院主治医师以上资格的医生在 3 分钟内为用户进行专业解答。

春雨医生还采用了流数据健康管理技术，对多来源数据进行采集并以可视化的表现形式，将用户的运动、饮食、体重、血压、血糖等多种人体数据进行全方位汇总，让用户随时随地了解自身的健康状况。

春雨医生还添加了另外一大功能点：自我诊断。实用、全面、精准的自我诊断功能可以让用户在没有医生协助的情况下向用户普及医学知识，学习医学常识。春雨医生的自我诊断功能支持多种查询方式，用户可自行查询疾病、药品和不适症状。

除此之外，医生还可以在春雨医生平台上开设自己的个人网络诊所，对所提供的服务项目和服务价格进行自定义。

对于医生而言，春雨医生可以帮助医生将碎片时间利用起来，让医生以便捷的互联网沟通方式增加收入，树立个人品牌，积累患者，为个人执业做准备；可以在医患多向互动之外加大数据系统辅助作用，降低误诊率；可以打破医院界限，进行学术互动，提高医生整体的诊疗水平。

对于患者而言，患者可以随时随地进行快捷问诊，降低时间、空间以及金钱成本；可以预防过度医疗，让小病不大治，大病不耽误；远程会诊和多方意见大幅度提升了患者对病情的知情权。

春雨私人医生服务是春雨移动健康基于多年来 M-health 领域运营的经验以及积累的资源所提供的高端健康管理服务，旨在帮助人们掌握自身健康状况、缩短就医就诊时间、减少医疗费用。

春雨私人医生服务是"线上+线下"的全流程就医服务。通过"线上咨询+线下就医"的方式为会员提供持续的健康管理，包括专属家庭医生、三甲专家预约、完善电子健康档案等。线下诊所的坐诊医生均为三甲医院副主任医师、主任医师。用户与其线上私人医生沟通，线上医生建议用户线下就诊时，用户可通过线上预约的方式与诊所医生约定时间前往诊所就诊。

案例思考

1. 春雨医生对医生有什么好处？
2. 春雨医生对患者有什么好处？

9.3 移动金融

1. 概念

移动金融是以移动互联网、移动支付为基础，以移动终端、应用为载体的金融服务总称。

从服务内容上看，包括移动银行、移动支付、移动证券、移动理财、移动保险等方面，即通过大数据、云计算、移动通信等实现移动端产品服务交互、资金融通的一种金融服务业态。

2. 解释

移动金融以智能手机、平板电脑和无线 POS 机为代表的各类移动设备，通过移动互联网等工具，使得传统金融业务具备透明度更高、参与度更高、协作性更好、中间成本更低、操作上更便捷等一系列特征。

移动金融实现了传统金融和现代化互联技术两者的融合，突破传统 PC 网络金融服务的时间和空间限制，具有效率高、便捷、成本低等优势，其覆盖面较大，可以加大金融服务的可获取性，彰显了普惠金融的优势。移动金融具有公平性和便捷性的特点，特别是针对低收入人群。

移动金融产业链中的服务方包括金融机构、通信运营商、支付公司、互联网企业等，围绕的核心是让用户共同完成资金流、信息流、产品服务流的传递。商业银行、非银行支付机构借助移动智能终端、移动互联网、条码、NFC 等技术，简化供需双方的交易环节，降低资金融通的边际成本，开辟触达客户的全新途径，扩展金融服务的受众群体，增强金融的核心竞争力。

3. 应用

随着应用场景的不断拓展，移动金融应用的类型逐渐丰富，满足了用户的存、取、借贷、理财、记账等多元化需求。在移动金融各细分领域中，移动支付和手机银行发展较为成熟，用户规模较大；消费金融、直销银行和传统保险用户规模较小，但发展潜力巨大。根据《2017 中国（上海）移动金融服务发展报告》，我国移动支付、移动理财、移动信贷、移动证券、移动保险、移动银行发展概况如下。

在移动支付方面，我国移动支付用户规模持续扩大，用户使用移动支付的习惯进一步巩固，网民在线下消费使用手机网上支付的比例提升至 65.5%。银行业金融机构 2017 年全年移动支付业务共 375.52 亿笔，金额 202.93 万亿元，比 2016 年分别增长 46.06% 和 28.80%。

在移动理财方面，2017 年，我国购买互联网理财产品的网民规模达到 1.29 亿人，同比增长 30.2%，货币基金在线理财规模保持高速增长，互联网理财市场多元化发展趋势明显。

在移动信贷方面，部分传统银行充分挖掘现有存量用户的信贷潜力并引导至移动互联网端；网络银行通过与电子商务平台或其他线上场景合作获取海量客户流量和用户数据，借助金融科技为用户提供多元化的金融服务，包括移动信贷服务。

在移动证券方面，作为互联网获客和服务的载体，移动互联网平台成为各家券商互联网金融领域比拼的前沿阵地。截至 2016 年 9 月，我国传统券商移动证券用户规模（活跃设备数量）达到 0.81 亿台。

在移动保险方面，保险业务渠道结构发生重要改变，移动端呈"崛起"态势。数据显示，2017年保险公司移动端业务实现累计保费收入184.62亿元，同比增长117.28%，相比PC官网业务则同比负增长40.75%。第三方网络平台和专业中介机构业务实现累计保费收入217.59亿元，同比增长73.12%。

国内商业银行纷纷在移动金融领域进行实践，"移动优先"战略优势日益凸显。《2017年中国银行业服务报告》指出，2017年，我国手机银行交易次数达到了969.29亿笔，同比增长103.42%。以中国建设银行为例，该行近年来坚持移动优先策略，以打造网络金融生态系统为核心，加快金融科技创新和应用，为客户提供智慧、便捷、高效的网络金融综合服务，截至2017年年底，建行手机银行用户数达26 638万户，较上年增长19.34%，交易额达57.32万亿元，较上年增长87.59%。

同时，移动金融为普惠金融创造了条件，尤其是在农村。农民群体作为新一批的长尾用户，所蕴含的金融消费潜力巨大。通过移动金融，能够向广大农村地区低收入人群提供可以负担的现代金融服务，提升全社会福利水平。比如，移动支付加速向农村地区网民渗透，其比例已经提升至47.1%。

4. 拓展

国内主流的移动金融创新模式主要分为两种类型。其中最主要的模式是将部分金融业务进行移动网络化，比如手机银行、移动证券、移动保险等。这些业务的服务机构都是以常规的金融机构为主的。其金融业务引进移动网络技术后，变革的不单是服务模式，其服务效率也会加倍提升。另一种是在移动终端平台上进行金融产品和服务创新，如移动支付、众筹、大数据征信、数字货币等，该类业务的服务机构中含有金融机构，其中包含互联网公司、通信公司、金融科技公司。

我国移动金融创新大致经历了四个阶段（封思贤，2017）。第一阶段，以支付宝为代表的第三方支付业务开始发展，线上金融服务逐渐兴起，金融服务慢慢向移动端转移，传统金融机构在市场竞争压力下被动进行渠道拓展。第二阶段，移动金融的创新开始由渠道创新转向产品创新和服务内容创新，众筹P2P等新兴移动金融产品相继出现。此阶段的金融创新主要围绕线上业务进行，服务重点在金融投资与理财领域，但产品和市场散乱。第三阶段，创新空间加速向线下拓展，移动金融的应用场景全面铺开，金融与消费的融合逐渐深入，散乱的金融服务开始聚集并逐渐向集成化发展。如在一些银行的手机银行App中，存贷转账理财各种线上与线下交易结算等功能都可实现。第四阶段，基于移动终端用户身份信息和巨量交易数据融合创新的移动金融产品与服务开始出现。总体来看，目前我国移动金融创新大致处在由第三阶段向第四阶段过渡的期间。

■ 案例 招商银行App和掌上生活App

作为国内首家推出手机银行的金融企业，招商银行不断创新，推出了一系列手机银行产品，满足客户的多种需求。2018年9月17日，招商银行在北京宣布推出两款重磅产品——

招商银行 App7.0、掌上生活 App7.0 迭代上线。

招商银行 App 侧重金融自场景,提供包括账户收支管理、支付结算、投资理财、贷款、城市便民生活等全方位的综合金融服务,截至 2018 年 8 月底,招商银行 App 累计用户数已近 6 913 万人,月活跃用户数近 3 542 万人,人均月登录次数 12 次。

掌上生活 App 侧重打通生活、消费、金融,以"金融为内核,生活为外延",打造"品质生活",积极布局生活场景,如饭票、影票、商城、旅游等场景。目前掌上生活累计用户数 6 047 万人,月活跃用户突破 3 200 万人,日活跃用户也达到 582 万人,在现有生活类 App 版图中已占有重要一席。掌上生活 App7.0 推出生活频道,深耕饭票、影票等高频生活场景,搭建了从商品货架、权益支付、终端验证、后台清算到数据智能等全流程的自主经营平台。

目前,饭票、影票等高频生活场景在两个 App 已打通。此外,招商银行拓展了公交、地铁、停车等出行场景。目前,招商银行 App 用户已能够在超过 70 个城市及地区使用招行移动支付功能乘坐公交地铁,并对接 10 余家知名停车平台,支持用户扫码快速查询并缴费的停车场超过 7 000 个。

通过运用自然语言处理、知识图谱、机器学习等数据智能技术,两大 App 均推出了智能助理功能,大大简化了用户的操作路径,让服务通过语音"一键"直达。此外,招商银行 App 的智能分发、智能推荐、智能提醒功能均全新升级:智能分发向全生命旅程个性触达,智能推荐向泛金融与功能全场景不断深化,智能提醒则能够为用户提供代办服务,让招商银行 App7.0 成为更懂用户的个人金融助手,掌上生活 App7.0 也推出了全新升级 Freedom 引擎后的 e 智贷,可通过极速的信息搜集和计算,秒级判断可贷额度,量身推荐 e 招贷、e 闪贷、分期还款等多种产品,并连接了装修、结婚、出国、求学、购车等人生重要场景,让更多人有机会更早地实现高品质生活。

除此之外,招商银行 App7.0 在收支账本、城市服务、基金频道与社区升级等方面也拥有诸多亮点:收支账本不仅实现了智能理财服务全新升级,而且还让招商银行 App7.0 成为用户轻松、可分享的智能现金流管家;在城市服务方面,目前招商银行所有的 44 家境内分行都实现了在 App 线上开展地域化特色经营,招商银行部分支行的网点线上店也在招商银行 App 上线,打造了 O2O 融合服务模式,成为招商银行本地化服务的经营抓手之一;基金频道新增基金诊断等功能,新增自助选基工具,即运用招商银行投研及大数据优势,给用户提供招商银行专业的投资决策建议。此外,参考频道全新升级线上泛理财知识交流社区,给用户提供"千人千面"的资讯与理财决策服务。

升级后的招商银行 App 和掌上生活 App 在理念上实现了从客户思维到用户思维、从卡片经营到 App 经营、从交易思维到用户旅程思维、从资产分层经营向场景细分客群经营的四个转变,实现了从交易工具到数字化经营平台的跃迁。

资料来源:新浪网,《招行两大 App7.0 正式上线 全面探索零售金融 3.0》,http://finance.sina.com.cn/money/bank/bank_hydt/2018-09-17/doc-ihkhfqns0626673.shtml。

案例思考

1. 下载招商银行 App，使用并体会其特色。
2. 下载招商银行掌上生活 App，使用并体会其特色。

9.4 移动办公

1. 概念

移动办公，即办公人员利用无线网络和手机等智能终端可在任何时间（Anytime）、任何地点（Anywhere）处理与业务相关的任何事情（Anything）。这种全新的办公模式，可以让办公人员摆脱时间和空间的束缚，随时进行随身化的公司管理和沟通。移动办公能够帮助企业更加轻松高效地实现内部人员和合作伙伴间的连接，以及与企业相关的各种办公业务之间的连接。

2. 解释

移动互联网时代到来后，传统的企业管理软件无法满足企业碎片化办公的需要，移动办公应用应运而生。CRM、办公自动化（Office Automation，OA）、ERP 等管理软件纷纷走向移动化，移动办公市场日益繁荣。

移动办公是组织管理信息化进入移动时代的必然结果，是组织通过移动通信技术延伸其协同应用和信息交流的必要手段，组织成员可以通过移动协同应用向领导和其他成员提供实时信息与服务，使其能够更方便地与客户、上级组织、同行业或上下游企业随时保持灵动的信息交流。当企业领导、相关审批流程的审批人出差或外出时，可以通过手机终端登录移动信息空间门户，实时了解集团最新信息，查阅内部资料，随时查看审批请求以实现审批结果的快速回复。

从功能上，移动办公涵盖即时通信、企业社交、协同办公、客户关系管理、人力资源管理等。

3. 应用

移动办公实现的方式非常多样，既有基于微信等社交平台实现的，也有基于专业的移动办公平台实现的。在传统的办公模式下，企业通常会根据业务需要建立多个独立的办公系统，这类办公系统基于 PC 端，无法满足外勤人员的办公设备的便携需要，以及紧急事务的快速处理，因而造成信息处理和反馈的不及时。为保证即时通信需求，企业只得选择微信、QQ 等社交软件，员工工作和生活难以分开，企业的信息安全也无法得到保障。

移动办公市场正在经历从萌芽期向快速增长期过渡的阶段，移动办公应用的多样化让移动办公平台成为发展趋势。移动办公平台是指向企业用户直接提供移动办公 SaaS 应用，同时以 PaaS 平台集成第三方开发者扩大产品功能覆盖的移动办公软件。

任务协作是企业移动办公中的高频场景。仅依靠传统管理软件无法实现企业内外部的及时沟通，但以个人社交 App 进行工作交流存在一定的安全隐患，且因将工作和生活混为一体而常为人诟病。基于内置的企业通讯录，移动办公平台既可以实现文字、语音等多种形式的即时通信，又可以方便快捷地发起电话和视频会议，解决了企业办公中的沟通难题，全面提升工作效率。与此同时，移动办公平台将企业邮箱、企业网盘、知识管理等功能从 PC 端迁移到移动端，能够有效促进团队之间的有序协作，增强企业执行力。

针对传统办公模式中流程审批过程缓慢的痛点，移动办公平台将请假出差、财务报销等流程移动化，待办事项在移动终端进行提醒，企业管理层和员工可以利用碎片化时间快速完成各项审批，从而大幅度提高信息流转的效率。其中，考勤签到功能可以基于 GPS、WLAN 等地理位置信息进行主动定位识别，避免签到过程中的漏签、错签等缺点，让打卡体验更加流畅。同时，移动办公平台提供统一的通讯录管理，员工可在移动终端对通讯录信息做出及时更新，企业内部无须单独添加好友，在平台内就可以实现员工间的交流。

企业的移动办公需求已不再局限于任务协作和行政办公，开始向生产、经营等与业务强关联的领域迈进，因此移动办公平台也开始越来越多地同企业业务系统对接。通过在移动端处理各业务事项，移动办公平台不仅能够从管理层面带来效率的提升，更能够从业务层面为企业创造直接的价值。移动办公平台上的业务处理并不仅仅指对传统业务管理系统的简单迁移，更需要从交互体验、数据安全、平台架构等多个维度进行调整，以实现业务处理的全面移动化。

4. 拓展

移动办公平台作为传统办公模式的补充，在原有 PC 端信息系统的基础上，提供了基于移动终端的信息交流方式，解决了传统办公模式信息传递和反馈不及时的痛点，我国移动办公平台发展历程可分为传统管理软件、移动办公应用、移动办公平台三个发展阶段，如图 9-3 所示。

图 9-3 中国移动办公平台的发展历程

资料来源：艾瑞咨询，《重新定义移动办公，2018 年中国企业移动办公平台应用洞察》。

■ 案例　企业微信与阿里钉钉

随着移动互联网对传统行业的加速渗透，企业的移动办公需求正在急剧上升，企业移动办公市场正步入爆发期。腾讯和阿里巴巴两大互联网巨头也加速了布局，打造了目前比较流行的两大入口级移动办公系统：企业微信和阿里钉钉。

企业微信是由腾讯微信团队打造的移动办公平台，2016 年 4 月正式发布，定位为办公沟通工具。企业微信与微信保持着高度一致的使用体验，微信消息可一键转发到企业微信。2017 年 6 月，企业微信 2.0 版本与微信企业号进行合并，由微信插件继承原企业号的所有能力。企业微信专注于做企业的专属连接器，连接企业内外的人与人、人与业务、人与设备。企业微信自身承担着通信工具的职能，同时为用户提供公告、打卡、审批等通用型的轻 OA 应用。企业微信除了具有类似微信的聊天功能外，还集成了公费电话和邮件功能。同时，公告、考勤、请假、报销等功能都可在软件内实现。针对企业的个性化需求，企业微信采用开放 API 接口的方式，一方面允许企业用户直接接入自有 IT 系统；另一方面开放接入第三方服务商，提供丰富多样的移动办公应用供企业使用。

阿里钉钉于 2015 年 2 月 10 日上线，是阿里巴巴集团专为中国企业打造的免费沟通和协同的多端平台，主要定位于中小型企业市场。阿里云、淘宝网、天猫等阿里系产品为阿里钉钉引流大量客户，凭借着初期的免费电话功能和中期猛烈的营销攻势，阿里钉钉的用户数量快速增长。阿里钉钉提供企业邮箱、免费通话、移动考勤、流程审批、通讯录管理等 OA 应用。2017 年 11 月，阿里钉钉推出多款智能硬件产品，由单纯的商务沟通应用转向提供软硬件一体的企业服务。

案例思考

1. 下载企业微信使用并体验其功能。
2. 下载阿里钉钉使用并体验其功能。
3. 比较两者的功能及区别。

9.5　移动政务

1. 概念

移动政务（Mobile Government，mGov），又称移动电子政务，主要是指移动技术在政府工作中的应用，通过诸如手机、PDA、无线网络、蓝牙、RFID 等技术为公众提供服务。所有的公共组织应用无线数据通信技术实现管理服务都属于这一范畴。

2. 解释

移动政务是随着移动通信技术的快速发展和全面普及以及电子政务的成熟应用而产生的，旨在通过移动通信技术实现政务服务的信息化。移动政务用"移动"的表现形式来完成政务服务这一核心内容。也就是说，在网络覆盖的区域，政府公务人员可随时随地登录政务系统，处理各类公共服务及政府治理相关事项（靳小平和海峰，2018）。

移动政务的内涵包括三个层面：设备的移动、用户的移动以及服务的移动。移动政务与传统电子政务的区别在于其更具有独特性、灵活性、实时性和广泛性等特点。移动政务可以随时随地实现政府与公众互动，充分利用碎片化时间，满足公众公共服务需求。

移动技术的发展，已经引起各国公共服务部门的重视。响应公共服务一线及公众本身的信息及服务需求，利用手机、PDA及其他手持移动设备，通过无线接入基础设施为一线政府工作人员和社会公众提供信息与服务，成为各国政府越来越关注的焦点。

3. 应用

同传统电子政务类似，移动政务也可以用于政府部门对政府部门（G2G）、政府对政府雇员（G2E）、政府对企业（G2B）以及政府对公民（G2C）等领域。

在公共管理领域，移动政务的重要应用之一是为市民以及现场办公的公共服务人员提供随时随地的信息支持。从信息传输的方向看，移动政务大体可以分为三类：信息发布、信息采集以及信息交互。

信息发布，政府通过移动互联网向公众发布各类信息，接受公众的信息，开展公共参与等。在G2C、G2B方面，包括政府各种日常信息以及紧急信息的通知，例如护照办理信息、纳税信息以及灾害预警信息。在G2E方面，政府可以利用OA系统集成短信息服务，向政府雇员发送会议通知、任务安排等信息。信息公开和政民互动是较早开始向移动互联网延伸的政务业务，是当前中国各地政府在移动政务探索方面应用最广泛的一种类型，其优势体现在通畅性和真实性方面，公众可以便捷地获取政府信息，参与政民互动，能够快速真实地得到相关部门的信息反馈。例如，我国很多政府部门通过微博微信向使用移动互联网的公众发布各类信息，或者通过微博微信平台接受公众的投诉、反馈、建议等。

信息采集，例如政府利用移动互联网技术进行的各种调查，也包括公民在遇到市政设施破损时给政府发短信提醒。信息采集也可用于监控，对交通、环保、水文、气象、供电、供水、管道天然气、煤气供应等基础设施和服务领域的各类现场进行实时数据采集与传送，使有关部门及时掌握城市整体运作动态。移动互联网技术还可以用于远程数据自动采集，例如环保部门、安全保卫部门、燃气管线监控部门、压力容器监控或者其他类型的危险品监控。远程数据采集，不仅免除了工作人员来回奔波的麻烦，而且还提高了信息采集的及时性。最重要的是，通过移动及无线技术对现场信息交互的支持，减少了不必要的物流和人流，推动可持续发展。

信息交互，例如经常需要现场办公的执法部门、市政部门利用手机和App等查询车辆信息、公民信息或者地下管网信息。

除了信息的传输和交互外，政府还可以借助移动互联网技术提升服务效率。移动服务是指政府以移动互联网为载体，通过移动终端向公众提供的服务。例如，我国很多地方已经发布的政务服务App，通过智能手机向公众提供以往只能在PC端获取的各项服务。另外，还有很多政府部门通过支付宝、微信等第三方平台向公众提供社保、医疗、在线支付等服务。

除了线上的信息和服务供给外，在移动互联网的支持下，移动政务能够有效实现线上与线下融合，从而帮助政府改善线下政务服务水平。

4. 拓展

移动政务是政府部门基于移动端平台和移动互联网技术支撑来提供便捷的政务服务并促进公民参与的办公形式。移动政务可分为两个维度：一是政府依靠自身建设的政务客户端来提供政务服务；二是政府与第三方平台（如支付宝、微信等）合作来提供相关服务。

移动互联网技术的快速发展及支付宝、微信等第三方平台的崛起，使移动政务成为政务服务新风口。截至 2017 年 11 月，全国 70 个大中型城市共计推出 514 个政务 App，分布在交通、社保、民政、旅游、公共安全等多个领域。

基于支付宝的移动政务平台已经覆盖全国 364 个城市，提供 100 项政务服务，包括社保、交通、警务、民政、税务等领域，累积服务人数超过 2 亿人。

■ **案例　浙江政务服务网 App**

浙江政务服务网是由浙江省人民政府办公厅主办的网上政务平台，于 2014 年 6 月 25 日上线，覆盖省市县乡镇（街道）村（社区）五级政府部门，是浙江省"最多跑一次"改革的实现平台和技术支撑平台。

以政务为主体、服务为主线，作为全省统一架构、五级联动的电子政务平台，浙江政务服务网在省、市、县（市、区）政府部门设服务窗口，在乡镇（街道）、村（社区）设服务站点，为社会公众提供在线政务服务。借助数字化转型，"最多跑一次"在浙江省取得了明显的效果。截至 2017 年年底，经第三方评估，浙江"最多跑一次"实现率达 87.9%，满意率达 94.7%。

浙江政务服务网 App 被喻为"政务淘宝"，个人用户可在浙江政务服务网上办理公积金查询、社保信息查询、结婚登记预约、门诊预约挂号、港澳通行证再签注、交通违法处理、罚款缴纳、考试报名交费、水电气交费等业务。法人用户可实现企业信息查询、预约、办理等业务。

浙江政务服务网 App "网上办事"平台和以往的网上申请后又要到审批中心大厅提交材料不同，群众和企业可以随时随地通过浙江政务服务网 App 向各地各部门提交办事申请，把相关申报材料拍照上传，不再需要到审批中心大厅；网上申请件自动进入后台统一权力运行系统，整个审批流程在网上完成，申请人可以在手机上实时查看办理进度；审批部门办理完成后，将通过短信告知申请人，并将结果通过快递方式送达，"最多跑一次"甚至"一次都不用跑"就能办成事。浙江政务服务网 App "网上办事"平台已在衢州、温州、金华、台州、嘉兴等地区开通，集纳 2 000 余项办事事项，群众和企业均可通过手机实现办理。

除了网上办事外，浙江政务服务网 App "网上办事"平台还在衢州、金华、嘉兴等地提供网上预约服务。

不动产登记、出入境证件办理、居民户口簿申补领、基本养老保险转移接续、住房公积金提取、药品经营许可证、医疗机构执业许可……今后，群众和企业到行政服务大厅办理这些热门事项，不用起早排队，不用在现场苦等，只需通过手机提前预约，再按时前往行政服务大厅即可办理，办事效率提高了，群众和企业可享受贴心的政府服务。

案例思考

1. 移动互联网技术对政府公共服务带来哪些影响？
2. 浙江政务服务网 App 的特色功能有哪些？
3. 浙江政务服务网 App 给群众和企业带来哪些便利？

□ 本章小结

本章主要介绍了移动互联网在教育、医疗、金融、办公、政务等典型行业和领域的应用概况。移动教育是一种由技术支撑的、用户可以在任何时间和地点获得知识的学习途径，移动教育的核心在于"任何时间""任何地点"的学习。根据应用的不同功能，可将移动医疗分为健康管理类、寻医问诊类、医联平台类、医生工具类和医药电商类。移动金融从服务内容上看，包括移动银行、移动支付、移动证券、移动理财、移动保险等方面。移动办公能够帮助企业更加轻松高效地实现内部人员和合作伙伴间的连接，以及与企业相关的各种办公业务之间的连接。移动政务的内涵包括三个层面：设备的移动、用户的移动以及服务的移动。

□ 本章术语

移动教育　　移动医疗　　移动金融　　移动办公　　移动政务

□ 练习

1. 下载应用商店中排名靠前的移动金融类 App，使用并体验，比较其功能。
2. 下载应用商店中排名靠前的教育类 App，使用并体验，比较其功能。
3. 下载应用商店中排名靠前的医疗类 App，使用并体验，比较其功能。
4. 下载应用商店中排名靠前的办公类 App，使用并体验，比较其功能。
5. 下载应用商店中排名靠前的政务类 App，使用并体验，比较其功能。

□ 参考文献

[1] 陈晨."互联网+"环境下移动教育发展现状分析[J].新西部，2018（11）：114+101.

[2] 陈四喜，程潇，王盼.移动医疗 App 在我国医疗服务中的应用与发展[J].管理观察，2018（17）：173-175.

[3] 赵利敏，王丽娜.互联网时代移动医疗的现状与发展[J].轻工科技，2018，34（05）：97-98.

[4] 杨崇龄.新时期移动金融的发展思考[J].财会学习，2018（18）：206-207.

[5] 封思贤，臧肖杉. 我国移动金融创新中的突出问题及应对策略 [J]. 经济纵横，2017（07）：93-99.

[6] 艾瑞咨询. 重新定义移动办公——2018 年中国企业移动办公平台应用洞察 [R/OL]. （2018-01-16）[2018-10-12].http://www.199it.com/archives/675795.html.

[7] 艾瑞咨询. 2017 年中国移动教育行业研究报告 [R/OL].（2017-09-14）[2018-10-12]. http://www.199it.com/archives/675795.html.

[8] 靳小平，海峰. 我国移动政务的驱动要素、存在问题及发展对策 [J]. 中国社会科学院研究生院学报，2018（04）：66-72.

[9] 王锐，郑跃平，赵金旭. 移动政务的兴起、现状及未来 [J]. 智慧城市评论，2017（02）：38-46.

[10] 中国网.《移动政务服务报告（2017）——创新与挑战》在京发布 [EB/OL].（2017-11-30）[2018-10-12].http://www.china.com.cn/opinion/think/2017/11/30/content_41956664.htm.

推荐阅读

书号	书名	作者	定价
978-7-111-60794-6	管理信息系统（原书第10版）	大卫 M.克伦克	99
978-7-111-60835-6	管理信息系统（原书第15版）	肯尼斯C.劳顿	79
978-7-111-55810-1	信息时代的管理信息系统（英文版·第9版）	斯蒂芬·哈格	89
978-7-111-55438-7	信息时代的管理信息系统（第9版）	斯蒂芬·哈格	69
978-7-111-60839-4	管理信息系统（英文版·第14版）	肯尼斯C.劳顿	89
978-7-111-59814-5	商务智能与分析：决策支持系统(原书第10版)	埃弗雷姆·特班	139